나는 왜 이슬람 개혁을 말하는가

나는 왜
이슬람 개혁을
말하는가

아얀 히르시 알리 지음 | 이정민 옮김 | 정상률 해제

책담

페이지마다 놀라울 정도로 설득력이 있다. 깨어나라, 세계여. 편견을 극복하고 이 책을 읽어 보길 바란다. 내가 최근에 읽은 것들 중에서 가장 중요한 책이다. **리처드 도킨스**(옥스퍼드대 석좌교수, 《만들어진 신》과 《이기적 유전자》 저자)

아얀 히르시 알리는 이 시대의 진정한 영웅이다. 그는 지하드 전사를 검열하려는 것도 아니며 엉터리 증오 연설을 하려는 것도 아니다. 또한 이슬람이 현대성과 어떤 관계에 있는지 정확히 밝히려 하지 않는 서구의 점잖은 논의를 지지하지도 않는다. 히르시 알리는 이단자인 동시에 신념을 가진 사람이다. 서구 사회 밖에 살면서 서구 문명을 파괴하고자 하는 적들에 대항할 필요가 없었던 사람들보다 서구 문명과 가치에 대해 더 강한 신념을 가지고 있다. **폴리티코** Politico

자유의 증진에 관심이 있는 사람이라면 누구나 히르시 알리의 생생하면서도 통찰력이 뛰어난 선언문을 읽어야 한다. **타임스** The Times

히르시 알리는 억압받는 무슬림 여성들의 권리를 되찾아 주기 위해 미국의 진보주의자들이 더욱 열심히 투쟁해야 한다고 단호하게 주장한다. 그의 말은 용감하다. **뉴욕 타임스 북 리뷰** The New York Times Book Review

이 책은 이슬람이 가야 할 길을 제시하고 있다. 그 길은 무슬림들뿐만 아니라 전 세계 시민들을 위해서도 매우 중요하다. 서구는 꾸란에 대한 광신을 없애려는 히르시 알리의 계획에 주목하고 광범위한 지원을 아끼지 말아야 한다. 이슬람 개혁의 날이 얼마나 가까이 다가왔는지 말하기는 어렵다. 하지만 머지않은 그 날이 온다면 역사가들은 히르시 알리가 이슬람 개혁을 위해 저변에서 어떤 노력을 기울여 왔는지 되돌아보게 될 것이다.

내셔널 리뷰 National Review

이 책에서 아얀이 강조한 다섯 가지 영역의 이슬람 개혁에 대해 많은 무슬림들은 깊이 성찰할 필요가 있다. 꾸란과 관련해 수많은 사람들이 사로잡혀 있는 우둔한 태도, 내세에서 처벌을 받게 될 거라는 주장, 정형화된 이슬람 율법, 종교적 담론이나 반대 의견을 애초부터 근절하기 위해 사회적으로 낙인찍는 행위, 지하드를 통한 이슬람 무장화 등은 이슬람 사회는 물론 이슬람과 비이슬람 사회의 관계 회복을 위해서도 냉철한 재검토가 시급해 보인다. 지치지 않는 회복력과 투지로 이런 필수적인 담론을 이어가 준 아얀에게 감사를 전한다.

마지드 나와즈(퀼리암 파운데이션Quilliam Foundation의 공동창립자이자 의장)

가능한 한 많은 사람들이 진지한 사고를 촉구하는 이 책을 읽고 논의해야 한다.

선데이 타임스 The Sunday Times

이 책은 낙관적인 견해를 간결하게 보여 주며 평화적인 이슬람이 어떻게 현대 사회의 현실과 이슬람 신앙의 요구를 조화시킬 수 있는지에 대해 진솔한 통찰을 제시한다.

NRC 한델스블라트 NRC Handelsblad

이 책은 아랍의 봄에서 겪은 여러 경험들을 건설적으로 탐구하고 있으며 이슬람이 내부에서부터 변화를 끌어낼 수 있다는 점과 이미 세속화의 길에 접어들었을지도 모른다는 사실을 보여 주고 있다.

슈피겔 Der Spiegel

히르시 알리는 이슬람 개혁이라는 주제와 관련해 방대한 지식과 진지한 책임감을 가지고 재미있고 설득력 있는 작업을 진행하고 있다. 이 책은 앞으로 루터의 종교개혁과 같은 영향력을 발휘할지도 모른다.

자유 네덜란드 Vrij Nederland

정상률
(명지대 중동문제연구소 HK교수)

하마스 본거지인 팔레스타인의 가자 지역을 직접 방문한 적이 있다. 때는 밤중이었고 현장에서 직접 하마스의 시위를 보며 그 격렬함에 놀랐던 기억이 지금도 생생하다. 우리를 안내해 준 택시 기사의 초대를 받아 그의 집을 방문했을 때에는 혼자 운전을 해서 번 돈으로 부모는 물론 형제들의 가족까지 24명이나 되는 식구를 부양한다는 그의 말에 눈물이 났다.

레바논의 시아파 무장 단체 헤즈볼라 관할 지역에 있는 로마 유적지를 가슴을 졸이며 방문한 적도 있다. 당시는 리비아가 막 개방하기 시작한 무렵으로, 리비아의 수도 트리폴리에서 거리마다 걸려 있는 카다피의 사진을 보면서 그의 '그린 북Green Book' 사상을 생각했다. 그로부터 10여 년 후인 2011년, 장기 독재자 카다피는 비참한 최후를 맞았다.

시아파 종주국인 이란의 종교도시 곰과 마샤드에서는 갑작스러운 강의 요청을 받아 당황스러웠다. 검은 히잡을 쓴 여학생들의 요청으로 다음 날 다시 만나 이슬람 여성 문제에 대해 간단한 토론을 벌이기도 했다. 또한 사우디아라비아의 수도 리야드에서는 대형 몰에 갔다가 생각보다 자유로운 그곳 여성들의 모습을 보면서 내게도 중동 이슬람에 대한 편견이 있었음을 깨달았다.

중동은 우리에게 멀고도 가까운 곳이다. 중동 하면 천일야화, 알라딘, 알리바바, 신드바드의 모험이 떠오르고 사막, 낙타, 분쟁, 석유, 히잡, 실크로드 등 수없이 많은 것들이 연상된다. 25여 개국으로 구성된 이곳 국가들을 잠시라도 휙 둘러보면 중동의 많은 것을 이해할 수 있고, 특히 '중동은 결코 단순하지 않다'는 사실을 크게 느낄 수 있다.

출판사 측에서 이 책의 해제를 요청하고 나의 연구실까지 방문해 중동 이슬람에 대해 이야기를 나누면서 큰 부담을 느꼈다. 그때에는 책을 읽기 전이었던 데다 짧은 지면에 복잡한 중동 이슬람 사회를 일반 사람들이 이해하기 쉽게 담아낼 자신이 없었기 때문이다. 또한 세종연구소의 간행물에 게재할 글을 쓰고 있던 중이었고 중동 현지 연구조사, 두바이 한국 상공회의소 특강, 논문과 기타 저술을 준비하는 등의 많은 일들이 나를 압박하고 있었다.

그런데 이 책을 읽으면서 나도 모르게 집중하게 되었다. 오랫동안 중동을 연구했지만 이런 종류의 이슬람 비판서는 읽어 본 기억이 없었다. 사람들에게 일독을 권해야겠다는 마음으로 이 글을 시작한다.

이슬람이란 무엇인가? 오늘날 이슬람 사회에서는 무엇이 잘못되고 있고, 왜 잘못되고 있으며, 안전과 평화를 일구기 위해 어떻게 해야 하는가? 이슬람은 과연 평화의 종교인가? 신의 이름으로 자행되는 많은 폭력들, 특히 인간이 인간을 죽이는 것을 과연 신이 허용했는가? 이슬람은 진정 '총을 멘 신(알라)'을 숭배하는가?

이 책은 이런 질문들에 답하고자 한다. 오늘날 이슬람 사회뿐만 아니라 전 세계를 대상으로 알 카에다, IS, 보코 하람, 알 샤바브 등 이슬람 살라피 지하디스트(이슬람 근본주의자)들이 자행하는 다양한 형태를 띤 폭력의 원인을 이슬람 교리 자체에서 찾는 이슬람 비판서라고 할 수 있다.

저자는 소말리아 출신 여성 무슬림이었으나 네덜란드로 이주한 후에 이슬람을 떠난 자칭 이단자heretic다. 살라피 지하디스트들의 입장에서 볼 때 배교(자)는 곧 죽음을 의미한다. 저자는 죽음을 각오하고 이슬람의 근본 교리를 적극적으로 비판한다. 면죄부를 판매했던 로마 가톨릭에서는 루터의 개혁이 가능했으나 이슬람에서는 교리 자체가 문제의 근원이어서 개혁이 불가능하다고 강조하는 듯하다. 이슬람 수니파 교리의 근간인 샤리아(이슬람법. 꾸란과 하디스가 법원法源이다), 5주柱(다섯 가지 핵심 기둥: 신앙증언, 예배, 구빈세, 금식, 성지순례), 6신信(무조건 믿어야 하는 여섯 가지: 알라, 천사, 경전, 예언자, 최후심판, 정명定命)과 함께 특히 내세관과 폭력적 지하드의 세계화 등을 비판한다.

저자는 무슬림을 최근 점점 많아지고 있는 메디나 무슬림, 독실하지만 폭력을 행사하지 않는 다수의 메카 무슬림, 저자 자신과 같은 극소수의 반反체제 무슬림으로 분류하고, 그중 메디나 무슬림을 비판한다. 또 메디나 무슬림은 근본주의자, 극단주의자, 성전주의자, 천년왕국 무슬림으로 16억 명의 무슬림 중 5,000만 명 정도라고 주장하며 이 책의 거의 전부를 이들 메디나 무슬림을 비판하는 데 할애하고 있다. 이슬람을 '증오의 종교'로 만든 메디나 무슬림에게 이슬람도 '인간의 얼굴을 가진 종교'가 되어야 함을 강조한다.

이 책은 이슬람 사회에서 태어나 어린 시절 그곳에서 살며 배우고 경험한 여성이 쓴 것으로, 한번 손에 쥐면 놓을 수 없을 정도로 긴장감을 준다. 다양한 정치이슬람 세력(극단주의자, 이슬람주의자, 이슬람 원리주의자, 이슬람 근본주의자, 성전주의자, 살라피 지하디스트, 메디나 무슬림 등 다양한 용어로 표현된다)이 자행하는 폭력을 매일 언론에서 접하는 요즘 상황에서 나는 중동을 연구하는 학자로서 저자의 주장에 거의 동의하면서도 중동 이슬람 연구자가 아닌 일반 사람들이 이 책을 읽으면서 느끼게 될 의문점 및 난해한 용어들에 대한 설명을 더해 조금이나마 이해를 돕고자 한다.

첫째, 이슬람은 평화의 종교인가?

다른 모든 종교와 마찬가지로 이슬람도 평화의 종교이기도 하고 아니기도 하다. 꾸란은 여러 구절에서 여러 조건을 들어 폭력을 합리화한다. 교리 자체에 폭력을 정당화하는 구절이 많이 있다는 의미다. 그런데 꾸란이 620년대 시대 상황을 반영한 것이라면 오늘날에는 오늘날의 시대 상황에 맞게 이를 재해석해야 한다. 그러나 정치이슬람 그룹은 이슬람 초기의 살라프(믿음의 선조)가 남긴 관행, 즉 순나sunnah를 그대로 따라 하는 사람들로 살라프를 '무슬림들이 자신들의 믿음, 주해, 예배 방식, 관습, 도덕, 신앙심, 품행에서 이어받아야 할 영원히 변치 않는 모델'로 간주한다. 자신들이 실천하는 이슬람은 그 무엇도 섞이지 않은 순수한 것으로 순나 해석의 최종 권위를 지니므로 이슬람 교의와 관련된 담론, 논쟁, 이성적 해석 등을 거부한다.

저자는 바로 이런 메디나 무슬림을 비판하고 있다. 저자가 서론에서 언급한 것과 같이, 이슬람 사회에서 다수를 차지하는 메카 무슬림은 대부분 진지한 종교인으로서 평화를 옹호하고 폭력을 반대한다고 할 수 있다. 우주여행이 현실화된 21세기에 7세기 아라비아 반도에서 만들어진 꾸란을 문자 그대로 해석해 폭력을 자행하는 것은 시대착오적이다. 이런 방법으로는 결국 자신들의 정치적 목적을 달성할 수 없을 것이다. 따라서 꾸란에 있는 폭력과 관련된 구절을 인본주의적으로 해석하는 일이 필요하다.

둘째, 이슬람 사회에서 순교관과 내세관, 운명론적 세계관, 지하드에 대한 재해석은 불가능한가?

저자도 언급한 것처럼 꾸란에는 지하드를 수행한 무슬림을 순교자로 보고 내세에서의 파라다이스를 지향하도록 하는 구절이 많이 있다. 이슬람 교리에서 지하드는 대大지하드와 소小지하드로 구분되는데, 종교적인 죄를 범하지 않도록 노력하는 것을 대지하드라 한다. 외적의 침략이나 박해에 대해 투쟁하는 것은 소지하드다. 메디나 무슬림들은 소지하드를 강조하고 있고, 특히 폭력적인 소지하드를 자행하면서 꾸란이나 하디스에 대한 자의적 해석으로 자신들의 행위를 정당화하고 있다. 참수, 화형, 돌로 쳐 죽이는 형벌, 높은 건물에서 떨어뜨리는 형벌, 탱크로 깔아 죽이는 형벌, 물에 처박아 죽이는 형벌,

이교도 여성의 노예화 등 인간이 할 수 있는 가장 잔악한 방식으로 처형하는 행위의 근거를 살라피 지하디즘에 두고 있는 IS의 폭력 행위는 소지하드에 속한다. IS의 폭력 행위를 두고 2014년 세계 무슬림 학자 126명은 샤리아를 근거로 24가지 문제점을 들어 비판하면서 지하드도 '방어적'이어야 한다고 주장했다. 같은 샤리아를 근거로 하지만 한쪽은 폭력을 정당화하기 위해 사용하고, 다른 한쪽은 폭력을 반이슬람적인 것이라고 비판하는 근거로 든다.

셋째, 성전주의자들은 우상taghut, 이단자takfir, 파트와fatwa, 이즈티하드ijtihad, 타클리드taqlid, 바이아bay'ah 등의 이슬람 용어를 정치적으로 해석하는가?

이슬람 창설 초기 과정을 그린 〈메세지〉라는 영화는 무함마드가 메카를 정복한 뒤 최초로 한 행위로 360여 개 부족들의 신, 즉 우상을 파괴하는 장면을 보여 준다. 타우히드tawhid, 즉 신의 유일성(유일신주의)을 강조하는 이슬람에서 우상 파괴는 매우 중요한 종교적 행위였으며 정당한 행위였다. 그러나 IS가 고대 문화유산을 우상이라고 주장하면서 파괴하는 행위는 극단주의자들의 만행에 불과하다. 성전주의자들은 이단자라는 용어를 광범위하게 해석해서 배교자는 물론 이교도와 이슬람 내 다른 종파까지 살해하도록 파트와(이슬람 성직자에 의한 샤리아 해석, 즉 법적 의견)를 내리고 있다. 그들은 샤리아에 대해 특정 법학파로부터 독립된 개인적이고 이성적인 법적 견해를 밝히는 이즈티하드를 부정하고, 수니 4대 법학파의 법 해석을 무조건적으로 모방하는 행위인 타클리드를 강요한다. 또한 부족의 생존과 재산을 보호하기 위해 부족사회에서 전통적으로 내려오는 바이아,

즉 충성의 서약을 칼리파제 정치경제 체제의 최고 통치자인 칼리프에게 하도록 강요한다.

이같이 이슬람에서 중요한 종교적 용어들이 극단주의자들에 의해 정치적으로 해석되고 그에 따라 행해지는 것은 메디나 무슬림의 야만성을 보여 주는 것이다. 저자는 성전주의자들의 폭력을 강력히 비판하는 가운데 아주 소수에 불과한 반체제 무슬림들이 적극적으로 이슬람을 비판하는 데 동참할 것을 강조한다.

이 책을 읽는 여러분이 몇 가지는 고려했으면 한다. 우선 이 책은 저자가 메디나 무슬림으로 분류한 극단주의자, 성전주의자에 대한 비판서다. 메디나 무슬림을 비판하면서 이슬람법의 근본이 되는 꾸란 자체에 폭력을 강제하는 조항이 많이 있다며 교리 자체의 개혁을 주장한다. 저자의 주장은 세계 인구의 23퍼센트를 차지하는 무슬림 중 다수를 차지하는 메카 무슬림의 종교적 텍스트인 꾸란 자체에 대한 부정이며 결국 이슬람은 이 지구상에서 사라져야 한다고 주장하는 것과 같다. 비현실적이고 또 다른 극단주의적 견해다.

그리고 이 책에는 이슬람 종파에 대한 언급이 거의 없다. 얼마 전 IS는 점령지 내 시아파 교도들을 이교도로 간주해 처형하고 시아파 모스크와 이맘 성묘를 파괴하기도 했다. 살라피즘에 속하는 와하비즘을 국가 이념으로 삼은 사우디아라비아에서는 자국 내 시아파 성직자를 포함한 시아파 교도들을 반란죄를 저질렀다며 사형에 처했고, 시아파 종주국인 이란이 이에 거세게 항의함으로써 중동 지역내 종파 갈등은 심화되고 있다. 우리는 수니파보다는 시아파가 지하드를 더 강조해 왔으며 시아파 근본주의도 극단적인 성전주의라는 사실을 이해해야 한다. 수니파의 5주 6신과 달리, 시아파는 믿음의 뿌리(신의 단일성, 정의, 예언자, 이맘의 인도, 최후심판)와 믿음의 가지(예배, 단식, 순례, 회사, 오일조, 지하드, 권선, 금악, 예언자 집안 사람들 및 그들과 함께한 사람들에 대한 존경, 적을 멀리하는 것)를 근간으로 한다. 믿음의 가지에 지하드가 들어가 있는 것이다.

다음으로, 이슬람과 민주주의의 관계에 대해 국내외 학자들의 연구 결과에는 '이슬람은 교리상 민주주의에 부정적이다'라는 주장과 '이슬람이 반드시 민주주의에 부정적인 것은 아니다'라는 주장이 공존한다. 저자는 이슬람 사회에서 정치와 종교를 분리할 수 없다고 주장하지만 이슬람 사회인 중동 국가들 중에는 이미 세속 정권이 들어선 곳이 많다. 또한 2011년 이후 들불처럼 번진 '아랍의 봄'은 이슬람 사회의 대중이 민주주의에의 열망을 매우 크게 품고 있다는 사실을 보여 준다. 우리는 '중동 이슬람 사회의 예외주의' 주장이 자민족 중심주의 시각일 수 있음을 인식하고 이 책을 읽어야 한다. 지나친 이슬람 공포증Islam phobia이 오히려 공포, 즉 테러를 불러올 수도 있다. 종교 간 대화, 문명의 대화, 문명의 공존, 포용주의를 추구하는 것이 성전주의자, 배타주의자를 극복하는 방법이다.

마지막으로, 중동 연구자들은 중동에서 벌어지는 다양한 상황을 종합적으로 이해하기 위해 최소한 다음과 같은 사실을 알아야 한다. 즉, 서구 식민지 경험, 이슬람 종파, 부족주의, 석유 자원을 둘러싼 정치경제 등을 분석해야 한다. 현재 두각을 나타내고 있는 성전주의자들의 폭력성, 중동 분쟁의 근저에는 서구 식민제국주의의 중동 분할 점령, 1,500년 동안 지속된 이슬람 종파 간의 분쟁, 부족 세력들 간의 패권 다툼, '알라의 선물', '검은 진주'이기도 하지만 '악마의 배설물', '자원의 저주'이기도 한 석유와 가스를 둘러싼 이해의 갈등을 종합적으로 이해해야 한다는 말이다. 예를 들면, IS는 이슬람의 수니파 극단주의 세력으로, 영국과 프랑스가 중동을 분할 점령한 사이크스 피코 협정Sykes–Picot Agreement의 파기를 주장하고 있고, 점령지 부족장들의 바이아를 받는 대신에 그들의 안전을 보장해 주기로 협약했으며, 점령지 유전에서 생산된 석유를 밀매해 재정으로 활용하고 있다. 이 책은 이슬람 중에서도 수니파 성전주의자들을 비판하는 데 집중했다는 점을 우리는 이해해야 한다.

그동안 이슬람 사회의 폭력성을 이처럼 적나라하게 폭로하고 이슬람 근본 교리를 바탕으로 적극적으로, 또 논리적으로 이슬람을 비판한 책은 별로 없었다. 특히 저자는 이슬람 사회에서 태어나 무슬림으로서 사회화 과정을 경험한 사람이다. 이 책을 펼친 사람이라면 중간에 좀처럼 손을 놓기 힘들다는 것을 느낄 것이다. 오늘날 벌어지고 있는 성전주의자들의 폭력적 만행에 대해 알고 싶은 사람들에게 읽기를 권한다.

contents

일러두기

1. 이 책은 2015년 3월 출간된 《HERETIC》을 번역한 것이다.

2. 본문의 외래어 표기는 주로 원서에 쓰인 영문을 참고했다. 아랍어의 경우 실제 발음과 다소 차이가 있을 수 있다.

3. 독자의 이해를 돕기 위해 옮긴이의 주를 •로 표시해 각주로 넣고, 원서의 주는 책의 말미에 정리했다.

서론

이슬람과
세 부류의 무슬림

○○○○년 ○○월 ○○일, 온몸을 검은 옷으로 감춘 채 중무장한 테러범 ○○명이 ○○에 있는 ○○을 습격해 불을 지르고 시민 ○○명을 살해했다. 테러범들이 "알라후 아크바르allahu akbar(신은 위대하다)!"라고 외치며 난입하는 모습이 화면에 포착됐다. ○○ 대통령은 기자회견에서 다음과 같이 공식 입장을 밝혔다.

"우리는 극단주의자들이 저지른 이 같은 범죄 행위를 규탄합니다. 평화의 종교라는 이름으로 폭력 행위를 정당화하려는 시도는 결코 성공할 수 없습니다. 마찬가지로 우리는 이슬람을 혐오한다는 이유로 이와 유사한 증오 범죄를 저지르려는 사람들 또한 비난할 것입니다."

이 책이 출판되기 4개월 전쯤, 나는 다음과 같은 서론을 준비하고 있었다.

2015년 1월 7일, 온몸을 검은 옷으로 감춘 채 중무장한 테러범 2명이 파리에 있는 〈샤를리 에브도〉 사무실을 습격해 불을 지르고 직원 10명을 살해했다. 테러범들이 "알라후 아크바르!"라고 외치며 난입하는 모습이 화면에 포착됐다.

하지만 곰곰이 생각해 보니 파리 한 곳을 꼭 집어 말할 이유가 없었다. 그보다 몇 주 전이었다면 나는 이렇게 썼을 것이다.

2014년 12월, 온몸을 검은 옷으로 감춘 채 중무장한 테러범 9명이 페샤와르에 있는 학교를 습격해 불을 지르고 학생과 교사 145명을 살해했다.

캐나다의 오타와, 오스트레일리아의 시드니, 나이지리아의 바가에서 일어난 테러 사건에 대해서도 유사한 글을 쓸 수 있다. 그래서 나는 날짜와 지명을 공란으로 비워 두기로 했다. 살해자와 피해자의 숫자도 공란으로 비워 두었다. 여러분도 뉴스에 보도된 최근 사건에 대한 내용으로 공란을 채워 넣을 수 있을 것이다. 좀 더 역사적인 사례를 원한다면 다음과 같이 쓸 수도 있다.

2001년 9월, 이슬람 테러범 19명이 비행기를 납치한 뒤 뉴욕과 워싱턴에 있는 건물들로 돌진해 시민 2,996명의 목숨을 앗아 가는 사건이 발생했다.

지난 13년 동안 나는 이슬람 테러 활동과 관련해 꾸준히 하나의 주장을 펼쳐 왔다. 이슬람 급진주의자들의 폭력 행위를 그들의 종교적 이상과 분리해서 생각해야 한다는 주장이 얼마나 어리석은지에 대한 것이었다. 오히려 우리는 그들의 동력이 이슬람 경전 꾸란Qur'an에 표현된 정치적 이념과 예언자 무함마드의 언행을 기록한 하디스Hadith의 가르침에서 비롯된다는 사실을 인정해야 한다. 내가 주장하려는 바를 간단히 표현하면 이렇다.

이슬람은 평화의 종교가 아니다.

이슬람 폭력이 사회와 경제, 정치적 여건이 아닌 이슬람의 기본 텍스트들에서 기원한다고 주장해 온 나를 사람들은 편견으로 가득 찬 이슬람 혐오자라고 비난했다. 지금까지 나는 침묵과 수치를 강요당한 채 끊임없이 피해 다니며 살아왔다. 실제로 무슬림들은 나를 이단자로 취급했고, 서구 진보주의자들은 나를 변절자로 몰아붙였다. 나의 '둔감한' 발언이 그들의 다문화적인 의식을 훼손했다는 이유에서였다.

내가 비타협적인 주장을 펼칠수록 나에 대한 비난은 점점 더 격렬해졌다. 실제로 이슬람교에 대한 진실을 말하는 행위는 빈번히 범죄로 취급받곤 한다. 심지어 특정 종교에 대한 편파적 발언을 의미하는 '증오 연설hate speech'이라는 신조어가 생겨났을 정도다. 이런 분위기 속에서 무슬림들의 감정을 불편하게 하는 언행은 무엇이든 '증오'라는 낙인이 찍히게 마련이다.

어쩌면 나는 수많은 무슬림들을 비롯해 서구의 이슬람 옹호자들을 불편하게 할 작정으로 이 책을 쓰기로 마음먹은 것인지도 모른다. 나는 수세기에 걸쳐 다져진 종교적 정설에 도전하려 한다. 내가 주장하려는 것은 바로 이슬람 개혁이다. 이슬람의 핵심 개념들을 근본적으로 수정하지 않고서는 종교의 이름으로 전 세계에서 자행되고 있는 정치적 폭력을 해결할 수 없다. 앞으로 더 많은 사람들이 이슬람 교리를 수정하는 데 뜻을 같이할 거라는 희망을 품고 나는 이제 자유롭게 말할 것이다.

이 책을 써야겠다고 생각하게 된 에피소드 한 가지를 소개하겠다. 2013년 9월, 나는 브랜다이스대학교 총장에게서 사회 정의와 관련된 명예학위를 수여하겠다는 전화를 받고 어깨가 으쓱해졌다. 일정대로라면 2014년 5월에 거행될 졸업식에서 학위가 수여될 예정이었다. 6개월쯤 후 총장이 전화를 다시 걸어 올 때까지는 모든 게 좋아 보였다. 두 번째 전화는 브랜다이스대학교에서 나의 학위 수여를 취소했다는 내용이었다. 나는 당혹스러웠다. 그 이유는 곧바로 알게 됐다. 나의 학위 수여를 철회하라는 온라인 청원이 일부 학생과 교수진을 중심으로 퍼져 나갔기 때문이었다.

그들이 게재한 글에 따르면 극단적인 이슬람 혐오자인 내가 사회 정의와 관련된 명예학위 수여자로 내정된 사실은 커다란 충격이 아닐 수 없으며, 그런 결정을 내린 대학 행정 당국 역시 무슬림 학생들은 물론 편파적 발언을 경험한 모든 학생들을 무시하는 게 분명하다는 것이었다. 또한 이는 브랜다이스대학교 학생들의 권리를 침해하는 일일 뿐만 아니라 브랜다이스대학교의 도덕률에 직접적으로 위배되는 행동이라고 주장했다.[1] 나와 행정 당국을 비난하는 글은 이런 말로 끝을 맺었다.

사회 정의에 자부심을 갖고 있는 대학이 어떻게 학생들을 경시하는 그런 결정을 내릴 수 있다는 말인가?

명예학위 수여자로 나를 추천한 행위는 무슬림 학생들과 사회 정의를 옹호하는 브랜다이스 공동체 모두에게 해가 될 뿐이라고 그 글은 주장했다.[2]

그 밖에도 무려 87명이나 되는 브랜다이스대학교 교수진이 나에 대한 충격과 실망을 드러내는 글을 올렸는데, 그들은 주로 7년 전에 발표된 내 인터뷰 기사의 발언을 근거로 문제를 제기했다. 그들에 따르면 나는 "분열을 초래하는 인물"이었다. 특히 나는 다음과 같은 주장 때문에 더욱 비난을 받았다.

어린 소녀와 여성에 대한 폭력은 이슬람 세계를 포함해 전 세계 3분의 2 지역에 만연해 있다. 대학 캠퍼스를 포함해 비무슬림 사회에서도 그런 폭력이 은연중에 드러난다. (중략) 헌신적인 무슬림 페미니스트와 진보적인 무슬림 활동가들은 여성과 성적 소수자들의 권리와 평등을 수호하기 위해 지금도 목숨을 내건 싸움을 포기하지 않고 있다.[3]

나는 온라인 청원에 서명한 교수진 명단을 무심코 들여다보다가 뜻밖의 이름들에 적잖이 당황하고 말았다. 그들은 아랍에미리트연방이 테러 단체로 블랙리스트에 올린 미국이슬람관계위원회CAIR와 관련이 있는 '여성과 성, 성적 취향 연구' 프로그램의 교수들이 아닌가? 게다가 공개적으로 동성애를 비난하는 무슬림들을 편들면서 기묘한 여성 해방을 주창하는 이론의 대가들이 아닌가?

네덜란드에 거주하던 2007년 2월, 나는 〈런던 이브닝 스탠더드 London Evening Standard〉와 함께한 인터뷰에서 "이슬람 세계에는 폭력이 내재돼 있다"고 말했다. 이 발언 역시 브랜다이스대학교 교수진이 이의를 제기할 때 빼놓지 않는 인용문이다. 하지만 그들은 그보다 3년 전 발생한 사건에 대해서는 아무런 언급도 하지 않았다. 나와 함께 짧은 다큐멘터리 영화를 찍은 테오 반 고흐 감독은 암스테르담 거리에서 모로코 태생 청년 무함마드 부에리에게 살해당했다. 그는 처음에 테오에게 총을 여덟 발 쏘았고, 아직 살아서 자비를 베풀라고 애원하는 테오에게 한 번 더 총을 쏘았다. 그런 다음 테오의 목을 베고 커다란 칼로 목을 자르려고 시도했다. 마지막으로 그는 쪽지를 꿴 작은 칼을 테오의 몸에 꽂았다.

나를 비난하는 사람들 가운데 그 쪽지를 읽어 본 사람이 얼마나 될지 사뭇 궁금하다. 쪽지에는 꾸란을 인용한 구절들과 함께 종교적 판결이라도 내리는 듯 엄중한 어조로 내 목숨을 위협하는 노골적인 표현이 담겨 있었다.

나의 주인은 순교를 통해 행복을 얻게 하기 위해 우리에게 죽음을 부여한다. 오, 알라여, 받아 주소서. 이슬람은 역사를 통틀어 많은 적과 싸우며 박해를 견뎌냈다. (중략) 아얀 히르시 알리, 당신은 이슬람의 이름으

로 자멸할 것이다!⁴

그다음에는 무의미한 설교가 열광적으로 이어졌다.

이슬람은 순교자들이 흘린 피로써 승리할 것이다. 그들은 이 세상의 어두운 구석까지 빛을 퍼뜨릴 것이며, 필요하다면 칼로써 악을 몰아낼 것이다. (중략) 부정한 행위를 일삼는 자들에게는 털끝만큼의 자비도 허락되지 않을 것이다. 그들의 머리 위에는 오로지 칼날이 치켜져 있을 뿐이다. 논의나 설명은 필요 없다. 어떤 애원도 소용없다.

쪽지에는 꾸란에서 그대로 발췌한 이런 구절도 포함되어 있었다.

죽음은 그것을 피하고자 하는 자를 반드시 찾아내 전지전능한 알라에게로 데리고 갈 것이며, 신은 그자가 무엇을 하고자 했는지 똑똑히 일러 줄 것이다(62장 8절).

브랜다이스대학교 교수진 같은 사람들은 부에리의 행동과 이슬람 사이에는 아무런 연관도 없다는 주장을 펼칠지도 모른다. 나는 테오가 죽임을 당한 후에 네덜란드 학자들이 주장한 내용을 똑똑히 기억한다. 그들은 부에리가 나를 죽이려고 하는 진짜 동기는 사회경제적인 박탈감이나 소외감에서 비롯됐다고 주장했다. 하지만 살해자가 자신의 범죄를 정당화하기 위해 꾸란을 인용했으니 우리는 최소한 그가 말한 내용이 무엇을 의미하는지 검토하고 논의해 보아야 한다.

이슬람이 평화의 종교가 아니라는 나의 주장은 이슬람 신앙 자체가 무슬림들을 폭력적으로 만든다는 의미는 아니다. 이것은 명백히 사실이 아니다. 이 세상에는 평화를 사랑하는 무슬림도 매우 많다. 내가 말하고 싶은 것은 폭력을 부추기고 그것을 정당화하는 내용이 이슬람 경전에 명시적으로 드러나 있다는 점이다. 이처럼 신학적으로 허용된 폭력은 배교와 간통과 신성모독은 물론, 심지어 가문이나 종교의 명예를 훼손하는 막연하고 사소한 위반을 제재하는 데에도 거침없이 활용되고 있다.

알 카에다와 자칭 이슬람국가IS라고 하는 조직이 자행하는 폭력과 이슬람 사이에 부정할 수 없는 연관이 있다고 주장한 순간부터 나는 목소리를 낮추라는 압박을 끊임없이 받아 왔다. 살해 위협이라는 가장 강도 높은 협박 외에 보다 덜 폭력적인 방법으로도 많은 시달림을 받았다. 미국이슬람관계위원회 같은 무슬림 단체들은 내가 자유롭게 (특히 대학에서) 발언하지 못하도록 갖은 방법을 동원했다. 이슬람 학자가 아닌 데다 심지어 현재 무슬림도 아닌 내가 그런 주제를 다룰 만한 충분한 권위가 없다고 주장하는 사람들도 있었다. 사회적으로 신분이 높은 무슬림들과 서구 진보주의자들은 나를 이슬람 혐오자라고 비난했다. 이 말에는 반유대주의나 동성애 혐오 등 서구 사회가 규탄할 만한 편견을 가진 다른 사람들과 나를 동일시하려는 의도가 분명히 담겨 있었다.

그들은 왜 그렇게 내 입을 막고 대중 앞에 나서지 못하도록 방해했을까? 왜 그렇게 인신공격을 하고 폭력과 살해 위협을 하면서까지

나를 연단에서 몰아내려고 했을까? 그것은 결코 내가 문제를 제대로 파악하지 못해서가 아니다. 이슬람에 대한 내 견해는 무슬림으로서 이슬람 공동체에 살면서(이슬람의 중심지인 메카에 살던 시기를 포함해) 얻은 구체적인 경험과 지식을 근거로 한다. 또한 이슬람의 가르침을 실천했던 사람이자 학생이자 교사로서 오랫동안 이슬람을 연구한 결과를 토대로 한다. 진짜 이유는 분명하다. 사실 그들은 내 주장에 반박할 수 없기 때문이다. 게다가 나는 혼자가 아니다. 샤를리 에브도 테러 공격 후에 무슬림 개혁가 아스라 노마니는 자신이 "명예단체 honor brigade"라 부르는 조직에 반대한다는 의견을 분명히 밝혔다. 국제적으로 조직화된 그 단체는 이슬람에 대한 논쟁을 가로막는 일이 주요 활동인 것처럼 보인다.[5]

더욱 개탄스러운 것은 이런 활동이 서구에서 상당한 효과를 발휘하고 있다는 사실이다. 현재 서구 진보주의자들은 비판적 사고와 논쟁을 방해하기로 공모라도 한 듯한 모습이다. 자신을 진보주의자(페미니스트와 동성애 인권운동가를 포함해)라고 생각하는 사람들이 무슬림들을 비평가들과 떼어 놓으려는 터무니없는 수단에 너무 쉽게 설득당하는 모습을 보며 나는 어안이 벙벙하지 않을 수 없다.

대학에서 물의를 빚고 나서 몇 달이 지나는 동안 이슬람은 평화의 종교와는 거리가 먼 모습으로 뉴스에 계속 보도됐다. 브랜다이스대학교에서 명예학위 수여를 취소한다는 전화를 걸어 온 지 6일이 지난 2014년 4월 14일에는 이슬람 무장 단체 보코 하람이 나이지리아 여학생 276명을 납치했고, 5월 15일에는 수단에서 임신부인 메리엄 이브라힘이 배교죄로 사형선고를 받았다. 6월 29일에는 IS가 이라크와 시리아에서 칼리프* 제도를 부활시켜야 한다고 주장했다. 8월 19일에는 미국인 기자 제임스 폴리가 참수되는 모습이 그대로 녹화됐고, 9월 2일에는 역시 미국인 기자인 스티븐 소트로프가 불행하게도 같은 운명을 맞았다. 그들의 처형을 주도한 인물은 영국에서 교육받은 것으로 보였다. 그는 유럽연합 시민이었다가 이라크와 시리아의 성전주의자로 변한 3,000~4,500명 가운데 한 사람임이 분명했다.

9월 26일에는 이슬람으로 개종한 지 얼마 되지 않은 앨튼 노렌이 오클라호마 주 무어에 있는 식품 가공 공장에서 동료의 목을 베는 사건이 일어났다. 10월 22일에는 역시 이슬람으로 개종한 마이클 제하프 비보가 캐나다 수도 오타와에서 미친 듯이 날뛰다가 보초를 서고 있던 경비병 네이선 시릴로를 총으로 쏘아 죽였다. 그 후에도 사건은 끊이지 않았다. 12월 15일에는 성직자인 만 하론 모니스가 시드니의 한 카페에서 시민 18명을 잡고 인질극을 벌이다 2명을 죽이고 자신도 사살됐다.

마지막으로 내가 이 책을 다 써 갈 때쯤 프랑스 파리의 풍자 주간지 〈샤를리 에브도〉 직원들이 참변을 당했다. 복면을 한 채 AK-47 소총으로 무장한 쿠아시 형제가 잡지사 사무실에 난입해 편집장 스테판 샤르보니에와 다른 직원 9명, 경찰 1명을 죽였고 거리에서 또 다른 경찰 1명을 죽였다. 충격이 채 가시기도 전에 그들 형제와 관련 있어 보이는 아메디 쿨리발리가 파리 남쪽의 소도시에서 한 상점을 장악한 후 유대인 4명을 죽였다.

칼리프 신의 사도의 대리인이라는 뜻으로 이슬람 제국의 최고통치자를 가리킨다.

이 모든 사건에서 테러범들은 범행하는 동안 아랍어와 이슬람 상징물들을 사용했다. 간단한 예를 들면, 쿠아시 형제는 샤를리 에브도를 공격하면서 "알라후 아크바르!", "예언자 무함마드의 복수가 이루어졌다!"고 외쳐댔다. 그들은 한 여성 직원을 풀어주면서 이런 말을 했다.

"당신이 여성이기 때문에 살려 준다. 우리는 여성을 죽이지 않는다. 하지만 당신이 하고 있는 짓을 생각해 보라. 당신이 하는 짓은 나쁘다. 내가 당신을 살려 주었으니 당신은 꾸란을 읽어야 한다."[6]

이처럼 이슬람의 이름으로 자행되는 폭력은 중동과 북아프리카를 넘어 유럽과 대서양 건너 아메리카 대륙까지 확산되고 있다. 스티븐 소트로프가 참수된 후 미국 부통령 조 바이든은 그를 죽인 살인자들을 지옥 문까지라도 쫓아가 색출할 것이라고 맹세했다. 버락 오바마 대통령도 크게 분개하며 이라크에 대한 군사 개입을 중단한다는 정책을 변경해 공습을 지시하고 병력을 배치하는 등 IS 조직을 약화시키고 파괴하기 위해 전력을 다했다. 이와 관련, 2014년 9월 10일에 발표된 대통령 성명은 비판적 회피와 왜곡이라는 의미에서 면밀히 살펴볼 필요가 있다.

두 가지 사항만 명백히 짚고 넘어가겠습니다. IS는 이슬람과 관련 없습니다. 무고한 사람들을 죽이는 것을 용납하는 종교는 없습니다. 또한 IS 희생자 중 대다수는 무슬림이었습니다. IS는 분명히 국가가 아닙니다. (중략) 엄밀히 말해서 IS는 테러 조직이고, 그들에게 유일한 비전은 자신의 길에 방해가 되는 모두를 살상하는 것입니다.

요약하자면 IS는 국가도 아니고 이슬람도 아니라는 진술이다. IS는 '악'이고, 그 조직원들은 누구도 따라갈 수 없을 정도로 잔혹하며, IS를 퇴치하는 운동은 '암'을 근절하려는 노력과 같다는 것이다.

샤를리 에브도 학살 사건 후, 백악관 언론 담당 비서는 IS와 다른 극단주의 조직들이 전 세계 사람들을 급진화하기 위해 폭력적이고 극단적인 메시지를 전달하는 방식과 '평화로운 종교'를 구분하느라 많은 노력을 기울여야 했다고 설명했다. 그는 이렇게 말했다.

"행정부는 이슬람 교리가 실제로 어떤 내용인지 명확히 알기 위해 무슬림 공동체 지도자들의 협력을 얻는 데 상당한 공을 들였다."

언제부터인가 '급진적 이슬람'이라는 말은 더 이상 사용되지 않고 있다.

그런데 이 모든 전제가 잘못된 것이라면 어떻게 하겠는가? 이슬람 신앙과 관습의 폭력적 얼굴을 드러낸 세력은 비단 알 카에다와 IS뿐만이 아니다. 파키스탄에서는 예언자와 이슬람에 대한 사소한 비판도 신성모독으로 낙인찍혀 죽음으로 처벌받는다. 사우디아라비아에서는 교회도, 유대교 회당 시너고그synagogue도 금지된다. 심지어 이 나라에선 참수가 합법적인 처벌 수단이다. 2014년 8월에는 거의 하루에 한 번꼴로 참수가 이루어졌을 정도다. 이란에서는 돌팔매질로 처형이 이루어지고 동성애자들은 교수형에 처해진다. 브루나이의 술탄은 샤리아를 재도입하고 다시 동성애자들을 사형에 처할 수 있도록 했다.

우리는 지금까지 거의 15년이 되도록 테러리즘이나 극단주의가 이슬람과는 구별되어야 한다는 전제 아래 정책을 수립하고 견해를 밝혀 왔다. 세계 어디에서든 테러범들의 공격이 벌어지면 서구 지도자들은 매번 그 사건이 이슬람과는 직접적인 관련이 없다고 선언하기에 급급했다. 이는 모두 이슬람을 평화의 종교라고 생각하기 때문이다.

그런 노력이 전혀 의미 없다고 할 순 없지만, 무슬림들에 대한 보복이 그들의 폭력보다 더욱 염려스러울 수 있다는 건 결국 서구 진보주의자들의 잘못된 확신에서 비롯되었다. 이런 시각에서 9·11 테러 공격을 감행한 자들은 무슬림들을 대표하는 것이 아니라 테러리스트들을 대표한다고 생각되었다. 그 결과 그들의 잔혹한 행동을 정당화하는 이념이 아닌 그들의 전략에 초점을 맞춰 대응할 수밖에 없었다. 그 과정에서 서구는 이슬람이 평화의 종교라고 말하는 '온건한' 무슬림들을 수용하고, 진정한 개혁을 추구하려고 애쓰는 반체제 무슬림들을 소외시키고 말았다.

아직까지도 많은 사람들이 폭력 사건을 주류에서 벗어난 극단주의자들의 광적인 행동이라고 주장한다. 그들은 여전히 의학적 비유를 사용해 폭력을 종교적 환경에 맞지 않는 이물질로 정의하려고 애쓴다. 그리고 우리 사회에도 성전주의자들처럼 형편없는 극단주의자들이 있다고 믿는 듯하다. 심지어 미국 대통령은 2012년 유엔총회 연설에서 다음과 같이 선언했다.

"미래는 이슬람 예언자를 중상모략하는 사람들의 편이 아닐 겁니다."

그렇다면 미래는 그 중상모략하는 사람들을 죽이러 돌아다니는 사람들 편이란 말인가?

이 책이 무함마드를 비방한다고 불평하는 사람이 틀림없이 있을 것이다. 하지만 이 책의 목적은 불필요한 감정싸움이나 공격이 아니라 앞서 말한 접근법이 21세기에 맞닥뜨린 이슬람 문제를 완전히(부분적으로가 아니라) 잘못 이해하고 있다는 점을 보여 주려는 것이다. 그런 접근법은 자유주의의 본성과 의미를 잘못 이해하고 있기도 하다. 만약 이런 점을 인식하지 못한다면 선량하고 평화를 사랑하는 대다수 무슬림들은 일부 무슬림들의 편협하고 폭력적인 행동의 근거가 꾸란에 담겨 있다는 사실을 조금도 인정하려 들지 않고 강력히 부인할 것이다.

무슬림들이 그들의 종교가 극단주의자들에게 넘어갔다고 주장하는 것 또한 올바른 판단이 아니다. IS와 보코 하람의 살인자들도 이 세상의 모든 무슬림이 신성불가침하다고 여기는 바로 그 종교 텍스트를 인용한다. 이슬람이 평화의 종교라는 단조롭고 진부한 표현으로 극단주의자들을 궁지에서 벗어나게 하는 대신에 이제는 이슬람 신앙과 관습의 핵심적인 내용들을 면밀히 검토하고 논의할 필요가 있다. 우리는 극단주의자들의 폭력 행위가 이슬람 자체에 뿌리를 두고 있다는 사실을 확인시켜 주어야 하며, 폭력 행위를 정당화하는 데 이용되는 이슬람의 핵심 교리를 개혁하도록 요구해야 한다.

이와 동시에 우리는 자유주의자로서 우리의 원칙을 옹호할 필요가 있다. 특히 서구의 무슬림들에게 우리가 그들의 신앙과 민감한 부분들을 수용해야 할 이유는 없다는 점을 분명히 말해야 한다. 오히려 그들이 언론의 자유를 수호하며 살아가는 법을 배워야 한다.

● 세 부류의 무슬림

이슬람에 대해 이야기하기 전에 우리는 먼저 이슬람이 무엇인지 이해하고 무슬림들 사이에 어떤 차이가 존재하는지 알아야 한다. 내가 설명하려는 차이는 수니파와 시아파, 그 외 다른 종파를 말하는 기존의 구분이 아니다. 그보다는 개개인이 무엇을 준수하는가에 따라 사회학적으로 광범위한 분류를 시도하고자 한다. 다시 말해, 이슬람이 아닌 무슬림들을 본질적인 특성에 따라 세분해 보려는 것이다.

이슬람은 천사 가브리엘이 예언자 무함마드에게 신의 말씀을 계시한 꾸란과 무함마드의 삶과 언행을 상세하게 서술한 하디스를 근거로 핵심 교리를 형성한다. 종파 간에 다소 차이가 존재하지만 이런 중심 교리는 모든 무슬림을 하나로 묶는다. 모든 무슬림은 예외 없이 다음과 같은 말을 외우고 있다.

"알라 외에 다른 신은 없다. 무함마드는 그의 예언자임을 나는 증언한다."

이 말은 무슬림의 신앙 증언인 '샤하다shahada'이다. 이것만 보면 샤하다는 개인의 양심과 종교의 자유에 입각해 선언한 종교적 고백과 별다를 게 없어 보인다. 하지만 실제로 샤하다는 종교적 상징이자 정치적 상징으로 기능한다.

무함마드가 다신교도들에게 우상숭배를 그만두라고 설득하던 이슬람 초기 시대에만 해도 그는 수많은 다신교도들과 접촉하며 알라가 유일신이고 자신이 그 전령이라는 점을 받아들여야 한다고 목소리를 높여야 했다. 이는 예수가 자신이 하느님의 아들임을 받아들이라고 유대교도들을 설득한 것과 여러모로 닮았다. 10년에 걸쳐 설득하려고 노력했는데도 별다른 성과를 얻지 못하자 무함마드와 얼마 안 되는 그의 추종자들은 메디나로 옮겨 갔고, 그때부터 무함마드는 정치적 특성을 드러내기 시작했다. 알라에게 복종할 것을 계속해서 설득하는 과정에서 비신자들이 설득에 응하지 않을 경우, 그들은 무장을 하고 공격에 나섰다. 하나의 지역을 점령하고 나면 그 지역 주민들에게 개종과 죽음 중 하나를 고르라고 선택을 강요했다(다만 특별한 세금을 낼 경우, 유대인과 기독교인은 자신의 신앙을 지킬 수 있었다).

샤하다만큼 이슬람 신앙을 잘 표현하는 상징은 없다. 그런데 오늘날 이슬람 내부에서는 그런 상징의 소유권을 두고 신경전이 벌어지고 있는 듯하다. 누가 샤하다의 주인인가? 메카 시대의 무함마드를 강조하는 무슬림들인가, 아니면 메디나로 이주해 정복전쟁을 수행한 무함마드를 떠받드는 무슬림들인가? 이슬람 세계에는 자신을 메카 시대의 무함마드와 동일시하는 무슬림들이 무척이나 많다. 하지만 시간이 흐르면서 메디나 시대에 시작된 정치이슬람Political Islam을 부활시키고 재현하려는 무슬림들이 점차 늘고 있다. 그들은 무함마드를 사막을 누비던 평범한 유목민과 상인에서 절대적 도덕성을 상징하는 인물로 격상시켰다. 이런 사실을 토대로 우리는 무슬림들을 세 부류로 구분해 볼 수 있다.

첫 번째로 가장 문제적인 부류인 근본주의자들을 살펴보자. 이들에게 샤하다는 '이슬람 교리의 엄격한 조항에 따라 살아야 한다'는 의미를 갖는다. 이들은 이슬람의 종교적 율법인 샤리아에 따라 통치하는 정권을 꿈꾼다. 또한 이슬람의 모든 교리가 태동된 7세기 때의 상태 그대로 유지되어야 한다고 주장하며 모든 사람들이 이슬람을 받아들이도록 하는 것을 자신의 종교적 의무라고 생각한다.

나는 처음에 이들 근본주의자 집단을 '천년왕국 무슬림'이라 부르려고 했다. 이들의 광신적 행동이 종교개혁 이전의 중세 기독교 세계에 번성한 여러 근본주의 종파들을 연상시켰기 때문이다. 세상의 종말을 고대하며 광신과 폭력을 내세운 점도 닮았다.[7] 하지만 그런 유추는 여러 가지 면에서 불완전해 보였다. 현재 시아파는 12세기 이맘*의 시대로 돌아가자고 주장하면서 이슬람이 전 세계를 지배하는 날이 오기를 고대하는가 하면, 수니와 열성분자들은 지구상에 칼리프 제도를 새롭게 부활시키기 위해 애쓰고 있다. 이런 점을 감안해 나는 샤리아의 시행을 종교적 의무로 간주한다는 점에서 근본주의자들을 '메디나 무슬림'으로 부르는 것이 적절하다고 결론 내렸다. 이들은 무함마드의 가르침에 복종할 뿐만 아니라 메디나 이후에 두드러진 그의 호전적인 행동을 따르려고 노력한다.

유대교도와 기독교도를 "돼지와 원숭이들"이라고 부르며 두 신앙 모두 "거짓 종교"라고 주장하는 이들이 바로 메디나 무슬림이다. 배교, 간통, 동성애를 참수형과 돌팔매 처형, 교수형으로 다스리는 이들이 바로 메디나 무슬림이다. 이들은 여자들에게 부르카를 씌우고, 혼자 집 밖에 나가거나 얼굴이나 몸을 제대로 가리지 않은 채 나가면 매질을 가한다. 이들은 2014년 6월 파키스탄 구지란왈라에서 난동을 부리며 여덟 채의 집에 불을 질렀고, 페이스북에 신성모독적인

이맘 이슬람 교단 조직의 지도자에 대한 경칭이다.

사진을 올렸다는 이유로 할머니와 두 손녀를 죽였다.

메디나 무슬림들은 이슬람으로 개종하기를 거부하는 이단자를 살해하는 것을 중요한 종교적 임무라고 생각한다. 이들은 성스러운 전쟁 지하드jihad를 설교하면서 순교를 통한 죽음을 영광스럽게 여긴다. (수백 개에 달하는 무장 단체 가운데 겨우 몇 개만 이름을 꼽자면) 알 카에다, IS, 보코 하람, 소말리아의 알 샤바브같은 조직에 가담한 사람들은 모두 메디나 무슬림이다.

그렇다면 메디나 무슬림들은 소수에 불과할까? 16억 명에 이르는 무슬림, 다시 말해서 전 세계 인구의 23퍼센트에 해당하는 사람들 가운데 메디나 무슬림은 족히 5,000만 명 정도는 되어 보인다. 무슬림 국가들에서 샤리아에 대한 태도를 조사한 자료를 토대로 생각해 보면 그 비율은 더 높을 것으로 추정된다.[8] 무슬림들과 이슬람 개종자들이 점차 메디나 무슬림 쪽으로 끌려가는 추세를 보면 앞으로 그 수는 훨씬 불어날 것으로 전망된다. 아무튼 이 부류에 속하는 무슬림들이 서구 진보주의자나 무슬림 개혁가에게 동조하거나 설득당할 여지는 없어 보인다. 이 책의 독자가 될 것이라 보기도 어렵다.

두 번째는 이슬람 세계에서 절대다수를 차지하는 부류로, 핵심 교리에 충실하고 독실하게 알라를 섬기지만 폭력을 행사하는 것은 꺼리는 무슬림들이다. 나는 이들을 '메카 무슬림'이라고 부른다. 매일 종교 예배에 참석하고 의식주를 포함한 모든 생활에서 종교적 규율을 철저히 준수하는 독실한 기독교도나 유대교도처럼 메카 무슬림들도 종교적 규율을 매우 중요시한다. 나는 메카 무슬림으로 성장했다. 카사블랑카에서 자카르타에 이르는 지역의 무슬림 대다수도 마찬가지다.

메카 무슬림들에게는 한 가지 문제가 있다. 이들의 종교적 믿음은 현대성과 끊임없이 갈등을 빚는다. 여기서 말하는 현대성은 서구 세계를 재편했을 뿐만 아니라 개발도상국들을 극적으로 변화시킨 경제적이고 문화적이고 정치적인 혁신을 의미한다. 현대성의 이성적이고 개인주의적인 가치는 전통적인 사회를 비롯해 성性, 나이, 타고난 지위에 따라 뚜렷하게 계층이 형성된 사회를 뿌리부터 흔들어 놓는 경향이 있다.

무슬림이 다수인 국가에서는 경제, 사회, 권력관계를 변화시키는 현대성의 위력이 제한적일 수밖에 없다. 그곳에 사는 무슬림들은 휴대전화나 컴퓨터를 사용하면서도 현대 기술이 조장한 이성적이고 세속적인 사고방식과 자신의 종교적 믿음 사이에서 특별한 갈등을 느끼지 않는다. 하지만 이슬람이 소수 종교인 서구 사회에서 독실한 무슬림들은 인식의 충돌 속에 살아갈 수밖에 없다. 신앙과 세속적 경험이라는 두 세계 사이에 갇혀 매일 갈등을 느끼고, 자신의 가치와 충돌하는 다원적인 문화에서 이슬람 신앙을 지키기 위해 고군분투한다. 그 결과 이들 가운데 대부분은 스스로 둘러친 공간이나 독립적인 무슬림 집단 거주지 안으로 물러나 칩거한다. 이렇게 무슬림 이민자들은 점차 외부의 영향과 담을 쌓고 자신의 아이들에게 이슬람 교육만 시키는 등 그 나라 사회에서 분리된 채 살아가고 있다.[9]

오랫동안 긴장과 불화 속에서 살아온 무슬림들이 선택할 수 있는 대안은 두 가지밖에 없어 보인다. 나처럼 이슬람을 완전히 떠나든가, 아니면 일상에서 준수하던 규율 대신 현대성을 거부한 채 비타협적인 이슬람 교리를 따르는 메디나 무슬림의 길을 선택하는 것이다. 메디나 무슬림보다는 메카 무슬림에 가까운 이런 사람들을 이슬람 신앙의 의미와 관행에 대한 대화로 끌어들이는 것이 내가 하려는 일이다. 나는 이들이 이 책의 주요 독자가 되기를 희망한다.

물론 나는 메카 무슬림들이 이슬람 교리를 개혁하자는 요구에 쉽게 관심을 보일 것이라 기대하지는 않는다. 그것도 그들이 배교자나 이교도로 여기는 사람의 주장에 말이다. 하지만 만약 나를 배교자가 아닌 이단자로 받아들이게 할 수만 있다면, 그래서 무슬림으로 태어났지만 함께 성장한 신앙에 대해 비판적으로 사고하려고 애쓰는 사람이라는 의미를 전달할 수만 있다면 어쩌면 그들도 이슬람 개혁에 대해 한번 생각해 볼지도 모른다.

이제 나와 동류라고 생각하는 세 번째 부류의 무슬림에 대해 이야기해 보자. 물론 이들 가운데 이슬람을 완전히 떠난 사람은 극히 일부라고 보아야 한다. 아무튼 이들은 반체제 무슬림으로, 대부분 개혁을 지향하며, 끊임없는 정치적 폭력의 악순환에서 무슬림들을 벗어나게 하려면 종교 자체를 바꿀 수밖에 없다고 생각한다. 메디나 무슬림들이 보기에 나를 포함한 세 번째 부류의 사람들은 모두 이단자에 해당할 것이다. 7세기의 가르침을 21세기에 적용하려는 그들의 이상에 우리가 주제넘게도 도전했기 때문이다.

이런 반체제 인사들 중 대표적인 인물로 아브드 알 하미드 알 안사리가 있다. 카타르대학교 이슬람법대 학장을 지낸 바 있는 그는 이슬람 외의 종교를 증오하지 말아야 한다고 주장했다. 알 안사리는 딸에게 왜 비무슬림을 증오하도록 가르쳐야 하느냐고 묻는 사우디아라비아 여성의 이야기를 들려주며 이렇게 질문했다.

"그들은 인슐린을 발견한 유대인 과학자를 내가 증오할 거라고 생각할까? 내 어머니를 치료해 주는 약인데도? 내가 딸에게 전구를 발명한 에디슨을 증오하라고 가르쳐야 할까? 그 전구가 이슬람 세계 전역을 환하게 밝혀 주고 있는데도? 말라리아 치료제를 만들어낸 과학자를 증오하고, 단지 종교가 다르다는 이유로 사람들을 미워하라고 딸에게 가르쳐야 할까? 왜 우리는 우리의 종교를 우리와 다른 사람들에 대한 증오의 종교로 만들어야 할까?"

이어서 그는 종교적 담론이 좀 더 인간적인 모습이 되어야 한다고 주장했다. 그의 소망은 이르샤드 만지, 마지드 나와즈, 주디 야세르 같은 서구 이슬람 개혁가들이 추구하는 바와 정확히 일치한다. 이들이 공통적으로 주장하는 것은 바로 이슬람 교리를 수정하고 재해석해서 종교적 담론을 좀 더 인간적인 모습으로 만들자는 것이다.

각각의 부류에 속하는 무슬림은 어느 정도나 될까? 이 질문에 정확히 답하는 것은 그리 중요해 보이지 않는다. 메디나 무슬림들은 방송에서, 소셜 미디어에서, 수많은 모스크는 물론 전장에서도 전 세계의 주목을 한 몸에 받아 왔다. 가장 충격적인 사실은 서구에서 태어난 무슬림 성전주의자들의 숫자가 급격히 증가하고 있다는 점이다. 2014년 11월 유럽연합이 발표한 바에 따르면, 적어도 80개 국가에서 떠나온 외국인 전사 1만 5,000명이 급진적 성전주의에 가담하기 위해 시리아로 들어갔다.[10] 그중 대략 4분의 1이 서유럽 출신이다. 그들이 모두 젊은 남성인 것도 아니다. ICSR리서치그룹이 추산한 바에 따르면, 서구 출신으로 시리아로 들어간 사람들 가운데 10~15퍼

센트가 여성이다.[11]

더욱 우려되는 통계 보고도 있다. 미국 여론조사 전문기관인 퓨 리서치센터는 미국의 무슬림 인구는 2015년 260만 명에서 2030년 620만 명으로 증가할 것이라고 전망했다. 늘어나는 이민자와 평균을 웃도는 출생률이 예측의 근거다. 상대적으로 비교하면 620만 명은 미국 총인구의 1.7퍼센트(현재는 0.8퍼센트)에 불과하지만, 절대치로 따지면 프랑스를 제외한 어떤 서유럽 국가의 무슬림 인구보다 많은 수치다.[12]

소말리아 출신 이민자로서 나는 이슬람 세계의 수백만 인구가 자신과 가족을 위해 더 나은 삶을 찾아 미국으로 오는 게 문제가 있다고는 생각하지 않는다. 다만 그들이 미국에 와서까지 보이는 태도나 견해가 우려될 뿐이다(뒤의 표 참조).

앞으로 2030년까지 유입될 무슬림 이민자 가운데 5분의 2 정도가 파키스탄, 방글라데시, 이라크 출신일 것으로 예상된다. 이슬람 세계 내의 견해를 조사한 또 다른 퓨리서치센터의 보고서에 따르면, 이 세 나라 국민의 대다수가 서구인들이 극단주의라고 여기는 견해를 갖고 있는 것으로 드러났다.[13] 파키스탄인의 4분의 3을 비롯해 방글라데시인과 이라크인의 5분의 2 이상이 이슬람을 떠난 사람들을 죽음으로 처벌해야 한다고 생각했다. 파키스탄인의 80퍼센트 이상을 비롯해 방글라데시인과 이라크인의 3분의 2 이상이 샤리아를 신의 계시라고 간주했다. 딸이 기독교인과 결혼해도 상관없다고 생각하는 사람은 극히 소수에 불과했다. 절반 이하의 사람들만이 여자들에 대한 명예살인이 결코 정당화될 수 없는 일이라고 생각했다. 방글

미국 이주율이 높은 무슬림 다수 국가의 태도와 견해[14]

(단위: 퍼센트)

무슬림의 태도와 견해	파키스탄	방글라데시	이라크
배교에 대한 처벌로 사형을 지지한다.	75	43	41
도덕적인 신의 존재를 믿는다.	85	89	91
다른 사람들을 개종시키는 것은 종교적 의무라고 생각한다.	85	69	66
샤리아는 신의 말씀을 계시한 것이라고 말한다.	81	65	69
종교 지도자는 큰 영향력을 갖춰야 한다고 말한다.	54	69	57
서구의 예술 및 연예는 도덕성을 해친다고 믿는다.	88	75	75
일부다처제는 도덕적으로 문제가 없다고 말한다.	37	32	46
여성이 규율을 위반하더라도 명예살인은 결코 정당화될 수 없다고 말한다.	45	34	22
이슬람을 수호하기 위한 자살폭탄 테러는 정당하다고 믿는다.	13	26	7
부인은 필요한 경우 남편과 이혼할 수 있어야 한다고 말한다.	26	62	14
딸이 기독교도와 결혼해도 괜찮다고 생각한다.	3	10	4

라데시인의 4분의 1과 파키스탄인의 8분의 1이 이슬람을 수호하기 위한 자살폭탄 테러를 정당한 일이라고 믿었다.

메디나 무슬림들은 바로 이런 견해를 바탕으로 우리 모두에게 위협을 가하고 있다. 중동을 비롯한 여타 지역에서 예언자의 시대로 돌아가자고 부르짖는 이들의 이상은 결과적으로 수십만 명의 죽음과 수백만 명의 종속으로 이어졌다. 이로 인해 서구에서는 테러의 위험이 점점 커지고 있을 뿐만 아니라 페미니스트들과 소수자 인권 옹호자들이 어렵게 이룩한 업적이 서서히 훼손되고 있다.

또한 메디나 무슬림들은 서구 사회의 문화적 보호막 안에서 조용한 삶을 살고자 하는 메카 무슬림들의 입지를 약화시키고 있다. 그런 위협 아래에서도 반체제 무슬림들과 개혁가들은 꿋꿋하게 버티고 있다. 그들은 배척과 거부를 감수하고 온갖 종류의 모욕에 용감히 맞서야 한다. 살해 협박을 당하거나 실제로 살해를 당하기도 했다. 지금까지 그들의 노력은 개인적으로 이루어졌을 뿐, 한데 모이지 못했다. 이는 메디나 무슬림들의 조직적이고 빈틈없는 활동과 비교된다. 이제 우리는 그들의 용기와 신념을 바탕으로 이들과 함께 나아가야 한다.

나는 이들 반체제 인사들과 개혁가들의 편에 서서 돕는 것이야말로 메디나 무슬림들의 위협을 저지할 수 있는 유일한 전략이라는 결론에 도달했다. 이들이 메디나에 근거한 무함마드의 도덕적 유산을 확인하고 거부하도록 도와야 한다. 이들이 메카 무슬림들을 설득해 이런 변화를 받아들이고 편협함과 전쟁에 대한 호소를 거부하도록 도와야 한다.

이 책은 역사를 기술하려는 것이 아니다. 지금 이 시대에 점점 더 많은 무슬림들이 이슬람의 가장 폭력적인 요소들을 수용하고 있다는 사실을 설명하려는 것도 아니다. 이 책의 목적은 메디나 무슬림이 계속 증가하는 이유가 무엇인지 알아내려는 것이다. 나는 또한 서구 진보주의자들 사이의 보편적인 견해, 다시 말해서 그 이유에 대한 설명을 이슬람 세계의 정치적이고 경제적인 문제들에서 찾아야 한다는 견해와 그 해결책은 서구의 외교 정책과 연관이 있다는 견해에 도전하고자 한다. 이런 견해는 외부 요인을 지나치게 강조한 것이다. 이슬람 세계에는 민주주의를 실현하거나 석유 자원을 제대로 관리하기 위해 싸워 온 세력이 있으며, 무슬림 외에도 미국 '제국주의'에 불만을 품은 사람들이 존재한다. 비이슬람 세계에는 테러와 자살폭탄, 종파 간의 전쟁, 명예살인이 존재함을 보여 주는 증거가 거의 없다. 하지만 이슬람이 대다수 국민의 종교인 나라에는 조직적인 폭력이 증가하고 있는 이유가 있다.

내가 주장하는 바는 종교적 원칙들을 개혁할 필요가 있다는 것이다. 사우디아라비아가 석유로 인한 경제적 이익을 이용해 와하비즘* 추종 세력에게 자금을 대 준다거나 서구가 사우디아라비아 정권을 지원하고 있다거나 하는 비교리적 요인도 중요하지만, 무엇보다 중요한 것은 종교적 교리의 문제다. 극단주의자들이 종교의 이름으로 폭력 행위를 자행할 때, 서구 학자들은 믿기 어렵겠지만, 그들은 저변에 깔린 사회와 경제, 정치적 불만이나 고충을 굳이 드러내려고도 하지 않는다.

이슬람은 지금 중요한 기로에 서 있다. 수십, 수백도 아니고 수천만, 나중에는 수억만에 이를 무슬림들은 자신들의 종교에 잠재된 폭력적인 요소들을 자각하고 그에 맞서 논쟁하며 대항할 필요가 있다. IS와 알 카에다, 그 밖의 무장 조직이 저지른, 말로 옮기기조차 어려운 잔혹 행위에 전 세계가 충격을 받고 있는 상황에서 어느 정도 대항이 시작됐다고 볼 수도 있다. 중요한 것은 대항 세력을 이끄는 지도력이 필요하며 서구의 지원이 없다면 승산도 없다는 점이다.

와하비즘 이슬람교 신학자 와하브로부터 시작된 꾸란의 해석 방식이다. 순수한 이슬람교를 지향하며 사우디아라비아 건국이념이기도 하다.

냉전 시대에 서구가 바츨라프 하벨과 레흐 바웬사 같은 동유럽 반체제 인사들이 아닌 소비에트 연방을 지원했다면 어떤 결과가 초래됐을지 상상해 보라. 온건한 공산주의를 대표하던 사람들처럼 크렘린Kremlin*이 독일 적군파 같은 테러리스트들에 맞서 우리를 도와줄 것이라고 기대하면서 말이다. '세뇌당한' 한 대통령이 세계를 향해 "공산주의는 평화의 이념이다"라고 말하는 것도 상상해 보라.

이는 대재앙이 됐을지도 모른다. 오늘날 이슬람 세계에 대해서도 마찬가지 자세가 필요하다. 그런데도 우리는 현재 반체제 무슬림들을 경시하고 있다. 그들의 이름조차 제대로 모르고 있다. 우리는 우리의 가장 큰 적들이 공개적으로 드러낸 이념에 따라 행동하지 않을 것이라고 착각하고 있다. 또한 믿을 만한 지도력도 없으면서 눈에만 잘 띄는 데다 반체제 인사들의 주장보다는 광신도들의 주장에 더 잘 넘어갈 듯한 다수에게 기대를 걸고 있다.

수정해야 할 다섯 가지 개념

하지만 나는 모든 사람들이 이런 주장을 받아들일 것이라고 생각하지는 않는다. 다만 이런 주장을 무시하려는 사람들에게 부탁하고 싶은 것은 내게 그들에게 반하는 주장을 내세울 수 있는 권한이 있다는 것을 인정해 달라는 점이다. 아무튼 이슬람 극단주의가 이슬람

크렘린 모스크바에 있는 궁전 이름으로 소련 정부나 소련 공산당을 뜻하기도 한다.

자체에서 기원했다는 의견을 받아들이는 사람들이 가장 중요하게 여기는 문제는 극단주의자들을 영원히 뿌리뽑으려면 무엇을 해야 하는가 하는 것이다. 이와 관련, 경제와 정치, 사법, 군사적 수단이 제기됐고, 그중 일부는 이미 시행 단계에 있기도 하다. 하지만 나는 이슬람 자체가 개혁되지 않는 한, 그 모든 방법이 실효를 거두기 어렵다고 본다.

개혁 요구는 오스만제국이 붕괴되고 그에 따라 칼리프 제도가 폐지된 후부터 무함마드 타하 같은 무슬림 활동가들과 버나드 루이스 같은 서구 학자들에 의해 꾸준히 제기돼 왔다. 그런 점에서 이 책은 그다지 독창적이지 않지만 개혁을 위해 무엇이 필요한지 정확히 명시했다는 점에서는 가치 있다고 생각한다. 나는 역사적 변화와 혁신의 물결에도 꿋꿋하게 버텨낸 이슬람 신앙의 다섯 가지 핵심 개념에 주목한다. 이 다섯 가지 개념이 본질적으로 해롭다는 사실을 인식하고 그것들을 거부할 수 있어야 비로소 진정한 이슬람 개혁을 이룰 수 있을 것이다.

1. 꾸란(특히 메디나에서 계시된 부분)을 글자 그대로 해석하고 무함마드를 반半신성하고 오류 없는 존재라고 생각하는 태도
2. 현세의 삶보다 내세의 삶을 중시하는 태도
3. 꾸란에서 유래한 법률 체계인 샤리아와 하디스, 그 밖의 이슬람 법학
4. 옳은 일을 강요하고 그른 일을 금지함으로써 무슬림 개인에게 이슬람 율법을 집행할 권한을 주는 관습
5. 지하드 혹은 성전을 수행하라는 명령

이 다섯 가지는 개혁되거나 폐기되어야 한다. 뒤에서 각각에 대해 논의하고 그것이 개혁되어야 하는 이유를 상세히 설명할 것이다.

내가 주장하는 바가 많은 무슬림들을 매우 불편하게 할 것이라는 점을 잘 알고 있다. 어떤 사람들은 틀림없이 내가 제안하는 수정안에 상당한 분노를 느낄 것이다. 또 어떤 사람들은 내게 신학적이고 법률적인 전통과 관련된 문제를 논의할 자격이 없다고 반박할 것이다. 나 역시 두렵다. 그런 주장을 펼쳐서 일부 무슬림들이 내 입을 틀어막으려고 더욱더 혈안이 될 것을 생각하니 진정 두렵다.

다시 한 번 강조하지만 이 책은 신학 서적이 아니다. 이슬람의 미래에 대한 논의에 더 많은 사람들을 참여시키려는 것이 이 책의 목적이다. 이슬람 세계의 변화를 가로막는 가장 큰 장애물은 내가 이 책에서 시도하는 것과 같은 비판적 사고를 억압하는 것이다. 비록 아무런 결과도 얻지 못하더라도 이 책을 계기로 무슬림들이 변화에 대한 진지한 논의를 시작할 수만 있다면 나는 어느 정도 목적을 달성했다고 생각할 것이다. 그것은 이슬람 세계를 개혁으로 이끄는 작지만 소중한 첫걸음이 될 것이기 때문이다.

어쩌면 서구인들은 나의 제안을 비현실적이라고 무시해 버릴지도 모른다. 다른 종교들은 대부분 개혁의 과정을 경험했고 신앙의 핵심을 수정하면서 다원적인 현대 사회와 양립할 수 있도록 좀 더 관대하고 유연한 태도를 취해 왔다. 1,400년 동안 변화를 거부해 온 종교를 개혁하는 것이 희망 없는 일일까? 서구의 관점에서 이슬람은 현재 앞으로 나아가는 것이 아니라 뒤로 물러서는 것처럼 보일 수도 있다. 역설적이게도 내가 이 책을 쓰기 시작한 때는 많은 서구인이 이슬람 극단주의에 대항하는 싸움에서 조금씩 절망을 느끼던 시기로, 아랍의 봄과 관련된 희망이 점차 환상에 불과한 것으로 드러나기 시작한 때였다.

나 역시 아랍의 봄이 최소한 서구가 기대한 측면에서 보면 환상이었다는 점에 동의한다. 나는 처음부터 1968년 체코슬로바키아에서 일어난 프라하의 봄처럼 아랍의 봄 또한 언젠가는 깨질 운명이라고 보았다. 그럼에도 불구하고 나는 서구 논평가들이 아랍의 봄이라는 역사적 사건의 기저에 깔린 중요성을 놓쳤다고 생각한다. 거기에는 분명 진심으로 변화를 갈망하는 지지층이 있었다. 그것은 지금까지 찾아볼 수 없었던 세력이다. 우리가 간과하고 있는 것 또한 바로 그런 지지층이다.

요컨대 그것은 낙관적 징조였다. 이 책은 또 한 번 테러 혹은 극단주의와의 전쟁을 벌이자는 것이 아니라 이슬람 세계에 대한 진정한 논의를 자극하려는 것을 목적으로 한다. 이 책은 세 부류의 무슬림, 즉 보호막 안에서 칩거하고 있는 신자와 근본주의자, 반체제 인물을 두루 경험한 사람의 시각을 보여 준다. 나의 여정은 메카에서 시작해 메디나와 맨해튼을 거쳐 이슬람 개혁주의로 이어졌다.

개혁의 움직임조차 보이지 않는 이슬람에 실망한 나는 결국 배교하고 여기저기 떠돌다 이단자가 되고 말았다. 다음 세대의 무슬림들은 나보다 안전하게 바람직한 선택을 할 수 있어야 한다. 무슬림들은 현대성을 받아들여야 한다. 자신을 벽으로 둘러치거나 인식의 분열 상태에 빠져 살아서는 안 된다.

오늘날 이슬람 세계는 현대성이라는 도전 과제를 해결하기 위해 대규모 투쟁을 벌이고 있다. 아랍의 봄과 IS는 이 과제에 대한 대응에서 나온 두 가지 결과라고 볼 수 있다. 성전주의자들을 물리치기 위해 군사적 수단에만 의지해서는 안 된다. 그런 방법으로는 그들을 완전히 근절할 수 없다. 이슬람 세계의 투쟁이 어떻게 전개되느냐에 따라 전 세계의 이해관계는 달라질 것이다. 그 결과와 지금의 현실이 직접적인 관련이 없더라도 그냥 지켜보기만 해서는 안 된다. 메디나 무슬림들이 승리를 거두고 이슬람 개혁의 희망이 물거품이 된다면 나머지 전 세계 인구는 엄청난 대가를 치러야 할 것이다. 그 결과 당연하게 우리는 자유를 포함해 잃을 게 너무나도 많다.

이 같은 사실은 내가 이 책을 서구 진보주의자들에게 보내고 싶은 이유이기도 하다. 브랜다이스대학교가 명예학위 수여를 취소한 것이 옳다고 생각한 사람들뿐만 아니라 그 대학이 내게 학위를 수여했더라면 똑같은 반응을 보였을 다른 사람들에게도 말이다.

자신을 진보주의자라고 부르는 사람들은 그 자체로 위협 아래 살아야 한다는 사실을 이해해야 한다. 누군가가 자유롭게 말할 내 권리를 빼앗으려 한다면 언젠가는 그 역시 자신의 권리를 잃게 될 것이다. 극단주의자들을 편들고 그들의 편협함을 관대하게 봐 준다면 언젠가는 반드시 위험에 처하게 될 것이다.

페미니스트들과 동성애자 인권운동가들은 모든 방법을 동원해 무슬림 다수 국가를 비롯한 전 세계의 무슬림 여성과 동성애자들을 적극 지원해야 한다. 문제는 무슬림들이 조혼과 동성애자 박해 등의 온갖 학대 행위가 이슬람 교리와 직접적으로 연관되어 있다는 사실을 인정하지 않으려 한다는 것이다. 한 가지 예를 들어 보자. 2014년

8월 신권정치 국가인 이란은 동성 간 성행위를 금지하는 법률을 어겼다는 이유로 두 남자를 처형했다. 그 법률은 다름 아닌 꾸란과 하디스를 바탕으로 하고 있다.

나 같은 사람들은(우리 중 배교자이고 대부분은 반체제 무슬림이다) 적대감이 아니라 지원이 필요하다. 자유 없이 산다는 것이 무엇인지 누구보다 잘 아는 우리는 눈을 크게 뜨고 지켜볼 것이다. 자신을 진보주의자라고 부르는 사람들이, 개인의 자유와 소수자의 권리를 열렬히 지지한다고 주장하는 사람들이 바로 그 자유와 소수자에게 거대한 위협을 가하는 세력과 어떻게 협력관계를 이루는지 말이다.

나는 현재 서구에 살면서 그들의 강의실과 교내 카페를 함께 이용하는 즐거움을 누리고 있다. 나는 서구 지식인들이 이슬람 개혁을 주도할 수 없다는 사실을 잘 알고 있다. 그럼에도 불구하고 우리에게는 피하면 안 될 중요한 역할이 있다. 우리는 더 이상 이슬람에 대한 비판을 제한하지 말아야 한다. 무슬림만이 이슬람에 대해 말할 수 있다는 생각과 이슬람에 대한 비판적 검토가 본질적으로 '인종차별'에 해당한다는 인식을 버려야 한다. 무슬림의 감정을 건드리지 않기 위해 서구의 지적 전통을 왜곡하는 대신에 목숨을 걸고 인권 옹호를 위해 애쓰는 반체제 무슬림들을 지켜주어야 한다.

우리가 너무도 당연하게 여기는 여성 평등과 종교 및 성적 취향의 자유, 어렵게 얻은 언론과 사상의 자유를 무슬림들도 누릴 수 있도록 도와야 한다. 우리는 운전하고 싶어 하는 사우디아라비아 여성들, 성폭행에 저항하는 이집트 여성들, 이란과 이라크와 파키스탄의 동성애자들, 순교 대신 자신의 종교를 버릴 자유를 원하는 젊은 무슬림 남성들에게 힘을 실어 주어야 한다. 다만 우리가 억압의 신학적 근거를 인정할 때 우리의 지원은 더욱 효과를 발휘할 것이다.

억압 없이 사는 호사를 누리고 있는 우리가 자유의 원칙을 옹호하는 임무를 수행해야 한다. 편협한 타 문화를 용인하는 것은 진정한 다문화주의가 아니다. 다양성과 함께 여성 및 소수자의 권리를 진정으로 지지한다면 다문화주의를 근거로 이슬람에 무임승차권을 주어서는 안 된다. 서구에 사는 무슬림들에게도 분명하게 말할 필요가 있다. 서구 사회에 살면서 서구의 물질적 혜택을 누리고자 한다면 아무 대가 없이 자유를 향유할 수 있는 게 아니라는 사실을 받아들여야 한다고. 값진 자유를 토대로 성숙한 문화와 고도로 발달된 문명을 이룩할 수 있었다고. 그런 문명은 결코 이단자를 화형시키지 않고 그의 선택을 존중한다고.

진실로 바람직한 이슬람 개혁이 이루어지면 '이단자'라는 단어의 의미는 다시 정의될 것이다. 종교적 개혁은 몇 가지 용어의 의미를 바꾸어 놓을 것이다. 오늘의 이단자는 내일의 개혁가가 될 수 있다. 오늘 종교적 정설을 옹호하던 사람이 내일은 박해자가 될 수도 있다. 이슬람 개혁은 전세를 역전시켜 내가 아니라 나를 위협하던 사람들에게 이단자 칭호를 부여하는 놀라운 위력을 발휘할 것이다.

어느 이단자
이야기

이슬람을 떠나온
나의 여정

나는 이슬람교를 꾸준히 믿고 따르며 자랐고 인생의 거의 절반을 이슬람교도로 살았다. 이슬람 종교학교인 마드라사에 다녔고 꾸란의 대부분을 외울 정도였다. 어린 시절에는 한동안 메카에서 지낸 덕분에 그랜드 모스크를 자주 찾을 수 있었다. 십대에 접어들어서는 무슬림형제단Muslim Brotherhood에 가담해 활동하기도 했다. 이후 성인이 되어서는 20세기 후반에 점차 모습을 드러낸 이슬람 세계의 분화를 똑똑히 지켜보았다. 우리 부모님이 일상생활에서 강조하던 신앙과는 달리, 내가 메디나 무슬림이라 부르는 이슬람 원리주의자들은 편협하고 전투적인 지하드를 벌여야 한다고 역설했던 것이다. 이제 시작하려는 이야기는 성장기에 목격한 이슬람에 대한 것임을 밝힌다.

내가 세 살이 되면서부터 할머니는 깃털 같은 잎사귀가 무성한 탈랄나무 아래에 앉아 자신이 배운 얼마 되지 않은 꾸란에 대한 지식을 내게 가르치기 시작했다. 할머니는 글을 읽고 쓸 줄 몰랐으며(소말리아에서는 1969년이 되어서야 문맹 퇴치 운동이 일어났다. 나는 그해 태어났다) 아랍어도 전혀 알지 못했지만 이슬람 경전을 숭배했다. 할머니는 경외심을 담아 꾸란을 조심스럽게 들어올린 뒤 입을 맞추고 이마에 댄 다음 부드럽게 내려놓았다. 우리는 손을 깨끗이 씻은 뒤에야 꾸란에 손을 댈 수 있었다. 경전을 숭배하기는 어머니도 마찬가지였다. 어머니는 할머니보다 꾸란의 내용을 좀 더 많이 외웠고 아랍어도 조금 알았다. 어머니는 늘 기도문을 암송했다. 때로는 무시무시한 주문을 읊조리면서 못된 짓을 하면 지옥불에 떨어질 거라고 나를 겁주기도 했다.

어머니는 나무 아래에서 태어나 사막에서 자랐다. 젊어서는 이곳 저곳 다녔는데, 멀리 홍해를 가로질러 예멘 남부의 아덴까지 가 보았다고 했다. 어머니는 중매로 결혼한 뒤 남편을 따라 쿠웨이트로 갔지만 외할아버지가 돌아가시자마자 이혼했다. 그 후 이모의 주선으로 아버지를 만났다. 그때 아버지는 소말리아의 수도 모가디슈에서 사람들에게 읽고 쓰는 법을 가르치고 있었다. 어머니는 언어를 빠르게 습득하는 영리하고 모범적인 학생 가운데 한 명이었다. 아버지에게는 이미 부인이 한 명 있었기 때문에 어머니는 두 번째 부인이 됐다. 아버지는 야당 지도자였는데, 독재자 시아드 바레가 지배하는 소말리아를 변화시키려고 했다. 내가 두 살 때, 독재 정권은 아버지를 체포해 '나락'이라고 부르는 끔찍한 곳으로 끌고 갔다. 그곳은 이탈리아 식민지배자들이 남긴 오래된 감옥이었다. 그 뒤로 나는 유년 시절의 대부분을 아버지 없이 어머니와 할머니, 오빠와 여동생하고만 지내야 했다.

내가 처음으로 다닌 학교는 소말리아의 꾸란학교로 그 낡은 오두막은 뙤약볕을 피할 수 있는 고마운 장소였다. 30~40명쯤 되는 아이들이 우거진 잡목에 둘러싸인 채 장대로 떠받친 지붕 아래에 모여 앉았다. 그곳은 우리에게 그늘이 허락된 유일한 휴식처였다. 오두막의 앞쪽 가운데에는 높이가 30센티미터 정도 되는 나무 탁자가 하나 있었고 그 위에는 커다란 꾸란 한 권이 놓여 있었다. 소말리아 남성의 전통 의상인 사롱과 셔츠를 걸친 선생님은 우리에게 꾸란 구절들을 암송하도록 시켰다. 우리가 암송하는 소리는 미국과 유럽 각국의 유치원생들이 짤막한 시를 외우거나 동요를 부르는 소리와 아주 흡사했다. 중간에 내용을 잊어버리거나 목소리가 우렁차지 않으면 선생님은 회초리를 들어 우리를 쿡쿡 찌르거나 찰싹 때리곤 했다.

누군가가 말썽을 부릴 때마다 우리는 꾸란 구절을 암송해야만 했다. 선생님의 말을 듣지 않거나 배워야 할 내용을 제대로 익히지 못하면 오두막 한가운데로 불려 나갔다. 큰 잘못을 저지른 아이는 해먹에 싸여 높이 들어 올려진 채 공중에서 앞뒤로 흔들려야 했다. 다른 아이들은 자그마한 막대기를 하나씩 받아 들고 해먹 아래에 서서 팔을 머리 위로 뻗어 해먹에 뚫린 구멍 사이로 그 아이를 찔러대야 했다. 그것도 꾸란 구절을 소리 높여 외치거나 해가 사라져 깜깜하고 지옥불이 활활 타오르는 심판의 날에 대해 끊임없이 읊조리면서 말이다.

학교나 집에서 벌을 받을 때마다 활활 타오르는 지옥불에 던져질 것이라는 위협과 죽음이나 파멸을 구하는 간청은 언제나 빠지지 않는 주제였다. 즉, 지옥에서 불타 죽게 해 달라거나 이런저런 질병으로 고통받게 해 달라고 기원했다. 그러다가도 해가 지평선 너머로 떨어지고 서늘한 밤공기가 대기를 가득 채우는 저녁이 되면 어머니는 여지없이 메카를 향해 고개를 돌리고 저녁 기도를 드리곤 했다. 그렇게 어머니는 꾸란의 첫 구절을 시작으로 여러 구절을 암송하며 서너 차례 기도를 올렸다. 손을 아랫배에 가지런히 모으고 서서 엎드려 절한 다음 다시 일어나 앉았다. 그러고 나서 또다시 엎드려 절하고 일어나 앉았다. 그것은 말과 동작이 완벽하게 어우러진 의식이었다. 그런 기도가 매일 밤 되풀이됐다.

어머니가 기도를 마치고 나면 우리는 모두 탈랄나무 아래에 두 손을 모으고 앉아 아버지가 감옥에서 풀려나오게 해 달라고 알라께 빌었다. 그 외에도 별 탈 없이 살아가게 해 달라고 신께 기도했다. 부족한 우리를 인내로 감싸 주시고 우리에게 역경을 극복하는 힘과 용서와 평화를 내려 주시기를 간절히 빌었다. 어머니는 이렇게 읊조리곤 했다.

"알라의 품속에서 안식을 구하나이다. 자애와 인정이 넘치시는 나의 주 알라여, 저를 용서하사 자비를 베푸시고, 저를 인도하사 몸과 마음의 양식을 허락하시고, 저를 높이 올리시어 모든 시련을 헤쳐 나가게 하소서."

어머니의 기도는 자장가처럼 친숙하고 부드러웠다. 그 기도를 들으면 꾸란학교에서 겪은 조롱과 따가운 회초리의 기억이 하나씩 사라지는 것 같았다.

어느 이단자 이야기

우리가 드린 기도 덕분인지 아버지는 한 친척의 도움으로 감옥에서 탈출해 에티오피아로 도망쳤다. 어머니는 우리를 에티오피아로 데려갈 수 있었지만 그렇게 하지 않았다. 에티오피아는 대다수 국민이 기독교도인 나라였다. 어머니에게 그곳은 이단자가 들끓는 부정한 땅일 뿐이었다. 대신 어머니는 이슬람교의 산실이자 가장 신성한 장소로 꼽히는 메카와 메디나가 있는 사우디아라비아로 가고 싶어 했다. 그래서 위조 여권을 만들고 비행기 표를 준비했다. 내가 여덟 살이 되던 해 어느 날, 할머니는 동이 트기도 전에 우리를 깨워 좋은 옷으로 갈아입혔다. 그리고 그날 밤 늦게 우리는 사우디아라비아에 도착했다.

우리는 이슬람교의 정신적 중심지이자 거의 모든 무슬림이 살면서 한 번쯤 성지순례를 떠나기를 꿈꾸는 메카에 정착했다. 그곳에 사는 동안 우리는 모두가 꿈꾸는 성지순례를 하러 매주 한 번씩 집 앞에서 버스를 타고 그랜드 모스크로 향했다. 나는 여덟 살 때 이미 사적으로 카바신전을 참배하는 움라*를 비롯해 이슬람 신앙의 다섯 기둥* 중 하나이자 순례자의 죄를 씻어 준다는 메카 순례 '하지'를 수행한 셈이다.

우리는 소말리아의 초라한 오두막이 아닌 사우디아라비아의 번듯한 종교학교에서 이슬람을 공부하게 됐다. 여동생 하웨야와 나는 꾸

움라 무슬림의 비정기적 메카 순례이다.
이슬람 신앙의 다섯 기둥 무슬림의 다섯 가지 의무다. 신앙 증언을 뜻하는 샤하다shahada, 하루 5회 기도를 뜻하는 살라트salat, 가난한 자에게 자선을 베푸는 사켓sakat, 라마단 기간에 행하는 금식인 사움saum, 일생 동안 한 번은 메카 순례에 나서야 한다는 하지hajj를 말한다.

란 여학교에 입학했고, 오빠 마하드는 남자애들이 다니는 마드라사에 다녔다. 소말리아에서는 모든 무슬림이 무슬림형제단 안에서 하나로 뭉칠 수 있다고 배웠는데, 사우디아라비아에서는 그런 종교 단체조차 인종과 문화적 편견을 막을 수 없다는 사실을 깨닫게 됐다. 게다가 우리가 소말리아에서 배운 꾸란에 대한 지식은 사우디아라비아에서 그다지 유용하지 않았다. 우리는 꾸란에 대해 충분히 알지 못했다. 우리는 꾸란을 제대로 암송하는 대신 중얼거릴 뿐이었고, 어떤 구절도 쓸 줄 몰랐기 때문에 각각의 구절을 천천히 여러 번 되풀이해서 외우는 수밖에 없었다.

사우디아라비아 소녀들은 우리보다 피부색이 밝았다. 그 아이들은 우리를 "아비드_{abid}•" 혹은 "노예"라고 불렀다. 사실 사우디아라비아에서는 내가 태어나기 5년 전에 노예제도가 폐지됐다. 하교 후 집으로 돌아가면 어머니는 하루에 다섯 번씩 하는 기도 예배를 드리라고 했는데, 그때마다 우리는 로브•를 입고 손을 씻는 의식을 거쳐야 했다.

샤리아가 이렇게 엄격하게 적용되는 국가는 사우디아라비아가 처음이었다. 매주 금요일 기도 예배가 끝나면 광장에서 살인을 저지른 남자가 참수형을 당하고 간음한 여자가 돌을 맞았으며 도둑질한 사람은 손목이 잘려 엄청나게 피를 흘렸다. 반복적으로 읊조리는 기도문 소리에 이어 차가운 칼날이 살을 베고 사람들이 돌을 던지는 소

아비드 숭배자를 의미하는 아랍어다.
로브 기도할 때 입는 기다란 예복을 말한다.

리가 광장에 울려 퍼졌다. 우리 남매 중 유일하게 처형 장면을 구경할 수 있었던 오빠는 우리가 쉽게 이해할 수 있게 그곳을 "싹둑싹둑 광장"이라고 표현했다. 하지만 우리는 그런 잔인한 처형 방법에 그다지 의문을 품지 않았다. 그저 그들이 지옥불에 떨어진 것이라고 생각했을 뿐이다.

정작 우리가 신비한 매력을 느낀 것은 높은 기둥, 정교한 타일, 반짝반짝 빛나는 바닥으로 이루어진 그랜드 모스크였다. 모스크 한가운데의 시원한 그늘에서 어머니는 신성한 카바신전 주위를 일곱 번씩 돌곤 했다. 이런 평온한 일상이 깨지는 유일한 시기는 성지순례 의식인 하지가 이루어지는 달이었다. 그 시기에 우리는 거리마다 운집한 신자들 무리에 깔릴까 봐 집 밖으로 나가지도 못했다. 간단한 말을 주고받을 때에도 끊임없이 들려오는 기도 소리에 우리의 말소리가 묻혀 소리를 질러야 했다.

나는 메카에 오고 나서야 아버지와 어머니의 이슬람을 섬기는 방식이 다르다는 사실을 알게 되었다. 에티오피아를 떠나 우리와 함께 살게 된 아버지는 남녀가 각기 다른 방에서 기도하는 사우디아라비아의 전통을 따를 필요가 없다면서 가족이 함께 모여 기도를 드려야 한다고 주장했다. 그리고 지옥에 대한 공포심을 조장하는 대신 일주일에 한 번씩 우리에게 꾸란을 가르쳐 주었다. 아랍어로 된 꾸란을 읽고 번역한 다음 자신의 해석을 곁들여 설명해 주기도 했다. 아버지는 오빠와 우리 자매에게 신은 인간이 인간을 벌하라고 허락한 적이 없으며 신만을 섬기도록 했다는 말을 자주 했다. 그때마다 나는 고개를 끄덕거렸지만 다음 날 아침이나 오후에는 어머니의 말을 따르지 않으면 지옥불에 떨어져 영원히 형벌을 받을 거라는 응징이 여지없이 되돌아오곤 했다.

얼마 후 우리는 사우디아라비아의 수도인 리야드로 이사했다. 그곳에서 아버지는 정부 기관을 위해 모스부호를 해독하는 일을 했다. 새로운 집은 복도를 사이에 두고 남자의 공간과 여자의 공간이 분리되어 있었다. 하지만 우리 가족은 이웃들과는 달리 두 공간을 자유롭게 드나들었다. 아버지는 사우디아라비아 남자들처럼 행동하지 않았다. 어머니가 장을 보러 갈 때 함께 가지 않았고 바깥일을 도맡아 하지도 않았다. 아버지는 소말리아 반정부 세력이 자리 잡고 있는 에티오피아에 자주 다녀와야 했기 때문에 집을 비울 때가 많아서 이런 일은 일관성 있게 계속됐다. 이웃 사람들은 혼자서 집 밖을 다니는 어머니를 대놓고 가엾게 여겼다. 한편 어머니는 하웨야와 내게 벨리댄스를 가르쳐 주는 사우디아라비아 소녀들을 경멸했다. 어머니는 우리가 다른 문화의 영향을 받지 않고 '순수한 이슬람'의 뜻에 따라 살아가기를 바랐다. 그것은 노래나 춤, 웃음이나 환희와는 거리가 먼 삶이었다.

사우디아라비아에 온 지 1년쯤 지난 아홉 살 무렵, 우리는 이곳에 왔을 때처럼 정신없이 그 나라를 떠나야 했다. 아버지가 사우디아라비아 정부로부터 추방당한 것이다. 정확한 이유를 알 순 없지만, 틀림없이 아버지가 소말리아의 시아드 바레 정권에 저항하는 활동을 했기 때문이었을 것이다. 우리에게 주어진 시간은 딱 24시간이었다. 그 안에 짐을 싸서 에티오피아 행 비행기를 타야 했다. 에티오피아에서 1년 반 정도 지내면서 그곳에 대한 어머니의 반감이 극에 달하자 우리는 또다시 케냐로 살 곳을 옮겨야 했다.

케냐의 수도 나이로비에서도 하웨야와 나는 학교를 다녔다. 우리는 영어 외에 여러 가지를 배웠다. 케냐의 학교에서 나는 우리가 정확한 날짜를 헤아리는 법이나 시간의 의미 같은 기본적인 개념조차 제대로 모르고 있었다는 사실을 깨달았다. 에티오피아에서는 고대 태양력을 사용했고, 사우디아라비아에서는 음력인 이슬람력*을 사용했다. 소말리아에서 할머니는 오로지 해가 떠서 생기는 그림자에 따라 시간을 구분했다. 할머니에게 1년은 계절이 몇 차례 바뀌는 열 달을 의미했다. 케냐에 온 뒤 열 살이 되어서야 나는 그해가 1980년이라는 사실을 알았다. 1980년은 사우디아라비아에서는 이슬람력으로 1400년이고, 에티오피아에서는 그곳의 계산법에 따라 1978년이었다.

케냐에서도 어머니의 신앙은 변함이 없었다. 어머니는 우리가 학교에서 배운 여러 가지들, 예를 들어 인간이 달에 착륙한 사실이나 인류가 진화했다는 이론을 믿으려 하지 않았다. 케냐 사람들은 유인원에서 유래했을지도 모르지만 우리는 아니라고 말하면서 자신의 주장을 증명하려는 듯 가문의 족보를 외우라고 강요했다. 내가 열네 살이 됐을 때 어머니는 우리 자매를 파크 로드에 있는 이슬람 여자 중학교에 보냈다. 덕분에 우리는 좀 더 단정한 교복을 입고 다닐 수 있었다. 우리는 교복 치마 속에 바지를 입고 머리에는 하얀 스카프를 두르고 다녔는데, 그 정도는 학교에서도 별문제가 되지 않았다.

이슬람력 이슬람권에서 사용하는 달력으로 무함마드가 메카에서 메디나로 이주한 622년을 원기로 한다.

메디나 이슬람을 받아들이다

열여섯 살이 되자 나는 지금까지와 달리 진정한 무슬림이 되고자 했다. 새로 부임한 아지자 선생님이 우리의 종교 수업을 맡았다. 그녀는 케냐 해안 출신으로 수니파*였지만 결혼 후 시아파*로 개종했다. 선생님은 히잡을 두르고 다녔기 때문에 얼굴 외에는 몸의 어느 부분도 보이지 않았다. 양말을 신고 장갑을 끼고 다녀서 발가락은 물론 손가락도 볼 수 없었다.

그때까지 우리가 학교에서 배운 것은 이슬람 최고지도자인 칼리프와 다양한 왕조 등 역사적 의미로서의 이슬람이었다. 그런데 아지자 선생님은 이런 것보다는 알라의 말씀을 전하려고 애썼다. 선생님은 다음과 같은 질문을 던져 이성적인 사고를 통해 의문을 제기하며 우리를 이끌었다.

"우리가 이교도와 다른 점은 무엇일까요?"

이에 대한 정확한 대답은 무슬림의 신앙 증언인 샤하다였다. "하루에 몇 차례 기도를 드려야 하죠?"라는 질문에 우리는 다섯 번이라고 대답했다. 이어지는 질문 "여러분은 어제 몇 차례 기도를 드렸나요?"에는 모두 서로의 눈치를 볼 뿐이었다.

이런 교육 방법은 엄중한 매질보다 훨씬 효과적이었다. 아지자 선생님은 우리의 마음이 움직일 때까지 오래 기다려야 해도 개의치 않

수니파 이슬람교의 양대 종파 중 정통파로 전 세계 무슬림의 다수를 차지한다.
시아파 수니파의 소수 분파로 무함마드의 사위 알리와 그 후손을 따르는 사람들이다.

왔다. 예를 들면 선생님은 이런 식으로 말하는 것을 좋아했다.

"알라와 그 예언자 무함마드는 여러분이 나처럼 입고 다니기를 원합니다. 하지만 여러분은 준비가 되면 그렇게 하세요. 준비가 되면 여러분은 당연히 선택할 테고, 그러고 나면 그 옷을 벗는 일이 결코 없을 겁니다."

게다가 어머니나 다른 선생님들과는 달리 아랍어 대신 영어로 번역된 꾸란을 사용한 점도 신선하게 다가왔다. 아지자 선생님은 우리에게 강요하는 일이 없었다. 그저 알라의 말씀과 소망, 요구 사항들을 나누고자 했다. 다만 우리가 알라의 뜻을 따르지 않기로 선택한다면 당연히 지옥의 화염에 떨어지겠지만 알라의 뜻을 따른다면 천국에 들어갈 거라고 말했을 뿐이다.

바로 여기에 거부할 수 없는 선택의 요소가 있었다. 우리 부모님, 특히 어머니는 우리가 무엇을 하든 결코 만족하지 못했다. 우리의 세속적인 삶은 좀처럼 바뀌기 어려운 것이었다. 불과 몇 년 후에는 우리 자매도 학교를 떠나 집에서 정해 준 남자와 결혼을 해야 했다. 우리에게 선택의 여지는 없어 보였다. 하지만 영적인 삶은 다른 문제였다. 영적인 삶은 충분히 바뀔 수 있었고 아지자 선생님은 우리에게 그 방법을 알려 주고자 했다. 그리고 만약 우리의 영적인 삶이 변한다면 우리도 다른 사람들에게 그 방법을 알려 줄 수 있을 것이다. 이런 교훈이 얼마나 힘이 되는지는 아무리 강조해도 지나치지 않았다.

내가 아지자 선생님의 가르침을 따르기로 마음먹기까지는 어느 정도 시간이 필요했지만, 선생님의 가르침을 받아들인 후에는 진심을 다해 실천했다. 나는 하루에 다섯 번씩 빠지지 않고 기도를 드렸다.

그리고 재단사를 찾아가 손목 부분은 단단하게 조이고 길이는 발가락을 덮을 정도로 길고 넉넉한 망토를 주문했다. 학교에 갈 때면 망토를 걸치고 검정 스카프를 머리와 어깨에 둘렀다. 아침마다 그렇게 망토를 두르고 학교까지 걸어갔다가 수업을 마치고 학교 정문을 나설 때면 다시 망토를 두르고 집으로 돌아왔다. 망토를 걸치고 걸어다니려면 아주 조심성 있게 움직여야 했다. 자칫 기다란 옷자락에 발이 걸려 넘어지기 일쑤였기 때문이다. 커다랗고 시커먼 망토를 걸치고 천천히 거리를 걸어다니는 내 모습을 보고 어머니는 기쁨을 감추지 못했다. 하지만 어머니를 위해 한 행동이 아니었다. 오직 알라를 기쁘게 해 드리기 위한 것이었다.

당시에 나는 아지자 선생님 외에도 그동안 알지 못했던 유형의 무슬림들과 접할 수 있었다. 집집마다 다니면서 알라의 말씀을 전하는 순회 설교자들이 있었는데, 그중에서도 자칭 이맘이라고 주장하는 보콜 삼이 제일 유명했다. 그의 이름은 '100일 동안 단식한 자'라는 의미였고, 실제로 그는 자기 이름대로 100일 동안 단식을 했다고 말했다. 그는 너무 말라서 살가죽이 뼈에 달라붙어 있는 것처럼 보일 정도였다. 히잡을 두르고 온몸을 꽁꽁 감춘 아지자 선생님과 달리 보콜 삼은 사우디아라비아에서 흔히 볼 수 있는 비교적 짧은 로브를 입고 있어서 깡마른 발목이 그대로 드러났다.

그가 하는 일은 나이로비의 경마장 거리를 돌며 문을 열어 주는 여자들에게 설교를 늘어놓거나 설교 테이프를 건네는 게 전부인 듯했다. 그 거리에서는 청소기를 팔기 위해 집집마다 문을 두드리고 다니는 영업사원은 전혀 볼 수 없었다. 오로지 보콜 삼이 설교하러 다니는 모습만 볼 수 있었다. 때때로 여자들은 그를 집 안에 들여 얇은 커튼을 치고 그와 멀찌감치 떨어져 흐릿하게 모습을 드러낸 채 그의 설교를 듣기도 했다. 또 그가 남기고 간 설교 테이프를 들은 뒤 서로 빌려 주기도 하고 설거지나 요리를 하는 동안 틀어 놓기도 했다. 보콜 삼의 설교에 감화됐는지 화려한 색깔의 옷을 입던 여자들은 차츰 길고 헐렁한 질밥으로 몸을 가리고 머리와 목에 스카프를 두르고 다니기 시작했다.

아지자 선생님이 친밀하고 은근한 방법으로 가르친 데 비해 보콜 삼은 예전에 소말리아에서 경험했듯이 큰 소리로 강요하는 쉬운 방법을 택했다. 그는 아랍어와 소말리아어가 뒤섞인 꾸란 구절들을 외쳐대며 무엇을 하고 무엇을 금지할지를 정한 이슬람 규율을 강조했다. 그가 내세우는 격식은 지나치게 엄격해서 스스로 지역 모스크의 출입을 제한할 정도였다. 또한 월경 중이라 몸이 불결한 때를 제외하고는 어느 때건 '심지어 낙타 안장 위에서라도' 부인은 남편의 요구에 응해야 한다고 설교했다. 이런 그의 주장은 여자들에게 상당한 호소력을 발휘하는 듯했다. 그는 최면을 걸듯 여자들의 넋을 완전히 빼놓았을 뿐만 아니라 그녀들이 데리고 온 아들들의 마음까지 단호하게 변화시키려는 듯했다.

우리가 살던 망명자 주거 지역에는 학교를 중퇴하고 질 나쁜 패거리와 어울려 다니면서 캇khat* 잎을 씹고 소소한 범죄를 저지르거나 여자들을 희롱하고, 심지어 성폭행을 일삼는 소말리아 십대 소년들

캇 아라비아와 아프리카 지역에서 재배되는 식물로 씹어 먹거나 차로 마시는데, 마약 같은 효과가 있다.

이 많았다. 그들은 부모의 통제에서 완전히 벗어나 거리를 배회하고 다녔다. 보콜 삼은 이런 아이들을 포함해 모든 사람들에게 무슬림형제단에 가담하라고 부추겼다. 사람들은 처음에는 일개 순회 설교자가 어떻게 무슬림형제단을 대표할 수 있게 되었는지 의아해했다. 그런데 얼마 지나지 않아 주변 사람들이 하나둘 그를 따르기 시작하더니 어느새 보콜 삼은 마을에 건립된 모스크 건물에서 이맘으로서 설교하기 시작했다. 집집마다 돌며 말씀을 전하던 순회 설교자에서 무슬림형제단 운동의 지역 지도자로 당당히 자리 잡았다.

무슬림형제단은 행동하는 이슬람을 보여 주는 듯했다. 그들은 거리를 배회하는 십대 사고뭉치들을 데려다 마드라사에 다니게 했고 하루에 다섯 번씩 기도하게 가르쳤으며 옷차림을 단정히 하도록 이끌었다. 실제로 그들은 문제아들의 거의 모든 행동거지를 바꾸어 놓았다. 나 역시 한 친척의 아들이 변모해 가는 모습을 옆에서 지켜본 경험이 있다. 돌이켜 보면 혼란스러웠던 공동체의 질서를 잡았다는 사실만으로도 많은 사람들이 무슬림형제단을 받아들이기에 충분했다. 그들은 모두가 불가능하다고 생각한 일을 해냈다. 즉, 방향을 상실한 채 목표가 없는 어른으로 성장할 뻔한 아이들에게 길을 제시해 주었다. 그렇다면 그들은 어떻게 그런 위업을 달성할 수 있었을까?

보콜 삼의 설교에서 가장 중요한 교훈은 아이들의 비뚤어진 태도는 일시적일 뿐이라는 것이었다. 그의 설교는 다음과 같이 요약할 수 있다.

"만약 우리가 예언자가 정한 규칙을 따르지 않고 살아간다면 진정한 삶이 펼쳐지는 내세에는 지옥불에 떨어지고 말겠지만, 규율을 지키며 올바르게 살아간다면 알라는 반드시 천국으로 보상할 것이다. 특히 남자들은 알라의 전사로 헌신한다면 특별한 보상을 받게 될 것이다."

무슬림형제단의 가르침은 어머니가 내세우는 방식과 달랐을 뿐만 아니라 아버지의 견해와도 사뭇 달랐다. 우리는 단지 시험을 받기 위해 태어난 존재가 아니었다. 더 이상 심판의 날을 두려워하며 신께 인내를 구하고 있을 수만은 없었다. 우리에게는 임무와 목표가 있었다. 우리는 알라의 전사로서 질서정연한 조직 안에서 긴밀하게 연대해 위대한 목적을 수행해야 했다. 아지자 선생님과 보콜 삼은 비록 방식은 서로 달랐어도 모두 투쟁적인 이슬람의 선봉에 서 있었다. 이들은 무함마드가 메디나 시기에 펼친 정치적 이데올로기를 강조했다 (아지자 선생님과 보콜 삼은 둘 다 메디나에서 공부하고 훈련을 받았다). 당시에 나는 그들의 주장을 열렬히 받아들였다.

따라서 아야톨라 호메이니*가 《악마의 시The Satanic Verses*》를 출간한 살만 루시디의 사형을 촉구하며 암살을 사주했을 때에도 그런 행동이 옳은지 그른지, 그 작품이 케냐에 사는 소말리아 망명자인 나와 무슨 상관이 있는지 아무런 의문도 품지 않았다. 그저 지지를 보낼 뿐이었다. 같은 마을에 살던 사람들도 대부분 예언자를 모욕한 루시디는 죽어 마땅하다고 생각했다. 나를 포함해 친구들도, 종교 선생님

아야톨라 호메이니 이란의 종교가이자 정치가다. 이란혁명을 주도하고 이슬람공화국을 성립시켜 최고 지도자로서 통치했다.
악마의 시 선과 악, 종교적 신념과 광신에 대한 통찰을 보여 준 소설이다. 무함마드를 부정적으로 묘사하고 꾸란의 일부를 악마가 전하는 글이라 언급했다.

들도 모두 그렇게 말했고 당연히 그래야 한다고 믿었다. 나는 루시디를 죽여야 한다는 파트와의 심판에 전혀 의문을 갖지 않았다. 호메이니가 예언자를 모욕한 배교자를 처형하도록 조치한 것은 전적으로 도덕에 부합하는 일이며 그에 합당한 처벌은 사형이라고 생각했다.

내가 유년기에 섬긴 이슬람은 명백히 정치적이지 않았지만, 십대 시절 이슬람에 바친 충성 서약은 일상적인 의식을 준수하는 수준을 훨씬 넘어섰다. 이슬람 경전은 문자 그대로 해석되어 정치적이고 세속적이고 영적인 모든 문제에 해답을 준다고 여겼다. 친구들을 포함해 우리 가족도 이 점을 받아들이기 시작했다. 그즈음 모스크 안팎이나 거리에서, 심지어 우리 집 담벼락 너머에서도 무슬림형제단 지도자들을 쉽게 볼 수 있었다. 그들은 내가 메카 무슬림이라고 부르는 사람들이 내세우는 의식의 준수와 의무 예배, 단식과 순례보다는 특별한 능력을 부여받은 열정적인 이맘들의 주장을 역설했다. 그 주장은 바로 무함마드가 메디나 시기에 계시받은 사상으로, 목적을 위해 적극적인 행동을 촉구할 뿐만 아니라 이슬람에 반대하는 세력, 예를 들어 유대교나 이단자, 샤리아에 정해 놓은 엄격한 규칙과 의무를 어기는 자들에 대해서는 폭력도 불사하라고 촉구했다. 그렇게 나는 종교의 틀 속에서 정치적 이데올로기가 발흥하는 모습을 직접 목격할 수 있었다.

서구의 시각에서 볼 때 메디나 무슬림은 영적이고 종교적인 측면과는 거리가 있어 보인다. 그들은 이슬람 신앙을 국경이나 민족을 초월한 절대적인 것으로 간주하며 사회적이고 경제적이고 법적인 실천 윤리로 받아들인다. 이는 일반적인 이슬람교를 포함해 기독교와 유대교, 다른 종교에서 찾아볼 수 있는 자선 수행이나 정의 실현 같은 보편적이고 도덕적인 가르침과는 상당히 다른 개념이다.

이런 개념은 메디나 무슬림들이 다른 세계관을 용인할 준비가 되어 있지 않을 경우 상당히 위험하게 변질될 수도 있다. 그리고 안타깝게도 그들은 다른 세계관을 용인하지 않고 있다. 그들의 목표는 순나에 따라 오로지 알라에 헌신하고 샤리아로 통치되는 세계를 이룩하는 것이다. 다른 신앙은 물론 이슬람을 해석하고 평가하는 일조차 그들에게는 허용되지 않는다.

⋮ 이슬람을 떠나다

이슬람을 떠난 나의 길고 고단한 여정은 호기심 많은 어린애처럼 끊임없이 질문을 던지는 성향에서 비롯됐다. 여러 방면에서 나는 늘 '항의하는' 부류에 속했다. 여자아이로서 모든 일을 순종적으로 받아들여야 하는 역할에 저항하는 행동으로 나의 배교는 시작됐다. 대여섯 살 무렵 내 머릿속에선 이런 질문이 떠나지 않았다.

'나는 왜 오빠와 다른 취급을 받아야 하는 걸까?'

그러고는 다음과 같은 질문이 이어졌다.

'나는 왜 남자아이로 태어나지 않았을까?'

자랄수록 나는 듣고 배우는 모든 것에 점점 더 많은 의문을 갖게 됐다. 누군가는 지옥에 다녀오지 않았을까? 사실 지옥은 현실 세계에 존재하는 곳이라고 누군가가 말해 주지 않을까? 꾸란에 묘사된 것과 똑같은 곳이 어딘가 존재하지 않을까?

어머니와 할머니, 꾸란학교 선생님들이 꾸짖던 소리가 아직도 귀에 쟁쟁하다.

"바보같이. 그런 어리석은 질문 좀 그만두지 못해!"

때로는 손찌검을 당하기도 했다. 유일하게 아버지만 내 질문을 들어주고 대답해 주었다. 어머니는 내가 마귀에 들린 거라고 확신했다. 어머니가 보기에 의심하고 질문하는 것은 "믿음이 약하기" 때문이다. 이유를 따지는 행위 자체는 금지당했지만, 내 안에서 질문은 결코 그치지 않았다. 나는 급기야 이런 의혹에까지 도달했다.

'자애로운 신은 세상을 왜 이렇게 만드셨을까? 인구의 절반 이상을 열등한 시민이 되게 하시다니. 신의 뜻이 아니라면 세상이 이렇게 된 것은 남자들 때문일까?'

하지만 이런 질문들은 기나긴 여정을 앞두고 첫발을 떼려고 머뭇거리는 단계에 불과했다. 이슬람을 떠나게 된 직접적인 계기는 아버지의 제안 때문이었다.

1992년 1월 어느 날, 아버지는 모스크에서 금요예배를 마치고 집으로 돌아오던 길에 한 남자를 만났다. 오스만 무사라고 이름을 밝힌 그 남자는 우리 가문의 한 사람으로 현재 캐나다에 살고 있다고 자신을 소개했다. 그러고는 우리 자매 가운데 나를 지목하며 아버지에게 혼담을 제안했다. 그는 먼 친척 가운데 신붓감을 고르러 나이로비까지 왔다고 했다. 캐나다에 사는 소말리아 여자들 중에서 배우자를 선택할 수도 있었지만 그는 서구적인 여자보다는 소말리아 전통을 지키는 여자와 결혼하고 싶다고 했다. 당시 고국인 소말리아는 내전으로 온 나라가 들끓고 있어서 나이로비에 사는 소말리아 여자들 중에서 신붓감을 찾기로 한 것이다. 10분도 채 걸리지 않아 나를 두고 거래가 이루어졌다. 오스만 무사는 아버지의 혈통인 마간 가문과 유대관계를 맺고 아버지는 캐나다에 사는 부유한 가족을 얻게 되었다. 너무도 간단한 거래였다. 이는 아직까지도 소말리아를 비롯해 이슬람 세계의 많은 지역에서 친족관계를 맺기 위해 고수하고 있는 일반적인 방식이다.

나와 결혼할 사람이라고 소개받았을 때, 그는 아들을 여섯이나 원한다고 영어와 서툰 소말리아어를 섞어 가며 내게 말했다. 나는 아버지에게 그 사람과 결혼하고 싶지 않다고 말했지만, 아버지는 이미 결혼 날짜를 정했다고 대답했다. 단지 아직 첫날밤은 치르지 않아도 되며 캐나다에 가서 치르게 될 거라고 덧붙였다. 일은 순조롭게 진행되어 마침내 비행기 표까지 준비됐다. 나는 독일을 경유해 캐나다로 갈 예정이었다.

그해 6월이 지나서 나는 케냐를 떠났다. 독일에 도착한 후 뒤셀도르프의 말끔한 거리를 걸으면서 앞으로 어떻게 하면 좋을지 곰곰이 생각했다. 시간이 많지 않았다. 나는 곧바로 소말리아 내전을 피해 도망 온 망명 신청자가 되기로 결심하고 본으로 가서 네덜란드 암스테르담 행 기차를 탔다. 정확히 말하자면 중매결혼을 거부하고 아버지가 맺어 준 결혼 계약을 파기한 데 대한 가족과 가문의 노여움을 피해 달아난 것이다.

이미 나의 자서전 《이단자Infidel》에 내가 살아온 과정을 상세히 서술해 놓았기 때문에 여기서는 간단히 줄여 설명하겠다. 네덜란드에

도착한 나는 난민 심사를 받아 마침내 망명자 신분을 얻었으며 생활보호 대상에서 벗어나고 네덜란드어를 익히기 위해 열심히 노력했다. 또한 대학에 들어가 학위를 땄고 여러 가지 방면에서 저술 활동과 논쟁을 펼쳤으며 네덜란드 하원의원으로 선출되기도 했다. 내가 점차 이슬람에서 멀어질 수 있었던 이유는 네덜란드에 살았기 때문이다.

1992년 처음 네덜란드에 왔을 때에만 해도 나는 여전히 이슬람의 가르침을 믿고 실천했다. 하지만 시간이 흐르면서 무슬림으로서 지켜야 할 규율을 조금씩 어기기 시작했다. 그러면서도 끊임없이 나 자신과 타협하며 여전히 믿음을 가지고 규율을 따르는 성실한 무슬림이라는 사실을 증명하려고 애썼다. 식구들에게 사진을 찍어 보낼 때에는 최대한 정숙하게 옷을 차려입고 머리에는 스카프를 둘렀다. 1998년 1월, 사랑하는 여동생 하웨야의 장례를 치르러 나이로비로 돌아갈 때에는 넋이 나간 상태에서도 오래된 옷을 꺼내 입었다. 어머니가 살고 계신 집의 문을 두드릴 때, 내 모습은 여느 소말리아 여성과 다르지 않았다. 그곳에서 머문 일주일 내내 나는 어머니와 오빠와 함께 하루도 빠지지 않고 다섯 번씩 의무적으로 기도를 드렸다. 하지만 네덜란드로 돌아오자마자 금세 예전 방식으로 돌아갔다.

나는 나의 내면에서 벌어지는 균열을 즉각 알아차리지 못하고 나중에서야 명확히 깨닫게 됐다. 만약 1992년과 2001년 사이에 누군가가 내게 물었다면 아마도 나는 무슬림으로 살고 있다고 답했을 것이다. 하지만 아무리 나 자신을 무슬림이라고 생각하더라도 당시의 나는 평범한 20대 네덜란드 여성과 크게 다르지 않은 생활방식을 유지하고 있었다. 예배를 드리기보다는 공부와 일에 매진했고, 장래 계획을 세울 때에도 내 입에선 "인샬라inshallah(신의 뜻대로)"라는 말이 나오지 않았다. 뿐만 아니라 여가 시간에는 재미를 찾고 취미생활을 만끽했다.

기도와 단식을 소홀히 하고 무슬림 여성이 반드시 착용해야 하는 히잡을 두르지 않았을 뿐만 아니라, 꾸란이 정해 놓은 여섯 가지 죄에 대한 주요 형벌인 후두드hudood 가운데 적어도 두 가지에 해당하는 금기를 범했다. 후두드는 음주, 부정한 성관계(간통), 배교, 절도, 노상강도, 중상모략에 따르는 형벌을 의미한다. 5년 동안 나는 이슬람교를 믿지 않는 남자친구와 결혼도 하지 않은 채 함께 살았고, 심지어 그런 관계에서 아이를 갖는 문제까지 상의했다. 게다가 네덜란드 친구들처럼 겉보기에는 아무렇지도 않게 술을 마셨다.

사실 나는 이중생활을 하고 있었다. 엄청난 죄의식과 자책감에 시달렸고 스스로 갈 데까지 갔다고 생각했다. 특히 무슬림 친구들을 만나고 돌아올 때면 이런 감정이 감당하기 힘들 정도로 몰려왔다. 이슬람의 핵심 교리(이 부분에 대해서는 나중에 논의할 것이다) 중 하나인 '옳은 일을 요구하고 그릇된 일을 금지하라'고 소리 높여 주장하는 사람들을 만나면 더욱 그랬다. 최대한 그런 사람들을 피하는 방법밖에 해결책이 없었다. 나는 심지어 조용히 불만을 드러내는 무슬림조차도 만나려 하지 않았다. 회피는 내가 믿는다고 주장하는 신앙과 실제 삶의 방식 사이에 가로놓인 극심한 불균형을 해소하는 주된 전략이었다. 결코 쉽지 않은 생활이었지만 나는 점점 그런 방식에 익숙해져 갔다.

9·11 테러 사태가 발발하기 전까지 나는 나름대로 마음의 안정을 찾고 있었다. 하지만 그 사건이 터지고 나서 몇 달 뒤, 아슬아슬하게 균형을 유지하며 사는 일은 더 이상 불가능해졌다. 테러리스트들이 영감의 근원인 예언자 무함마드의 가르침에 부합하는 일이야말로 자신들의 핵심적인 의무라고 주장한 사실을 결코 가볍게 넘길 수 없었다. 나는 테러 행위를 정당화하는 이슬람에 대한 공개적인 논쟁에 주저 없이 참여하기 시작했다. 그럼에도 불구하고 나는 라디오와 TV 생방송 프로그램에서 네덜란드 인터뷰 진행자들이 "당신은 무슬림입니까?"라고 단도직입적으로 물었을 때 말을 돌리지 않을 수 없었다.

그 후 나는 엄청나게 고뇌한 끝에 마침내 오랜 내적 갈등에 종지부를 찍기로 결심했다. 꾸란의 창시자가 알라라는 주장을 인정하지 않았고, 예언자 무함마드가 도덕적 지도자라는 것을 거부했으며, 내세는 존재하지 않을 뿐만 아니라 신은 인류가 만들어낸 개념이지 신이 인류를 창조한 것은 아니라는 견해를 받아들인 것이다. 그렇게 선언함으로써 나는 이슬람 형벌로 금지한 가장 심각한 범죄를 저지르고 말았다. 달리 선택할 수 있는 길이 없었다. 이슬람에 복종할 수 없다면 배교자가 되는 길밖에 없었다.

이런 이야기를 읽고 9·11 테러 사건을 계기로 내가 이슬람 신앙에 회의를 가지게 됐을 거라고 주장한다면 그것은 문제를 호도하는 것이다. 9·11 테러는 배교의 촉매제였을 뿐이다. 나의 이슬람 신앙에 위기를 가져온 근본적인 원인은 내가 비판적 사고를 중시하고 장려하는 서구 사상의 기초에 2001년 이전부터 노출되어 있었다는 점이다.

레이던대학교에 입학했을 때 나는 여러 가지 역사적 사건과 그 의미에 대해 얘기를 나누고 세상의 모든 일이 왜 늘 전과 다름없이 돌아가는지에 대한 설명을 들을 수 있으리라 기대했다. 하지만 교수들은 한 가지 핵심적인 문제로 시작해 그 문제의 정의와 중요성을 논의하느라 많은 시간을 할애하고 그 문제를 다룬 전문적인 사상가들과 그들을 비판하는 논객들을 소개할 뿐이었다. 학생으로서 내가 할 일은 핵심적인 문제를 정확히 이해하고 권력과 정치 지도자, 군중 심리, 사회학, 정부 정책에 대한 여러 사상가의 이론과 방법론을 숙지하며 다시 이를 비평하는 논리와 방법론을 공부하는 것이었다. 이런 연구와 학습의 목적은 비판적 사고를 통해 불합리하고 케케묵은 일 처리 방법을 개선하는 것이었다. 학생들은 사실적 지식뿐만 아니라 주어진 주제를 검토하는 능력으로도 평가를 받았다. 이런 맥락에서 볼 때 종교 역시 우리가 연구해야 할 또 다른 주제이자 믿음 체계이며 가설이자 이론일 뿐이었다. 궁극적으로 예수의 말씀에 대한 비판적 접근은 플라톤이나 칼 마르크스에 대한 비판적 접근과 다를 바 없었다.

다음 과정인 서구 정치사상 시간에는 가톨릭교회와 종교개혁, 반종교개혁 등이 포함되어 있었다. 우리는 인간이 만들어낸 법률과 신이 정한 법령을 주제로 한 논쟁에 대해 조사했다. 한편으로는 완전히 넋이 빠져서, 또 한편으로는 두려움에 사로잡힌 채 강의를 듣던 기억이 지금도 생생하다. 그때만 해도 나는 아직 인간의 법이 신의 법령을 대신할 수 있다는 생각을 받아들이지 못했다. 나는 그런 사상에 매료된 자신을 이런 식으로 정당화하곤 했다.

'레이던대학교에서 공부하는 것이 신의 뜻이 아니라면 내가 지금 여기서 이러고 있지도 않았을 거야. 그러니 계속 열심히 공부하는 수밖에.'

주변 세상에 대해 다양하고 깊이 있게 공부할수록 내가 예전에 배운 모든 지식에 크게 회의를 느끼지 않을 수 없었다. 예를 들어, 나는 네덜란드에 온 뒤 어디에서도 쉽게 폭력이 일어나지 않는다는 사실에 충격을 받았다. 나는 네덜란드 사람들이 물리적 충돌을 일으키는 모습을 거의 본 적이 없다. 위협이나 공포도 없었다. 두세 사람이 사망하는 사건이 일어나면 그 일은 사회질서의 위기로 간주되어 전 사회가 대대적인 논의에 들어갔다. 고국 소말리아에서는 폭력 때문에 발생하는 죽음이 그리 희귀한 일이 아니어서 아무런 주목도 받지 못했는데 말이다.

폭력이 없다는 사실 외에도 나는 사람들이 보여 주는 너그러움에 깊은 감동을 받았다. 또한 네덜란드에 사는 모든 사람들은 의료보험 혜택을 받았다. 1990년대 초 처음 이 나라에 들어왔을 때 망명 신청자들을 받아 준 난민센터는 휴양지에 있는 리조트 같았다. 심지어 테니스장, 수영장, 배구장 같은 시설도 갖추고 있었다. 식량, 약품, 주거지, 난방 등 살아가는 데 필요한 모든 것이 제공됐다. 그 밖에도 난민들은 모든 네덜란드 시민에게 주어지는 의료 서비스의 일환으로 심리 지원 프로그램의 도움을 받았다. 놀랍게도 네덜란드인들은 자신과 아무 관련이 없더라도 일단 자국의 국경을 넘어 들어온 사람은 모두 돌보았다. 그리고 자기 나라가 그들에게 좋은 피난처가 되기를 바랐다.

　그중에서도 내가 가장 놀랐던 점은 남녀관계에 대한 그들의 사고방식이었다. TV 방송에 여자가 나오는 것은 물론, 네덜란드 여자들은 머리에 스카프를 두르는 대신 유행에 따라 그때그때 멋진 옷을 입고 예쁘게 화장을 하고 다녔다. 부모들은 아들과 딸을 차별하지 않고 똑같은 방식으로 양육했고, 학교에서든 거리에서든 소년과 소녀가 함께 어울려 지냈다. 이런 광경은 내가 태어나 자란 문화에서는 상상할 수도 없을 뿐만 아니라, 파국이나 종말의 징조로 받아들일 만한 일이었다. 하지만 이곳에서는 지극히 일상적이고 자연스러운 일이어서 모두들 내가 놀라워한다는 것 자체를 신기하게 여겼다.

　물론 서구인들의 삶이라고 해서 완벽한 것은 아니었다. 이렇게 풍족한 환경에서도 행복을 느끼지 못하는 사람이 적지 않았다. 피부가 하얗고 부자인 사람들도 자신의 삶과 일에, 친구와 가족에게 만족을 느끼지 못하는 경우가 있었다. 하지만 당시의 나는 행복처럼 추상적인 개념에 관심을 가질 여유가 없었다. 오로지 어떻게 해서 정치적 안정과 경제적 번영을 이룩할 수 있었는지 신기하고 부러울 따름이었다.

　9·11 테러가 벌어지고 나서 나는 내가 태어나 자란 세계를 다시 살펴보기 시작했다. 소말리아를 비롯해 사우디아라비아, 에티오피아, 케냐, 네덜란드 이민자 공동체의 무슬림들까지 꼼꼼히 돌아보았다. 이슬람은 진보를 막는 장벽이었다. 특히 여자에게 더욱 그랬지만 남자의 경우도 만만치 않았다. 이슬람에 의혹을 제기하는 것은 영혼의 고향이 없다는 사실을 드러내는 행위나 다름없었다. 이슬람 세계

에는 신자와 불신자만 존재할 뿐, 불가지론자에 대한 인식과 아량이 전혀 없었다. 우리 가족을 포함해 무슬림 친구들과 지인들은 뚜렷한 갈림길에서 한쪽 길만을 선택하라고 강요했다. 무슬림이라면 이슬람 신앙에 대한 개인적인 생각을 발설해서는 안 된다. 그렇지 않으면 이 단자가 되어 사회에서 격리당해야 한다. 결국 이런 이유로 나는 부모와 조모, 형제자매의 종교 안에 함께 머물 수 없었다.

이슬람 신앙을 버렸다는 이유로 메디나 무슬림들이 나를 비난하고 '합당한' 처벌, 다시 말해서 죽임을 당해야 한다고 주장하는 것을 보면서도 나는 전혀 놀라지 않았다. 따지고 보면 12년 전에도 나는 그들에게 살만 루시디와 다를 바 없는 존재였다. 보다 혼란스럽고 마음을 무겁게 하는 것은 그들의 노골적인 적대감이었다. 배교 이전에도 이슬람 형벌로 제한한 핵심 교리를 일상적으로 어겼지만 더 이상 엉터리 무슬림으로 살아가고 싶지 않았기에 신앙을 버린 나 같은 개인들에 대한 불타는 적의 말이다. 종교를 믿지 않는 비이슬람권 지식인들조차 내가 개인적인 고통을 극복하느라 정신적 충격을 받은 것일 뿐이라고 섣불리 판단하고 일축해 버리는 경우가 많았다(몇몇 사람들은 그런 거만한 주장을 멈추지 않았는데, 한 미국 언론인은 우리 가정에 심각한 문제가 있었던 것은 아닐까 추측하기도 했다).

이런 논쟁들을 지켜보면서 나는 서구 자유주의가 이룩한 핵심 원칙 가운데 하나이자 모든 신앙 체계에 대한 비판적 사고가 나의 성장기 신앙인 이슬람에는 제대로 적용되지 않았다는 생각이 들어 실망과 좌절을 느끼지 않을 수 없었다.

어느 이단자 이야기

⁝ 나는 특별한 경우가 아니다

내가 이슬람을 비판하게 된 계기가 이례적으로 고단한 성장 과정과 이력에 있다는 말을 수년 동안 들어 왔지만 나는 이를 짐짓 무시했다. 말도 안 되는 소리였기 때문이다. 내가 열여섯 살에 메디나 무슬림의 부름에 응했던 것처럼, 이슬람 세계에는 지금도 풍부한 감수성 때문에 쉽게 외부의 영향을 받는 젊은이가 헤아릴 수 없이 많다. 그리고 나는 믿는다. 이데올로기가 가하는 부당한 압력을 떨치고 일어서려는 젊은이 또한 그만큼 많다는 사실을. 지금까지 나는 내 젊은 시절의 삶을 간략하게 소개했다. 그것은 내가 걸어온 길이 특별해서가 아니라 지극히 일반적이라고 믿기 때문이다.

2001년 미국에서 9·11 테러가 일어났을 무렵, 영국 리즈에서 공부하던 젊은 이상주의자 시라즈 마허를 예로 들어 보자. 마허는 열네 살까지 사우디아라비아에서 자랐고, 그곳에 살 때 "(사담 후세인을 쿠웨이트에서 몰아내기 위한) 사막의 폭풍 작전*을 지지한다"는 글귀가 적힌 대피 덕Daffy Duck* 티셔츠를 입고 있는 바람에 '신성한 땅'에 군사 기지를 설립하려는 미국의 음모에 대한 설교를 들어야 했다. 그는 칼리프 체제의 부활을 옹호하는 이슬람해방당에 가담하고 이후 당당하게 종교 지도자 역할을 수행했다. 훗날 마허는 이슬람해방당의 철학에 대해 이렇게 설명했다.

사막의 폭풍 작전 1991년 걸프 전쟁 때의 다국적군 작전명을 말한다.
대피 덕 미국 TV 애니메이션에 등장하는 캐릭터다.

"우리는 자살폭탄 테러범에게 박수를 보내지만 자살폭탄 테러가 장기적인 해결책이 될 순 없다고 생각한다."[1]

이런 철학은 어디에서 비롯된 것일까? 1994년 마허는 런던에서 열린 이슬람해방당 회의에 참석했다. 수단에서 파키스탄에 이르는 넓은 지역의 다양한 이슬람주의자들이 칼리프 제도의 부활을 논의하기 위해 그곳에 왔다. 당시에 서구인들은 그들에게 아무런 반감을 가지지 않았고, 무슬림 이민자 공동체에서도 아무런 저항이 일어나지 않았다. 마허의 말에 따르면, "논의 과정에서 그들은 이슬람 국가를 강화하자는 목표에 지체 없이 합의했다."[2] 이런 내용을 담은 메시지가 전 세계로 퍼져 나갔는데, 새롭게 등장한 설교자들은 무함마드가 메디나에서 설파한 이슬람의 진정한 의미와 실천 방법을 강조하고 다녔다. 마찬가지로 나이로비에 있는 소말리아 공동체에서도 젊은 무슬림들이 메디나 무슬림과 그들의 폭력적인 무장 동원에 선뜻 지지를 표명하고 나섰다.

내가 9·11 테러 이후 이슬람을 떠난 것처럼, 마허도 2005년 런던 지하철 폭탄 테러 이후 이슬람해방당에서 탈퇴했다(마허가 자살폭탄 테러범들을 개인적으로 알았던 것은 아니지만 그들 역시 마허와 마찬가지로 영국 리즈에서 공부했다). 나의 마음은 레이던대학교에서 열렸다. 마허는 케임브리지대학교에서 석사과정을 밟으면서 이슬람에 대한 다원론적인 견해를 접했다고 한다. 현재 그는 킹스칼리지런던 국제급진주의 연구센터ICSR에서 선임연구원으로 일하면서 젊은 이슬람 전사들의 삶을 연구하고 있다.

문제는 지금도 수없이 많은 젊고 어린 무슬림들이 과격한 메디나 무슬림들의 설교에 현혹될 위험에 있다는 것이다. 수적으로 보면 메카 무슬림이 다수를 차지하지만, 그들은 지나치게 수동적이고 나태한 데다 결정적으로 메디나 무슬림에게 대항할 만한 지적 능력이 부족하다. 지하드를 촉구하는 급진주의자들에게 현혹된 젊은이들이 중도에서 벗어나 "알라후 아크바르"라고 외치며 잔혹 행위를 저지를 때, 메카 무슬림들은 잔혹 행위는 이슬람의 뜻이 아니라는 말만 되풀이할 뿐이다. 원칙과 실제 현실의 분리를 낳을 수밖에 없는 이런 태도는 '평화peace의 종교' 대신 '조각난pieces 종교'라고 비아냥거리는 비이슬람교도들에게 놀림감이 될 뿐만 아니라, 수동적인 무슬림 성직자들에 대한 경멸을 공공연하게 표현하는 메디나 무슬림 사이에서도 조롱거리가 되고 있다. 이들 성직자는 평화를 전하는 꾸란의 말씀에 따라 폭력적인 메디나 무슬림이 언젠가 저지당할 것이라고 무력하게 선언할 뿐이다.

다음으로 보스턴 마라톤 폭탄 테러 사건의 용의자인 타메를란과 조하르 차르나예프 형제를 살펴보자. 이들 형제는 평범한 메카 무슬림으로 성장하는 동안 이슬람의 규율을 제대로 지키지 않고 살았다. 한 명은 권투 선수가 되겠다는 꿈을 키우며 오랜 시간을 훈련으로 보냈다. 다른 한 명은 여자들과 데이트하고 담배를 피우는 등 사교 생활을 하느라 바빴다. 어린 시절 미국에 오게 된 형제의 부모도 그다지 독실한 신자는 아니었다. 매사추세츠의 명문 고등학교인 케임브리지 린지앤라틴 스쿨 출신인 조하르는 체포되기 몇 시간 전에 피로 물든 쪽지를 남겼는데, 그 쪽지의 첫 구절은 내가 어려서 할머니에게 처음으로 배운 말과 똑같았다.

"알라 외에 다른 신은 없으며 무함마드가 알라의 예언자다."[3]

앞에서도 언급했듯 이는 이슬람의 신앙 증언인 샤하다로, 이슬람의 근간을 이루는 다섯 기둥 중에서도 가장 중요하다. 오늘날 IS, 알카에다, 보코 하람은 샤하다를 기치로 내세우고 있다.

이제 젊은 무슬림들에게 폭력적인 지하드를 수용하는 것은 너무 흔한 선택이 됐다. 그들은 자유방임적이고 다원론적인 서구 사회에서 그야말로 '진정한' 무슬림의 생활을 주도하고 심리적 압박을 극복하기 위해 폭력적인 방법에 의존하고 있다. 앞에서도 살펴보았듯 처음 서구 사회로 흘러 들어간 많은 무슬림 이민자 세대는 자신과 가족을 보호한답시고 주변 사회와 담을 쌓고 살았다. 하지만 그들의 아이들에게까지 그런 방법을 고수하게 할 수 없었다. 아이들은 극명하게 대립된 두 가지 방법 중 하나만을 선택해야 했다. 자신의 신앙을 포기하든가, 아니면 공격적인 메시지를 표방하는 메디나 무슬림을 수용하는 것이었다. 최근에 마허는 다음과 같은 말을 털어놓았다.

"내가 지금보다 더 젊었더라면 나는 9·11 테러가 아니라 시리아 분쟁에 뛰어들었을 것이다. 거기엔 내가 선택할 만한 아주 충분한 가능성이 있었다. 그랬다면 이슬람 급진주의를 연구하는 대신 나 자신이 연구 대상이 됐을 것이다."[4]

젊은 무슬림들은 지금도 여전히 이런 압력에 시달리고 있다. 문제는 제3의 선택이 존재하느냐의 여부다. 이슬람에 이의를 제기한다면 모두가 나처럼 이슬람을 떠나거나, 아니면 폭력적인 지하드를 받아들이는 방법 외엔 다른 대안이 없는 것일까?

나는 제3의 선택이 있다고 믿는다. 하지만 그것은 이슬람 극단주의가 이슬람 신앙 자체에서 비롯됐다는 인식이 있어야 가능하다. 왜 그런지 이해한다면 제3의 방법을 찾을 수 있을 것이다. 배교와 잔혹 행위 사이 어딘가에 분명 용납할 만한 대안이 있을 것이다.

나는 이슬람을 떠났다. 그리고 그것이 양심과 무함마드의 규율 사이에 갇혀 출구를 못 찾는 무슬림들에게 최선의 선택이라는 생각에는 여전히 변함이 없다. 그렇다고 이슬람 엑소더스를 기대하는 것은 비현실적인 생각이다. 바로 이런 엄연한 현실 앞에서 나는 제3의 선택이 가능한지 모색하게 됐다. 어쩌면 나 같은 사람들이 가족의 신앙을 함께 지켜 나갈 수 있었을지도 모를 선택, 어떻게든 종교적 믿음과 현대 사회에서 지켜야 할 책무(양심의 자유, 차이의 인정, 양성평등, 죽음 이전에 삶에 투자하기)를 조화시킬 수도 있었을 선택 말이다.

제3의 선택이 가능해지려면 무슬림들은 오래전부터 주저하던 일을 하지 않으면 안 된다. 바로 이슬람의 핵심 교리를 비판적으로 평가하는 일이다. 그다음에는 그런 평가가 왜 그렇게 어려웠는지 자문해 보아야 한다. 따지고 보면 나보다 앞서 이슬람의 개혁을 촉구한 사람은 많았다. 그런데 그 모든 개혁 시도가 수포로 돌아간 이유는 무엇일까? 대답은 이슬람 내부에 존재하는 근본적인 갈등에서 찾아야 한다.

이슬람 세계에
그동안 개혁이
없었던 이유

루터의 교훈

2012년 하버드 케네디스쿨은 내게 이슬람 세계의 종교와 정치, 사회, 외교 분야를 다루는 연구팀을 이끌어 달라고 요청했다. 그리고 나는 지금까지 3년째 이 일을 맡고 있다. 그중에서도 핵심 분야는 이슬람권의 정치 이론이다. 연구팀이 주최하는 세미나는 연령대가 20대 중반부터 40대에 이르고 어느 정도 사회 경력이 있는 사람들을 대상으로 하지만 원한다면 학부생도 참여할 수 있다. 정규 세미나는 대체로 90분 동안 진행되며 추천도서 목록도 충분히 보유하고 있다.

이미 짐작했겠지만 나는 10년 넘게 정치이슬람을 비판하는 데 비타협적인 태도를 고수해 왔다. 그런데 최근 단순히 정치적인 비평에 그칠 게 아니라 종교와 이데올로기 측면에서도 이슬람을 재조명해 보아야 한다는 생각이 들었다. 그래야만 이슬람의 복잡한 종교적, 문화적 유산을 좀 더 깊이 이해하고, 나아가 엄격한 신앙의 요구와 현대 사회의 유혹 사이에서 옴짝달싹 못하는 사람들을 도울 수 있을 것 같았기 때문이다. 이 책은 이런 결심의 산물이다. 이와 동시에 내가 이전에 발표한 책들에서 보여 주었던 개인적이고 지성적인 기록의 연장선 위에 있다는 점을 밝힌다. 내가 맡은 연구팀은 이 책이 나오는 데 아주 중요한 역할을 담당한 예비 단계였다고 할 수 있다.

나는 우리 강의를 신청한 학생들에게 처음부터 관심이 많았다. 교무처에서 건네받은 수강자 명단을 언뜻 보는데 다양한 이름들이 눈에 띄었다. 일부는 영어 사용자이고 일부는 아랍 출신이었다. 대략 절반 정도가 미국인이었는데, 그중 2명은 미군이고 나머지는 이슬람 국가에서 일했거나 군 복무 경험이 있었으며, 최소한 3명은 유대교도인 듯했다. 미국인을 제외한 학생들은 거의 모두 무슬림이었는데, 남자들은 카타르, 터키, 레바논, 파키스탄, 세네갈 등에서 왔고 여자 한 명은 니제르 출신이었다. 수업에 참여한 무슬림 학생들은 여러모로 현대 무슬림 지식인을 축소해 놓은 것 같았다. 그들은 교육을 잘 받았고 활동적이었으며 어떤 면에서는 부유했고 이슬람교에 대해 다양한 견해를 가지고 있었다. 하지만 강의가 시작되고 얼마 지나지 않아 학생들 가운데 일부는 자신의 견해 외에 다른 의견이 있어서는 안 된다고 생각하는 게 명백히 드러났다.

학생들이 모인 첫날 오후 서로 자기소개를 하게 한 뒤, 나는 드디어 수업을 시작했다. 말문을 열고 몇 가지 얘기를 하던 중 카타르 학생이 갑자기 손을 번쩍 들더니 다른 학생들을 향해 설명을 늘어놓기 시작했다. 그는 내 말의 의미를 명확히 할 필요가 있다고 지적했다. 그러자 이번에는 파키스탄 학생이 끼어들었고 세 번째, 네 번째 학생이 맞장구를 쳤다. 그중 한 학생이 이슬람과 관련해 내가 한 발언에 대해 비판의 날을 세웠는데, 거의 첫 단어부터 그들은 내 신상을 들먹이며 인신공격을 가했다. 어떤 학생의 표현에 따르면 나는 정신적 외상을 입은 여자로, 개인적인 경험을 부풀려 사람들을 세뇌시키고 다닌다고 했다. 또 다른 학생은 내가 단지 이슬람 혐오자라며, 거짓말을 늘어놓고 다닌다는 것을 모두가 알아야 한다고 말했다.

다른 무슬림 학생들을 포함한 나머지 학생들은 어안이 벙벙해서 쳐다볼 뿐이었다. 그들은 한동안 강의실이 테니스 경기장이라도 된 듯 몇몇 과격한 학생의 구두 공격과 맞받아치는 나의 방어가 이어지는 모습을 바라보느라 고개만 이리저리 움직일 뿐이었다. 시간이 흘러도 강의실을 감도는 긴장감은 가라앉기는커녕 더욱 고조되기만 했다. 사실 다른 학생들은 할 말이 없다기보다는 대화에 끼어들 틈을 찾지 못했을 뿐이다. 이 같은 분위기는 강의 첫날 그친 것이 아니라 불평분자들이 수강을 포기할 때까지 4주 내내 이어졌다.

토론이나 논쟁 자체를 문제 삼으려는 게 아니다. 오히려 그것은 이 세미나의 핵심이었다. 하지만 정도가 지나쳐서 이슬람에 대한 어떤 비판도 미리부터 공격하고 교정하려는 것도 모자라 은연중에 반대 의견을 가진 사람을 협박하고 철저하게 그의 입을 막아 버린다면 문제가 아닐 수 없다. 세미나 초반에 벌어진 이 같은 비극적 상황은 오늘날 이슬람이 마주한 근본적이고 문제적인 현실을 가장 명료하게 보여 주는 듯했다.

나는 이슬람에 대한 개인적인 경험과 생각을 피력하려고 수업 과정을 개설한 것이 결코 아니다. 오히려 참고문헌을 작성할 때에도 내가 쓴 글들을 최대한 배제하기 위해 주의를 기울였다. 대신에 전문적인 논문과 학술 서적, 이슬람권의 본질적인 정치 이론을 둘러싼 찬반양론을 토대로 균형 잡힌 목록을 작성했다. 모두 강의 시간에 토론을 목적으로 준비한 자료였지만 트집을 잡던 학생들은 강의 요강을 읽어 보려고도 하지 않았다. 그들에게는 이슬람에 대해 질문하는 것 자체가 엄중한 범죄였다.

이런 상황에서 무엇보다 필요한 질문은 이슬람에 이의를 제기하는 게 왜 그렇게 어려운가 하는 것이다. 한 가지 확실한 대답은 현재 그런 이의가 제기되는 것을 막기 위해 국제적으로 조직된 '명예단체'가 존재한다는 점이다. 그 밖에 좀 더 뿌리깊은 역사적 이유를 들면, 비판적 사고를 허락할 경우 이슬람을 떠날 사람이 늘어날지도 모를 거라며 이슬람 성직자들이 두려워한다는 것이다. 독실한 메디나 무슬림이자 저명한 무슬림형제단 지도자인 유수프 알 카라다위는 이렇게 말했다.

"만약 배교에 대한 처벌이 없었다면 오늘날 이슬람은 존재하지 못했을 것이다. 이슬람은 예언자의 죽음으로 끝났을 것이다. 평화가 그의 손에 달려 있었기 때문이다. 배교 금지는 지금까지 이슬람을 지탱해 준 기반이다."[1]

이슬람 지도자들은 아주 사소한 질문이라도 의심을 낳을 것이고, 의심은 더 많은 질문으로 이어져 결국 해결책과 혁신을 요구할 것이라고 우려했다. 또한 혁신은 선례를 남길 것이고 그 선례와 양보를 기반으로 점점 더 많은 사람들이 종교적 압박에서 벗어나 자신을 혁신하려 들 것이라 생각했다.

종교의 혁신은 이슬람에서 살인이나 배교와 마찬가지로 가장 엄중하게 다뤄야 할 범죄다. 이 점을 고려하면 이슬람 종교 지도자들이 다음과 같은 합의에 도달하게 된 것을 충분히 이해할 수 있다. 즉, 이슬람은 단순한 종교적 의미를 넘어 삶의 모든 측면(개인적이고 문화적이며 정치적이고 종교적인)을 아우르고 설명하고 통합하고 지배하는 포괄적 체계다. 다시 말해서 이슬람의 가르침이 모든 것을 처리하고 다스린다. 종교와 정치를 분리해야 한다고 주장하는 성직자는 즉각 파문당한다. 그는 이단자로 몰려 그때까지 쌓아 온 모든 업적과 지위를 박탈당하고 만다. 바로 이런 특성이 이슬람을 21세기의 다른 일신교와 근본적으로 구분 짓는 요소다.

이슬람 사회에서 종교가 정치나 정치 체계와 어느 정도나 밀접하게 뒤얽혀 있는가를 이해하는 것은 매우 중요하다. 종교와 정치의 경계가 모호하다는 말로 간단히 설명할 수 있는 문제가 아니다. 아니, 경계가 거의 없다고 해야 할 것이다. 현재 17개에 달하는 무슬림 다수 국가가 이슬람을 국교로 선언하고 국가원수의 첫 번째 자격 요건으로 무슬림이어야 할 것을 들고 있다. 반면에 기독교 세계에서는 2개 국가만 국가원수의 자격을 기독교도로 한정한다.[2] 사우디아라비아와 이란, 혹은 IS와 보코 하람 같은 반란의 움직임이 고조되고 있는 국가에서는 종교와 정치의 경계가 아예 존재하지 않는다고 봐야 한다.

이처럼 정신적인 영역을 대표하는 종교와 세속적인 정치가 융합된 현실은 아직까지도 이슬람 개혁이 이루어지지 못한 이유를 보여 주는 최초의 단서가 된다. 16세기 유럽에서 종교개혁이 이루어질 수 있었던 가장 큰 이유는 교회와 정치가 분리될 수 있었기 때문이다.

● 루터의 교훈

이슬람 개혁은 기독교 개혁과 비슷한 경로를 따르게 될까? 물론 그렇지는 않을 것이다. 하지만 둘 사이에는 몇 가지 중요한 유사성이 존재한다. 내가 희망을 갖는 이유도 바로 여기에 있다.

1517년 10월 독일 비텐베르크대학교에서 신학을 가르치던 한 완고한 수도사는 교회가 구원을 위해 면죄부를 파는 관행을 비판하는 95개조 반박문을 내걸었다. 수도사의 이름은 마틴 루터였다. 그가 내건 논제는 큰 파문을 일으키며 종교와 정치 혁명의 불씨가 되었다.

종교개혁의 역사는 대단히 복잡하므로 여기서는 크게 두드러진 세 가지 사항만 간추려 보겠다. 첫째, 유럽 역사에 등장한 과거의 이단자들과 달리 루터는 강력한 신기술인 인쇄술을 활용해 자신의 주장을 널리 퍼뜨릴 수 있었다. 둘째, 믿음 제일주의, 만인 사제주의, 성서 중심주의라는 루터의 세 가지 주요 사상은 당시 새롭게 성장하던 계층인 도시 거주자들에게 강한 인상을 심어 주었다. 글을 읽고 쓸 줄 알고 경제적으로 여유가 있었던 그들은 가톨릭교회가 점점 부패로 물들어 가는 모습을 더 이상 참고 보기 힘들었을 것이다. 셋째, 가장 중요한 현상으로, 독일인뿐만 아니라 상당히 많은 유럽인이 교황과 교회의 위계질서에 도전하는 루터에게 뜨거운 관심과 지지를 보냈다.

그 결과 유럽에는 엄청난 격변이 몰아쳤다. 루터의 종교개혁 이후 서구 기독교도들은 개신교도와 구교도로 확실하게 양분됐다. 국내외를 막론하고 한 세기 넘게 계속된 피비린내 나는 종교전쟁이 막을 내리자 세속적 권한이 종교적 권위를 추월하는 새로운 질서가 확립됐다('제후의 영지에, 제후의 종교를cuius regio, eius religio'이라는 원칙은 지역 통치자가 지역의 종교를 결정한다는 의미였다).[3] 대격변의 혼란이 가라앉으면서 서구 세계는 엄청난 변화를 겪었다. 이런 상황에서 주로 개신교 국가들이 정치, 사회, 문화의 많은 체계를 고안하며 주도적 역할을 수행했다.

독일의 사회학자 막스 베버는《프로테스탄티즘의 윤리와 자본주의 정신The Protestant Ethic and the Spirit of Capitalism》이라는 역사적인 책에서 개혁 신학의 영향으로 독실한 사람들조차 세속적인 성공을 추구하는 과정에서 신의 은총을 찾았다고 주장했다. 그는 또한 근검절약을 강조하고 '자본주의적' 덕목을 함양함으로써 경제 혁명이 가속화됐다고 설명했다. 프로테스탄티즘에 힘입어 문맹률이 현격히 낮아진 것이 학습과 생산성의 원동력이 됐는지도 모른다. 어쨌든 간에 17세기 중반부터 서구 세계는 경제와 사회 혁명에 이어 놀랄 만한 지성 혁명을 이룩했다. 즉, 과학혁명, 계몽주의, 산업혁명, 미국 독립혁명, 프랑스 대혁명 등이 그것이다. 이때부터 우리는 현대 과학의 태동을 비롯해 자본주의와 의회 정치의 등장을 추적해 볼 수 있다. 사람들은 또한 자치와 관용, 자유, 법 앞의 평등이라는 이상을 구체적으로 추구하기 시작했다. 종교개혁이 초래한 이런 변화에서 특히 보편적으로 읽고 쓸 줄 아는 능력을 강조한 것에서 우리를 현대성으로 이끈 수많은 자질이 나온 것이다. 요컨대 개인의 의식이 종교적 위계질서와 성직자의 권한에서 해방됨에 따라 인간이 활동하는 모든 분야에서 비판적 사고의 문이 열렸다고 볼 수 있다.

그로부터 수세기가 지났는데도 이슬람 세계는 이와 비슷한 자각을 겪지 못했다. 유럽의 계몽주의보다 훨씬 앞서 이슬람의 과학과 철학이 빛났던 황금시대는 천 년도 더 지난 과거의 얘기일 뿐이다. 많은 무슬림 국가들이 서구 과학의 진전과 경제 발전의 혜택을 보고 있는 동안, 이제야 고층 건물을 올리고 사회 기반 시설을 확충하는 동안 프로테스탄트의 개혁에서 성장한 철학의 혁명은 저만치 앞질러 나아갔다. 무슬림 다수 국가나 서구에 사는 수많은 무슬림들은 지금도 여전히 현대성의 안팎을 오가며 살아가고 있다. 이슬람은 서구 기술이 낳은 상품을 사용하고 그것에 만족하면서도(심지어 매일 다섯 번 드리는 기도 시간을 알려 주는 앱도 있다) 그런 상품을 생산해낸 근원적 가치에 대해서는 눈과 귀를 막고 있다(바로 이런 이유로 전체 이슬람 세계에서는 과학과 기술의 혁신이 따르지 못했고, 그런 점이 이슬람권의 특징이 되고 말았다).

그렇다고 산발적인 변화의 시도조차 없었다는 말은 아니다. 아주 오래전 8세기 때, 이슬람 내부에서는 그리스 철학에서 일부 사상을 수용해 좀 더 많은 것을 아우르고 융통성을 갖고자 하는 노력이 수차례 있었다. 한 예로, 8세기부터 10세기에 이르기까지 이성의 가치를 증명하고 이슬람 교리가 동시대의 해석에 개방적이어야 한다고 주장하면서 바그다드에서 높은 명성을 얻었던 무으타질라파를 꼽을 수 있다. 이 사상은 뒤이은 아슈아리파에 완전히 자리를 내주고 말 았는데, 아슈아리는 무으타질라 신봉자였다가 꾸란이야말로 변하지 않는 완벽한 알라의 말씀이라고 주장하면서 이슬람으로 개종한 열 렬한 무슬림이다. 아슈아리파의 승리는 이슬람 세계에 무함마드의 메시지와 함께 '역사는 종말을 고하게 됐다'는 믿음을 확고히 심어 주는 계기가 됐다. 이로써 지금까지 이슬람 세계에는 논쟁의 씨앗이 뿌리내릴 수 없게 됐다. 그리고 시간이 흘러 정말로 매우 유사한 현 상이 21세기에 다시 벌어지고 있다.

20세기 초만 해도 이슬람, 특히 아랍 세계는 정치와는 독립된 출 판물을 비롯해 서구와 사상을 교류하고 발전된 문물을 수입하는 문 학과 과학 잡지가 번성하는 시대를 구가했다. 19세기 중반 시리아의 정치사상가 프란시스 마라시는 시리아의 알레포에서 태어나 파리에 서 의학을 공부했다. 그는 자유와 평등을 강조했고, 종교와 무관한 조국애와 교육이 아랍 사회의 현대화에 얼마나 중요한 역할을 하는 지에 대한 많은 저술을 남겼다.[4] 이런 과거의 역사는 결코 망상이 아 니다. 2차 세계대전이 끝날 무렵, 많은 무슬림 국가에서 이슬람 율법 과 관련된 핵심 내용들이 유럽식 모델을 토대로 한 법률로 대체되기 도 했다. 일부다처제는 법적으로 폐지됐고 종교 의식을 따르지 않는 민간 결혼이 도입됐다. 또한 아랍 국가들은 이슬람 이전의 아랍 문 화를 중시하는 신념을 표방하고 민족주의와 국가주의 이념도 포용 했다.

이와 동시에 이슬람교 자체도 사회 정의를 실현하려는 시도의 일부로 끊임없이 재해석됐다. 심지어 재분배라는 사회주의 교리와 사회를 개혁하려는 다른 시도들을 입증하는 이념으로 사용되기도 했다. 이집트의 사상가 칼리드 무함마드는 사회적이고 경제적인 정의의 토대 위에서만 진정한 종교가 존재할 수 있다고 선언하면서 여러 실천 사항을 제안했다. 즉, 자연 자원을 국유화하고 사회 재산을 분배하고 농업용지 임대료를 고정시켜야 하며, 여성을 해방시키고 산아제한을 실시해야 한다고 주장했다. 20세기 초 일부 무슬림 사상가들은 7세기 이슬람 율법과 근대국가의 이념을 관통하는 연관성을 재평가하고자 애썼다. 알리 압델 라지크, 마흐무드 무함마드 타하, 나스르 아부 자이드, 압돌카림 소로시 등 20세기를 대표하는 이슬람 사상가들은 모두 근본적인 개혁이 필요하다고 제안했다.

오늘날 방금 언급한 인물들을 아는 사람은 별로 없다. 하지만 이들이 제안한 의견과 그에 뒤따르는 대응책들은 우리에게 많은 가르침을 준다. 옥스퍼드대학교에서 교육받은 이집트인 학자로 아즈하르대학교에서 학생들을 가르쳤던 알리 압델 라지크는 독실한 무슬림이자 종교재판관이면서도 정치적 부패에서 이슬람을 보호하기 위해서는 종교와 정치가 완전히 분리되어야 한다고 주장했다. 1925년에 출간한 《이슬람과 통치의 기본Islam and the Foundations of Governance》에서 그는 무슬림들은 타고난 이성의 힘을 발휘해 우리 시대와 상황에 꼭 맞는 정치 법률과 시민법을 개발하고 창안해야 한다고 강조했다. 특히나 현대의 급진 과격파들이 강력히 주장하는 칼리프 제도를 부활시키자는 생각에 강력히 반대했다. 그는 이렇게 썼다.

무슬림들이 알고 있는 칼리프 제도는 종교와 아무 관련이 없다. (중략) 칼리프는 오히려 그것을 수립하는 과정에서 있었던 협박이나 권력욕과 더 밀접한 관계가 있다. 또한 이슬람 신앙의 교리에 나와 있는 것도 아니다. (중략) 사회 및 정치 과학의 모든 기획과 사업에서 무슬림이 다른 나라와 협력해서는 안 된다고 말하는 신앙의 원칙은 단 하나도 존재하지 않는다. 한물간 체제를 폐지하지 못하도록 방해하는 원칙 또한 전혀 없다. 이런 낡은 체제는 무슬림들을 비하하고 예속시키며 휘어잡아 지배하려는 것이 목적이다. 그 어떤 것도 오랜 세월 동안 효율성과 굳건함을 과시한 체제와 바람직한 인간 이성을 바탕으로 그들의 국가와 정치제도를 건설하려는 과업을 막을 수 없다.

이런 사상을 주장했기 때문에 압델 라지크는 아즈하르대학교에서 해임됐다. 아즈하르대학교 이사회는 그와 그의 저서를 비난하고 맹렬히 규탄한 뒤 울라마ulama• 사회에서 그를 추방했다. 그 결과 압델 라지크는 '알림alim•' 혹은 '학자'라는 칭호와 지위를 상실하고 국내 유배 상태에 처하고 말았다. 다행히 명망 있는 가문 출신이었기에 간신히 더 나쁜 운명은 모면할 수 있었다.

압델 라지크가 해임되고 3년 후 하산 알 반나라는 교사가 이끄는 새로운 단체가 이집트 사회에 등장했다. 극심한 물질주의와 세속주의, 외국인 사장을 위해 노동하는 이집트인들의 모습에 혐오감을 느

울라마 이슬람 사회의 학자와 종교 지도자층을 말한다.
알림 울라마의 단수형이다.

긴 알 반나는 종교가 삶의 전반적인 방식을 주도하던 식민지 이전의 시대로 돌아가고 싶어 했다. 그는 학자나 성직자 집안 출신이 아닌데도 홀로 끊임없이 학문을 닦았다. 또 유럽이나 다른 서구 현대 사회의 발전 모델을 추구하지 않았고 새로운 형태의 세속적인 국가주의도 거부했다. 대신에 무슬림들이 어디에 살든 이슬람교와 그 율법에 기초한 공동체에 참여할 것을 호소했다. 알 반나가 꿈꾸는 이슬람 국가에는 어떤 정당도 존재하지 않았다. 이슬람 율법인 샤리아만이 국가의 법전을 구성하고, 종교 교육을 받은 사람들만이 통치와 행정을 담당할 수 있었다. 학교는 종교 사원에 소속되어 있어야 했다. 그의 주장에 따르면 이런 식으로 이슬람교는 모든 이슬람 세계를 지도하고 통합하는 체계여야 했다.

알 반나는 서구 세계에는 거의 이름을 알리지 못했지만, 그가 설립을 도운 조직인 무슬림형제단은 유명세를 떨쳤다. 그가 남긴 저술들은 20세기 후반과 21세기 초반에 유명해진 이름들, 그중에서도 아야톨라 호메이니와 오사마 빈 라덴에게 많은 영감을 주었다.[5]

압델 라지크에 대한 알 반나의 승리, 본질적으로 표현하면 개혁에 대한 신권 정치의 승리는 20세기 다른 이슬람 개혁주의자들의 운명에서도 유사하게 나타났다. 수단의 지식인 마흐무드 무함마드 타하는 메카 시기의 이슬람 정신을 수용해야 하며 무함마드가 호전적이고 정치적이었던 메디나 시기의 이슬람에서 벗어나야 한다고 주장했다. 메디나 시기의 이슬람은 특정 시기에만 필요했을 뿐, 다음 세대에까지 적용돼서는 안 된다고 역설했다. 타하는 또한 수단에 샤리아를 도입하는 것에 반대하는 운동을 펼쳤다. 그는 알라 외에 다른 신은

이슬람 세계에 그동안 개혁이 없었던 이유

없고 무함마드를 알라의 예언자라고 믿었지만, 배교했다는 이유로 1985년 교수형이라는 비극적인 운명을 당하고 말았다.

좀 더 최근으로 오면, 이집트의 사상가 나스르 아부 자이드는 이런 주장을 제기했다.

"인간의 언어가 꾸란을 집대성하는 데 어느 정도 중요한 역할을 수행했으므로 꾸란에 담긴 알라의 말씀이 영원히 부패하지 않으리라고 보기는 어렵다. 따라서 역사의 진전에 따라 꾸란도 재해석되어야 한다."

바로 이렇게 성스러운 꾸란에 이의를 제기했다는 이유로 그는 1995년 이집트 법정에서 배교자로 간주됐고 자신이나 아내의 의지와는 무관하게 강제이혼을 당했다. 법정의 판결에 따라 그는 더 이상 무슬림이 아니었고 무슬림이 아닌 남자는 무슬림 여자와 결혼 생활을 유지할 자격이 없었기 때문이다. 그 후 수차례 죽음의 협박을 받아야 했던 아부 자이드는 이집트를 탈출해 네덜란드로 망명을 떠나지 않을 수 없었다.

이란의 이슬람 사상가 압돌카림 소로시는 1979년 당시 이슬람 혁명을 지지했지만 나중에는 정치권력과 종교 지도자가 지금보다 훨씬 분리되어야 한다고 목소리를 높였다. 이런 주장 때문에 소로시는 수없이 위협을 당했고 대학교수직을 그만두지 않을 수 없었으며 결국 국내에서는 더 이상 살 수 없어서 외국으로 망명을 떠났다.

이 개혁주의자들은 모두 이슬람의 신학적 근거를 바탕으로 자신의 주장을 펼쳤다. 하지만 울라마 사회는 이 모든 개혁 시도를 거부했을 뿐만 아니라 개혁가들을 끊임없이 위협하고 괴롭혀 침묵을 유도하거나 처형을 피해 국외로 달아나게 하고 말았다. 이슬람 사회는 결국에는 항상 꾸란을 처형의 도구로 삼았다. 그들의 주장에 따르면 꾸란은 침범할 수 없고 영원하고 완전하며 그 안에 쓰인 내용도 비판해선 안 되고 하물며 절대로 바꿔서도 안 되는 것이었다.

그렇기 때문에 이슬람 세계에서 개혁은 결코 긍정적인 의미가 될 수 없었고, 혁신은 어떤 희생을 치르더라도 피해야 할 일이었다. 앨버트 후라니가 설명했듯, 무함마드가 등장한 이후에 "역사는 더 이상 가르칠 교훈을 가질 수 없었다. 만약 뭔가 변화를 꾀하려다가는 더 나빠질 수밖에 없다. 나빠진 것을 치유하려면 새로운 것을 만들어내기보다는 과거에 존재하던 것을 되살려내야 한다."[6] 다시 말해, 이슬람 교리에서 '개혁'은 결코 합법적인 개념이 아니다.

이슬람에서 유일하게 수용 가능한 개혁이자 적절한 목표는 첫 번째 원칙으로 돌아가는 것이다. 알라의 예언자 무함마드의 언행을 기록한 하디스에는 무함마드가 자신의 세대가 최고이며 자신을 잇는 세대가 그다음 최고라는 식의 말을 남겼다고 적혀 있다.[7] 이 말은 역사는 발전한다는 서구의 시각과는 반대되는 이야기다. 이런 역사의식으로는 진보는커녕 각 세대는 늘 이전 세대보다 못한 세대가 될 뿐이다. 새로운 세기가 시작될 때마다 알라는 신앙 쇄신자인 무잣디드를 보내 주는데, 그 경우에만 이슬람교는 무함마드가 종교를 창설한 완벽한 순간으로 되돌아갈 수 있었다.[8] 이런 설명을 따른다면 자신을 무슬림 개혁의 대리인이라고 주장할 수 있는 사람은 오직 메디나 무슬림들뿐일 것이다.

오늘날 이런 복원의 성격을 가진 '개혁'을 부르짖는 자 중 가장 악

명 높은 주창자는 주로 이라크와 시리아에서 활동하고 있는 IS다. IS
는 이슬람 율법인 샤리아가 유일한 국법이 되는 칼리프 제도를 새롭
게 부활시켜야 한다고 제안한다. 샤리아에 따르면 간음한 자는 돌에
맞아 죽고 배교자는 참수형을 당하며 절도범은 팔다리가 잘려야 한
다. IS의 선전은 시간여행 기차를 타고 7세기로 되돌아간 유튜브 동
영상을 보는 듯하다. 이들이 이슬람교를 정화하고 있다고 주장한다
면, 진정한 이슬람 개혁이 이루어질 가능성은 과연 얼마나 될까?

⁚ 누가 이슬람교를 대변하는가

루터의 종교개혁은 수직적이고 계층적인 기독교 확립에 반기를 들면
서 시작됐다. 그를 파문하려고 애쓰는 교황을 보며 루터는 이렇게 말
했다.

"나를 이단자라고 부르는 사람들은 내가 말한 진실 때문에 주머
니 사정이 어려워질 것이다."

하지만 이슬람교는 상황이 다르다. 가톨릭과 달리 이슬람교는 거
의 전적으로 분권화되어 있다. 가톨릭처럼 교황이나 추기경회도 없
고, 남침례회연맹 같은 단체나 계층 구조도 찾아볼 수 없으며, 사제
서품처럼 중앙에서 통제를 담당하는 체제도 없다. 꾸란과 그 신봉자
들에 대한 지식만 있으면 누구나 이맘이 될 수 있다. 지식을 검증할
만한 제도가 따로 있는 것도 아니다.

내게는 늘 흥미롭고 궁금한 문제가 하나 있다. 내가 대학에서 이슬

람교에 대해 '정확한' 해석을 제공하겠다고 말할 때마다 이맘이나 이슬람 학자가 참석해야 한다는 뜨거운 요구가 이어졌다. 2014년 9월 예일대학교에서 강연 요청을 받았을 때에도 예일무슬림학생연맹으로부터 똑같은 요구를 받았다. 그런데 이런 역할을 맡기에 적절한 사람이 과연 누구일까? 사우디아라비아인 성직자? 미국인 개종자? 인도네시아인이나 이집트인? 수니파 교도나 시아파 교도? IS 조직원? 인도계 미국인 무슬림 제바 칸은 어떤가? 그는 유대인 학교에서 교육을 받았고, 남녀가 나란히 서서 기도를 드리는 오하이오 주 톨레도의 사원 예배에 참석했으며, 2008년에는 오바마를 지지하는 무슬림 단체를 조직하고 이끌었다. 혹은 영국 태생 변호사였다가 이맘이 된 아니엠 코우다리를 더 선호할까? 그는 영국에 샤리아를 도입해야 한다고 주장하고 영국 의회에 IS의 검은 깃발이 나부끼기를 염원하는 인물이다. 지금 말한 사람들은 누구나 이슬람을 대변한다고 주장할 수 있다. 이들 가운데 누가 적절한지 선택을 내려줄 무슬림 교황은 어디에도 없기 때문이다.

하버드 세미나에 참석한 이집트 출신의 한 무슬림 여성은 논쟁을 매우 즐겼다. 그녀는 내가 주도한 연구팀의 세미나 외에 다른 강연에는 참석하지 않았는데, 무슨 얘기를 꺼내든 언제나 반박할 준비만 하고 있는 듯했다. 내가 마지막으로 독서 과제를 통해 무엇을 배울 수 있었는지 물었을 때 그녀는 이렇게 대답했다.

"저는 독서 과제를 해본 적이 없어요. 그럴 필요가 없기 때문이에요. 저는 이미 모든 걸 알고 있거든요."

이 말은 문제의 핵심을 그대로 보여 준다. 역설적이게도 이슬람은 가장 많이 분권화되어 있으면서도 지구상에서 가장 엄격한 종교다. 무슬림이라면 누구나 자유로운 토론을 막을 권한이 있다고 느끼는 듯했다.

내 강의를 격렬히 비판한 사람들 중에는 수단 출신 여학생도 있었다. 실제로 연구팀이 주도한 과정에는 한 차례도 참석하지 않았으면서 그 여학생은 내가 강의실에서 하는 모든 말이 무슬림들에게 모욕이 된다고 확신하는 듯했다. 그 학생은 내 연구팀을 해체시켜야 한다며 하버드 케네디행정대학원에 영향력을 행사하고 다니던 학생들 중 한 명이었다. 내 동료 한 분이 학문의 자유, 즉 기본적으로 다른 사람의 신념과 상충하는 견해와 사상을 가르치고 배울 자유야말로 대학이 추구하는 이상이라고 설명하자 그 학생은 당혹스럽게도 적대감을 드러냈다. 학문의 자유가 자신의 신앙을 의심하고 거부할 자유를 의미한다면 몹시 유감스러운 일이라고 생각하는 것 같았다.

이런 적대감을 이해하기 위해서는 열정적인 논쟁과 고통스러운 회의라는 유대교와 기독교의 오랜 전통이 이슬람교에는 거의 부재한다는 점을 인식할 필요가 있다. 수니파와 시아파 간에도 엄청난 분열은 존재하지 않는다. 사실 둘 사이의 반목은 신학에 기원하는 게 아니라 본질적으로 계승에 대한 논쟁에서 불거진 것이다. 어찌 됐든 이슬람교에는 순응만 있다. 개혁이나 유대교가 즐겨 내세우는 재건 같은 개념은 없다. 종교개혁 이전의 가톨릭교회처럼 이슬람교는 지금도 여전히 이단자를 박해하고 있다.

가톨릭 신학 교수인 데이비드 보나구라의 권고를 생각해 보자. 그는 개신교의 "열정적인" 헌신에 비해 가톨릭의 숭배는 매우 "금욕적인" 면모를 보여 준다고 말했으며, 그것은 "신앙을 실천하는 서로 다른 길이나 방법"이므로 각자가 선호하는 종교적 경험을 모든 사람들이 공유해야 한다고 생각할 필요는 없다고 덧붙였다.[9] 오늘날 대담하게 이런 말을 할 수 있는 무슬림 성직자는 과연 얼마나 될까?

누군가가 반대 의견을 제기했다고 해서 사형에 처해야 할 범죄자로 간주하는 종교는 이슬람교를 제외하면 현대 사회 어디에서도 찾아볼 수 없다. 한 보수적인 유대인 랍비가 워싱턴에 있는 현대 정통 유대교 회당에서 정통파 유대교에 여성 랍비가 필요하다고 말했을 때에도 그는 비난을 받지 않았다. 심지어 관중 가운데 일부는 박수를 치기도 했다. 프란치스코 교황이 성당에서 동성애자들에게 관용을 베풀어야 한다는 이야기를 꺼냈을 때에도 열띤 논쟁이 불붙었을 뿐 어떤 폭력도 없었다. 교황의 추방이나 죽음을 요구하는 일은 더더구나 없었다.

이와는 대조적인 현상으로 스물세 살의 사우디아라비아 남성 함자 카슈가리에 대해 살펴보자. 그는 2013년에 예언자 무함마드의 권위에 공개적으로 도전했다는 이유로 신성모독이라는 맹렬한 비난을 받으며 죽음의 위협에 시달렸다. 카슈가리가 그렇게 비난받을 만한 짓을 했을까? 그는 예언자 탄신 전날 자신의 트위터에 무함마드에게 보내는 메시지를 올렸을 뿐이다. 사우디아라비아 성직자들은 거의 즉각적인 반응으로 유튜브에 그의 처형을 요구하는 동영상을 올렸다. 그를 죽여야 한다고 주장하는 페이스북 그룹은 일주일 만에 '친구'가 만 명이나 늘어났다. 사실 이런 일은 그리 놀랄 만한 것도 아니다. 사우디아라비아의 트위터 스타는 모두 무함마드 알 아리피 같은 성직자이기 때문이다. 그는 여자는 때려도 된다는 뻔뻔한 주장과 유대인에 대한 증오 때문에 현재 모든 유럽 국가에 입국이 금지된 상태인데, 트위터 팔로어가 천만 명이 넘는다.

카슈가리는 홍해 연안의 항구 도시 제다 출신으로 신문에 칼럼을 쓰고 있었다. 무슬림들의 격한 반응에 부딪히자마자 그는 곧장 트위터 글을 지우고 말레이시아로 도망쳤다. 하지만 쿠알라룸푸르국제공항에서 뉴질랜드 행 비행기를 갈아타려고 기다리던 중 경찰에 붙잡혀 억류됐고 얼마 후 사우디아라비아로 송환되고 말았다.

그는 글자 수가 한정돼 있는 트위터에 도대체 어떤 불경스러운 말을 올렸던 것일까? 그 내용은 다음과 같다.

무함마드, 당신의 생일을 맞아 나는 이렇게 말하겠다. 나는 당신의 저항적 기질을 사랑했고, 당신은 늘 내게 영감의 원천이 됐지만, 더 이상 당신을 둘러싼 신성한 후광을 좋아할 수 없다. 나는 이제 당신을 위해 기도하지 않을 것이다.[10]

그는 또 이런 내용도 올렸다.

당신의 생일을 맞아 이렇게 말하겠다. 내가 가는 모든 곳에서 당신의 존재를 발견한다. 나는 당신의 모든 면을 사랑했고 당신이 아닌 다른 것들을 증오했지만 더 이상 당신을 이해할 수 없다. 나는 이제 당신의 손에 입 맞추지 않을 것이다. 서로 동등한 사람들끼리 하듯 당신과 악수할 것이다. 당신이 내게 웃어 줄 때 나도 당신에게 웃음 지을 것이며 친구로서

당신에게 말할 것이다.[11]

이런 순진한 말에 이슬람 성직자들은 배교죄로 처벌해야 한다며 들고일어나 카슈가리의 죽음을 요구했고, 사우디아라비아의 압둘라 국왕은 체포 영장을 발부하라고 지시했다. 카슈가리가 공식적으로 사과하고 트위터 글을 지운 사실은 전혀 중요하지 않았다. 그는 결국 수감됐고 8개월쯤 후 풀려났지만 지금까지 끽소리 못 하고 지내고 있다. 보수적인 종교의 나라에서 성장한 이 젊은이는 신앙의 전체 윤곽을 짚어 보고 느끼고자 했을 뿐이다. 그는 이슬람교와 알라와 예언자를 거부한 것도 아니다. 단지 종교적 상징에 인간성을 부여하고자 했을 뿐이다. 고작 그런 이유로 그는 감옥에 가야 했다.

⫶ 예상치 못한 개혁

오랜 세월 동안 서구 작가들은 이슬람 개혁을 꿈꿔 왔다. 하지만 아무 일도 일어나지 않았다. 그 결과 이슬람 세계를 주목해 온 많은 사람들이 기대를 접기 시작했다. 그럼에도 불구하고 나는 믿는다. 개혁은 단지 임박하지 않았을 뿐 지금도 여전히 진행 중이라는 사실을. 사실 개신교의 개혁도 꽤나 갑작스럽게 일어났다. 마찬가지로 이슬람에도 이미 변화의 바람이 일기 시작했는지 모른다. 그렇다면 수년 안에 속도가 붙을 수도 있다.

종교개혁이 성공하는 데 결정적인 역할을 한 세 가지 요인을 떠올려 보자. 즉, 기술 발전과 도시화, 현상 유지를 거부하는 루터의 도전에 보낸 유럽 국가들의 지지와 관심을 말이다. 이 같은 요인들은 오늘날 이슬람 세계에도 분명히 존재한다.

현대의 정보기술은 루터 시대의 인쇄술처럼 편협함, 폭력성, 천년왕국의 부실한 이상을 만천하에 드러내는 데 효과적으로 쓰일 수 있다. 반면 17세기 유럽에서 인쇄술이 주술 관련 소책자를 발행하는 데 이용된 것처럼 그다지 바람직하지 못한 일을 진척시키는 통로가 될 수도 있다. 함자 카슈가리의 사례는 인쇄술이 종교개혁에서 담당했던 역할과 마찬가지로 인터넷이 이슬람 개혁에 어떤 역할을 할 수 있는지를 여실히 보여 준다. 모두가 인정하듯 그는 보수적인 종교국가에서 자랐지만 정보기술의 영향 덕분에 '인도주의자'가 될 수 있었다.

16세기 독일에 루터의 제안을 환영하고 수용한 지지층이 있었던 것처럼 이슬람 세계에도 진정한 개혁을 기원하는 지지 세력이 있다. 이슬람권 도시 거주자들은 시골 지역에 사는 사람들보다 내가 메디나 무슬림이라고 부르는 자들에게 저항할 가능성이 훨씬 높다. 실제로 샤리아를 시행할 경우, 도시의 다양한 사업(여기에는 관광 사업도 포함된다)에 상당한 지장이 초래되기 때문이다.

2014년 퓨리서치센터는 14개 국가에 사는 1만 4,000명 이상의 무슬림들을 대상으로 설문조사를 실시했다. 그 결과 조사에 응한 사람들의 거의 절반 가까이가 이슬람 극단주의에 대한 우려를 드러냈다.[12] 특히 중동과 북아프리카 국가의 수치는 놀라웠다. 레바논인의 92퍼센트, 튀니지인의 80퍼센트, 이집트인의 75퍼센트, 나이지리아인의 72퍼센트가(즉, 거의 대다수 국민이) 이슬람 극단주의에 대해 걱정

스럽다고 대답했다. 또한 이런 우려를 표명하는 사람들 중 상당수가 도시 거주자라는 사실도 확인됐다.

이슬람교는 이제 전 세계를 아우르는 종교가 됐다. 수많은 무슬림 디아스포라가 전 세계 곳곳에 퍼져 있기 때문이다. 전후 이민자가 급증하면서 2,000만 명이 넘는 무슬림이 서유럽과 북아메리카에 살고 있다. 해외에 거주하게 된 무슬림들은 날마다 현대 사회의 세속적인 가치와 도전에 맞서면서 자신의 신앙을 지키고 있다. 이처럼 이슬람 개혁을 위한 사상과 이념을 받아들일 잠재적 인구가 전 세계에 포진해 있다는 사실은 긍정적인 일이다.

마지막으로 16세기 유럽에서처럼 현재 이슬람 세계의 주요 국가들에는 이슬람 개혁을 지지하는 정치 세력이 분명히 존재한다. 2015년 새해 첫날, 이집트 대통령 압델 파타 엘 시시는 아즈하르대학교에서 무함마드 탄신 기념 연설을 했다. 이때 그는 이슬람교의 개혁을 요구하는 것이나 다름없는 놀라운 발언을 했다.

16억 이슬람 인구가 세계의 나머지 70억 인구를 죽음에 몰아넣겠다는 게 가능한 일입니까? 그러고도 우리가 살아남을 수 있을까요? 아니, 불가능한 일입니다.

많은 학자와 울라마가 모여 있는 이곳 아즈하르에서 말씀드립니다. 지금 제가 하려는 말들에 우려의 눈길을 보내며 심판의 날을 떠올리는 여러분을 전능하신 알라께서는 모두 지켜보고 계십니다.

그런 마음가짐에 갇혀 현재의 상황을 제대로 보지 못한다면 여러분은 제가 하려는 모든 말을 이해하기 어려울 겁니다. 자신의 편협한 생각에서 벗어나 좀 더 열린 시각으로 현실을 관찰하고 과거를 반성해야 합니다.

저는 여러분에게 말하고 싶습니다. 우리는 이슬람을 개혁할 필요가 있습니다. 여러 이맘들 역시 알라 앞에 똑같은 책임을 안고 있습니다. 전 세계가, 다시 한 번 말합니다, 전 세계가 우리의 다음 행보를 기다리고 있습니다. (중략) 이슬람 공동체인 움마가 분열과 파멸을 거듭하고 있으며 길을 잃고 헤매고 있습니다.[13]

무슬림형제단 및 유사 단체가 자국의 정치적 안정과 경제 발전에 근본적으로 위협이 된다고 여기는 정치 지도자는 엘 시시 대통령 외에도 또 있다. 아랍에미리트연방 역시 이슬람 개혁에 대해 이와 비슷한 제안과 지지를 표명했다.

엘 시시가 대통령으로 당선된 것은 아랍의 봄이 실패했다는 증거라는 주장에 대부분의 사람이 동의한다. 하지만 그것은 2010년 말 튀니지에서 시작된 혁명을 기점으로 번져 간 일련의 과정을 제대로 이해하지 못한 결과다. 이집트, 리비아, 시리아 등에서 일어난 혁명은 모두 부패한 독재자들을 겨냥한 것이었다. 당시 독재자들은 오랫동안 자신이 억눌러 온 무슬림형제단 같은 메디나 무슬림들에게 납치와 감금을 당했다. 그 후 여러 정황이 뚜렷이 드러나자 이집트 국민들, 특히 도시 거주자들은 무슬림형제단이 지지하는 무함마드 무르시 정부를 몰아내기 위해 다시 한 번 거리로 뛰쳐나왔다.

한때 전권을 구가하며 절대 무너지지 않을 것처럼 보이던 독재자들에게 저항한 혁명이자 권위에 대한 도전으로서 아랍의 봄은 확실히 성공을 거두었다고 볼 수 있다. 이 일은 막강한 권력도 무너질 수 있다는 사실을 보여 주었다. 그리고 또 다른 형태의 권위, 즉 종교적 권위가 부당하게 새로운 권력의 중심으로 떠오르자 두 번째 혁명이 일어났다. 최소한 이집트에서는 그랬다. 다른 나라에서는 수많은 내전이 이어졌다. 세속적인 지배자에 대한 복종을 거부할 수 있다면 이 맘, 물라mullah*, 호메이니, 울라마 같은 종교적인 권위에 대한 복종을 거부할 수 있을 거라고 나는 믿는다.

오늘날 우리가 이슬람 사회에서 목격하는 소요나 혼란이 단지 전제적인 정치 체제 때문만은 아니다. 실패한 경제와 그에 따른 빈곤 때문만도 아니다. 그 원인은 이슬람 자체에 있거나 이슬람 신앙의 몇 가지 중요한 측면이 현대성과 양립할 수 없다는 데 있다. 그렇기 때문에 오늘날 전 세계적으로 가장 심각한 갈등은 그런 불일치를 사력을 다해 유지하려는 세력과 극복하려고 노력하는 사람들 사이에서 빚어지고 있다고 보아야 한다. 그리고 후자의 목표는 이슬람을 타도하는 게 아니라 개혁하는 것이다.

권위에 도전하려는 최초의 작업은 이미 시작됐다. 새로 당선된 이란 대통령*의 아들이 안타깝게도 1992년 자살하기 직전에 남긴 쪽지에서 그 예를 볼 수 있다. 그는 이렇게 썼다.

나는 당신의 정부와 거짓말, 당신의 부패와 종교, 당신의 이중행위와 위선을 증오한다.[14]

물라 이슬람 율법학자를 말한다.
이란 대통령 2013년 당선된 하산 로하니를 가리킨다.

하지만 죽음을 알리는 유서로는 개혁을 이룰 수 없다. 루터의 개혁에서 보았듯, 개혁은 제안을 담은 글과 적극적인 행동을 요구한다.

﹗ 다섯 가지 수정안

낡긴 했지만 역사적인 가치가 있는 집을 어떻게 하면 좋을까? 첫 번째 방법은 낡은 집을 무너뜨리고 새 집을 짓는 것이다. 이 방법은 이슬람교를 포함한 어떤 종교에도 적용하기 어렵다. 두 번째 방법은 낡은 집을 처음에 지어진 그대로 불안정하게나마 보존하는 것이다. 이 경우 늘 붕괴의 위험이 도사리고 있다는 게 문제다. 이것은 무슬림 형제단, 알 카에다, IS 같은 단체가 선호하는 방법으로, 이슬람교가 창시된 7세기로 되돌아가자는 움직임에 비유할 수 있다. 세 번째 방법은 역사적으로 중요한 세부 사항을 최대한 간직하면서 외관을 원래 모습대로 유지하되 내부는 근본적으로 변화를 주어 최신 편의시설을 갖추는 것이다. 이는 내가 선호하는 개혁이나 수정을 의미한다. 달리 말해서 이슬람 개조나 혁신이라 할 수 있다.

나는 루터가 아니다. 그래서 문에 내걸어 놓을 95개 반박문도 없다. 오직 다섯 가지 수정안이 있을 뿐이다. 이는 지하드와 파괴를 설교하고 주장하는 사람들이 대단히 성공적으로 활용한 이슬람 신앙의 다섯 가지 근본 교리와도 관계가 있다. 종교에서 근본 교리를 개정하는 것이 얼마나 어려운 일인지 잘 안다. 하지만 이슬람교가 현대성과 조화를 이루기 위해서는, 어느 때보다 서로 간의 관계가 긴밀해진 지구상에서 무슬림 국가들이 다른 나라와 공존하기 위해서는, 특히 수많은 무슬림들이 서구 사회에서 번영과 행복을 누리기 위해서는 다섯 가지 교리가 마땅히 수정되어야 한다. 다름 아닌 이성과 양심이 그 일을 요구하고 있다. 이런 변화는 진정한 이슬람 개혁의 토대가 될 것이라고 나는 믿는다. 이는 7세기로 퇴보하기보다는 21세기로 진보하기 위한 유일한 길이다.

그것이 이슬람 신앙을 근본적으로 뒤흔드는 일이라 이 글을 읽는 여러분은 실현 가능성을 의심할지도 모른다. 하지만 낡은 집을 성공적으로 개조하려면 불필요한 칸막이나 계단을 없애야 하는 것처럼, 변화가 선행된 뒤에야 전체 구조를 무너뜨리지 않고 부분적으로 현대화를 진행할 수 있다. 나는 이 같은 현대화가 이슬람교를 더욱 강화시켜 전 세계의 수많은 무슬림들이 현대 사회와 따뜻한 조화를 이루며 살아갈 수 있을 것이라고 진실로 믿는다. 오히려 이슬람교를 파괴로 몰고 갈 가능성이 높은 사람들은 바로 이슬람교가 창시된 당시로 되돌아가려는 자들이다. 다음은 내가 가상의 문에 내걸고자 하는 다섯 가지 수정안이다.

1. 예언자 무함마드와 꾸란에 대한 새로운 해석과 비판을 허용한다.
2. 내세의 삶보다 현세의 삶을 중시한다.
3. 샤리아가 세속적인 법보다 우월하다는 사고를 지양한다.
4. 옳은 일을 강요하고 그른 일을 금지하는 관습을 종식시킨다.
5. 지하드를 호소하지 않는다.

뒤에서 나는 문제가 되는 사상과 교리의 근원을 탐구할 것이며 그것들의 개혁 가능성을 고찰할 것이다. 여기서는 간단히 이슬람 사상과 교리가 서로 밀접하게 관련돼 있다는 것만 설명하겠다. 그중에서도 가장 심각한 문제는 지하드를 장려하고 촉구하는 것이다. 성전의 호소라는 문제를 이해하기 위해 먼저 우리는 다음 사항들을 고려해 볼 필요가 있다. 예언자의 명성이 무슬림들의 행동 규범이 되는 것, 꾸란을 글자 그대로 해석해야 한다는 주장과 그에 수반되는 비판적 사고를 거부하는 것, 내세를 우위에 두는 이슬람 신앙, 종교적 법률이 갖는 위력, 종교적 법률의 관례와 규율을 따르도록 무슬림들에게 부여한 특권에 대해 알아야 한다. 이런 것들은 어떤 경우에는 서로 분리해서 생각하기 어려울 정도로 연결되어 있지만, 그래도 하나하나 구체적으로 살펴보기로 하자.

내가 예전에 발표한 책들을 읽어 본 독자라면 나의 접근 방법이 전과 많이 달라졌다는 사실을 눈치챘을 것이다. 《유목민Nomad》이라는 책을 쓸 때에만 해도 나는 이슬람교가 개혁 불가능한 종교라고 생각했다. 그래서 문제의식을 가진 이슬람교도가 할 수 있는 최선의 선택은 다른 신을 고르는 길뿐이라고 믿었다. 나는 이런 생각에 거의 확신을 가지고 있었는데, 이 점에서는 이탈리아 작가이자 홀로코스트 생존자인 프리모 레비와 별반 다르지 않았다. 레비는 1987년 베를린 장벽이 계속 유지될 거라는 절대적인 확신을 담은 글을 발표했다. 하지만 2년 후 베를린 장벽은 무너졌다. 내가 《유목민》을 출간한 뒤 7개월 후 아랍의 봄이 시작됐다. 나는 그때 4개의 정부가 몰락하고(이집트는 연이어 두 번이다) 다른 14개 국가에서 반정부 시위와 봉기가 일어나는 역사적 순간들을 똑똑히 목격했다. 그리고 생각했다. 내가 틀렸다고, 평범한 무슬림들은 변화를 맞이할 준비가 되어 있다고.

앞으로 나아갈 길은 무척 험난할 것이다. 피바람이 몰아칠지도 모른다. 그렇지만 종교와 정치의 거대한 세력에 부딪혀 실패한 과거의 개혁과 달리 이제는 종교와 정치의 분리를 기원하는 수많은 동료들이 이슬람 세계에 존재한다.

나는 성직자가 아니다. 주말마다 만나는 신도도 없다. 그저 강연을 다니고 읽고 쓰고 생각하고 하버드에서 실시하는 작은 세미나를 주관할 뿐이다. 내가 잘 훈련된 이슬람 신학자나 역사학자가 아니라며 반감을 갖는 사람들이 옳을 수도 있다. 하지만 단순히 이슬람 세계를 신학적 논쟁에 끌어들이는 것이 내가 추구하는 목표는 아니다. 그보다는 이슬람에 이의를 제기하고, 개혁을 꾀하려는 사람들이 혁신을 가로막는 장애물에 정면으로 맞서도록 부추기고, 나머지 우리가 어떤 식으로든 그들을 지원하도록 하는 것이 나의 목표다.

나는 과거로 돌아가지 않을 것이다. 부모와 조부모 세대의 신앙으로 되돌아가기에 우리는 너무 멀리 와 버렸다. 수백만 이슬람 인구가 그들의 신앙을 21세기와 조화시키기에는 지금이 가장 적절한 시기일지도 모른다.

이슬람 개혁을 꿈꾸는 것은 비단 무슬림들만의 문제가 아니다. 종교인이든 비종교인이든 지구상의 많은 사람들이 관심을 갖고 이슬람의 변화를 지켜보고 있다. 그들은 이슬람교가 인권의 기본 원칙을 존중할 뿐만 아니라 폭력을 내몰고 더 많은 관용을 베풀도록 가르치는 신앙이 될 날을 기다리고 있다. 덜 부패하고 덜 혼란스러운 정부를 촉구하고 의심과 반대를 최대한 허용하며 현대적인 법률 체계를 통해 교육과 자유와 평등을 더 많이 권장하는 종교가 되기를 바라고 있다.

나는 개혁 외에는 우리 앞에 놓인 다른 길을, 최소한 송장으로 뒤덮이지 않을 다른 방법을 찾지 못했다. 이슬람교와 현대성은 조화와 화해를 이루어야 한다. 그것은 이슬람교가 일단 현대화되어야만 가능한 일이다. 모두가 허락한다면 나는 그것이 바로 이슬람 개혁이라고 말하고 싶다. 어떤 이름을 붙이든 다섯 가지 수정안은 이슬람을 주제로 한 정직한 논쟁의 출발점이 되어야 한다. 그리고 그 논쟁은 예언자 무함마드와 현세의 삶을 위한 오류 없는 지침서로 인정받는 그의 책 꾸란을 처음부터 재고하는 것으로 시작되어야 한다.

무함마드와 꾸란

예언자와 경전에 대한
무조건적인 숭배가
어떻게 개혁을 가로막는가

오늘날 이슬람의 핵심 문제는 간략한 문장 세 개로 표현할 수 있다. 기독교도는 신성화된 인간을 숭배한다. 유대교도는 경전의 연구를 통해 신을 숭배한다. 이슬람교도는 신과 경전 모두를 숭배한다.

기독교는 신격화된 예수의 존재를 믿으면서도 예수의 말씀을 담은 성경은 인간이 작성했다고 말한다. 유대교는 율법서인 토라를 신성하게 여기고 예배를 드리는 동안에도 토라에 입맞춤을 하는 등 경건하게 다룬다. 하지만 전통적으로 토라를 기록한 사람이 예언자 모세라고 믿으며 모세를 다른 히브리 예언자들처럼 인간이면서도 오류가 없는 인물로 묘사한다. 이에 반해 이슬람교는 무함마드를 초인적이고 완벽한 존재로 여기며 직접적인 신의 계시를 담은 꾸란을 신성한 진리로 받들고 글자 그대로 해석한다. 유대교의 정통과 랍비가 토라를 모독해서는 안 된다고 주장할 뿐인 데 반해 무슬림들은 무함마드와 꾸란을 경시하는 행동은 폭력적인 저항과 폭동, 때로는 죽음을 유발하기에 충분한 범죄로 간주한다.

예를 들어, 2005년 관타나모 미 해군 수용소에서 미국 경비대 소속 군인이 꾸란을 찢어 변기에 버리는 엄청난 일을 벌였다. 이 사건으로 많은 무슬림 국가들에서 폭동이 일어났다. 폭력 사태와 광란이 끊이지 않는 가운데 아프가니스탄에서 17명이 목숨을 잃었다. 좀 더 최근인 2014년 9월에는 파키스탄의 라호르에 살고 있는 한 기독교도 부부가 꾸란에 불을 질렀다는 혐의를 받고 심하게 구타당한 뒤 벽돌 가마의 불 속에 산 채로 던져졌다(이 과정에서 이들 부부는 끊임없이 자신들의 결백을 항변했다). 2005년 9월에는 덴마크 신문 〈윌랜츠 포스텐Jyllands-Posten〉에 무함마드를 풍자하고 조롱하는 만평이 여러 차례 실렸는데, 이는 전 이슬람 세계에서 폭발적인 분노와 소요 사태를 유발했고, 그 결과 200명이 넘는 사람이 목숨을 잃고 각국 대사관들이 공격을 당했다.

이 같은 사건들은 서구와 이슬람 세계의 뚜렷한 차이를 보여 준다. 서구 사회에서는 특정 종교나 종교적 인물에 대한 불손한 접근을 관용의 시각으로 바라보고 때로는 은근히 권장한다. 이와 달리 이슬람 사회는 예언자나 꾸란에 대한 어떤 '모욕'도 처벌받아야 하는 심각한 범죄로 간주하고 그것을 극단적인 대응이라고 생각하지도 않는다. 앞서 말했듯, 십대 시절에는 나 역시 살만 루시디가 예언자에게 무례한 내용의 소설을 썼다는 이유로 죽어 마땅한 인간이라고 당연스레 생각했다. 사실 나를 포함해 주변 사람들은 대부분 그 책을 읽어 보지도 못했다.

문제의 근원을 파악하기 위해서는, 하지만 결국 해결 가능하다는 사실을 이해하기 위해서는 이슬람교에서 가장 신성한 두 요소인 예언자와 꾸란을 재검토해 볼 필요가 있다. 우리는 무함마드를 그가 살았던 시대적 배경 속에서 진정한 한 인간으로 파악해야 한다. 꾸란 역시 역사적 맥락 속에서 당대의 가르침을 구축해 놓은 하나의 텍스트로 이해해야 한다. 그것은 더 이상 오늘날 삶의 지침을 안내하는 신성한 설명서가 아니기 때문이다.

● 무함마드는 어떤 인물인가

무함마드는 역사상 가장 훌륭한 입법자다. 그의 행적과 더불어 그가 전한 계시는 수억 명에 달하는 사람들을 통치하는 법전의 토대를 형성했다. 그가 태어난 연도나 날짜에 대해서는 학자마다 주장하는 바가 다르다. 가장 일반적인 주장은 예수 탄생 이후인 570년이다. 그의 아버지는 그가 태어나기도 전에 세상을 떠났고, 여섯 살 무렵 어머니마저 돌아가셔서 숙부가 그를 키웠다. 첫 번째 부인 카디자는 부유한 상인으로 시리아 무역 업무를 대신해 줄 일꾼으로 그를 고용했다. 한 하인이 카디자에게 두 천사가 나타나 잠이 든 그를 지켜보고 있었다고 말했다. 그때 그는 '예언자'에게만 그늘을 드리운다고 알려진 나무 아래에서 쉬고 있었다.

고용주이자 부인인 카디자를 처음 만났을 때, 무함마드는 스물다섯 살이었고 부인은 마흔 살이었다. 카디자의 청혼을 받아 결혼을 했을 때, 그는 초혼이었고 그녀는 세 번째 결혼이었다. 결혼 후 15년 간 자식들을 낳고 풍족한 생활을 누리며 살다가 꾸란의 바탕이 된 신의 계시가 처음으로 나타났다. 그리고 카디자는 그를 따르는 첫 번째 개종자가 됐다.

그 후 22년에 걸쳐 무함마드라고 알려진 이 인물은 전 세계에 영향력을 미치는 주요 종교 중 인류사에서 마지막으로 등장한 종교를 창시한 뒤, 종교적이고 정치적이고 법률적인 질서를 새롭게 만들어 내며 아시아 대초원 지대에서 북아프리카와 이베리아 반도에 이르는 광대한 지역에 절대 종교 제국의 씨앗을 뿌렸다. 그 결과 오늘날 10억 명 이상의 사람들이 "알라는 유일신이며 무함마드는 그의 예언자다"라는 샤하다를 외우면서 자신의 신앙을 공언하고 있다. 거의 1,400년의 세월이 흐르는 동안 이 신앙 증언은 변함이 없었다.

이런 메시지가 오랫동안 위력을 지닐 수 있었던 이유는 단순히 다신교가 아닌 유일신에 대한 믿음에 있지 않다. 유일신 사상은 그리 독창적인 것도 아니다. 실제로 무함마드는 자신의 종교가 아브라함, 모세, 예수가 내세운 일신교적 계시의 실현이자 확장이라고 표현했다. 이슬람을 획기적인 종교로 만든 요인은 신학적 차원을 훨씬 넘어서는 광범위한 영향력이었다. 이슬람을 단순히 종교나 숭배의 체제로만 볼 수 없다. 사회인류학자 어니스트 겔너의 표현대로 그것은 사회질서를 제시하는 청사진이다.¹ '이슬람'이라는 말은 유일신 알라에 대한 '복종'을 의미한다. 신자들은 믿음의 체계 속에서 자신의 모든 것을 맞춰야 했고, 그 규율은 매우 정확하고 엄격했다.

이슬람은 지극히 다면적이고 모든 것을 아우르는 종교가 됐다. 이는 부분적으로 무함마드와 이슬람이 역사적 공간과 시간을 대표하는 예언자 및 신앙을 의미했기 때문이다. 무함마드는 대체로 전사나 예언자 역할을 한 인물로 우리에게 친숙하다. 그런데 부족의 지도자 역할을 한 인물로서 살펴보면 좀 더 흥미로운 사실을 발견할 수 있다. 무함마드는 조직적으로 느슨했던 아랍 부족사회에서 새로운 종교를 기반으로 한 공동체를 만들어 나가는 데 지도자의 능력을 충분히 발휘했다. 다시 말해서 그는 '중심 부족'을 만들어낸 종교적이고 군사적인 인물이었다.

무함마드가 역사적으로 실존했다는 사실에는 그다지 이견이 없지만 그의 삶에 대해서는 확실하게 알려진 것이 많지 않다. 그의 전기에 기록된 모든 사실을 확인할 순 없지만 한 가지 추정 가능한 사실은 무함마드가 당시 중동 지역 전체를 지배하던 친족 중심의 사회질서에서 비롯된 인물이라는 점이다.

이슬람교가 등장하기 이전에 중동 지역은 친족사회였다. 국가가 형성되기 이전 모든 사회의 기반은 가족과 씨족, 부족 등이었다. 사회의 기초 단위는 혈통으로, 공통된 조상에게서 내려온 가계나 가문이었다. 각 가정은 혈통의 한 부분으로 여러 혈통이 모여 씨족을 이루었고 여러 씨족이 모여 부족을 이루었다. 이런 사회 속에서 모든 사람들은 반신성의 신화적 성격을 가진 최초의 조상에게서 대대로 내려왔다고 생각했다.

가설이기는 하지만 공통된 조상을 중심으로 친족사회가 연결되어 있었더라도 실제로 수많은 친족 무리들은 제각각 분산되어 있었고 여러 세대를 이어 온 불화와 반목으로 인해 빈번하게 분열됐다. 그들이 서로 간의 헌신과 유대는 거의 없고 그저 명목상으로 존재하는 공동체로 변질되지 않기 위해서는 강력한 지도자가 나타나 사회를 통합해야 할 필요가 있었다. 이것이 무함마드가 살았던 시대의 역사적 상황이다. 1,400년이 지나 1차 세계대전이 한창일 때 T. E. 로렌스*가 터키에 대항해 베두인 부족의 통합에 기여할 당시에도 상황은 비슷했다. 내 조국 소말리아에서도 유사한 상황이 벌어졌다.

이처럼 변화무쌍한 시대 상황 속에서 타고난 힘과 매력, 빈틈없는 지략을 갖춘 부족의 지도자가 나타난 것이다. 그는 지도자로서 다양한 역할을 수행했다. 입법자이자 판사였고 사업가이자 전쟁의 수장이었으며 부족의 종교 단체를 이끄는 책임자였다. 또한 그는 후원을 담당하며 상업과 전쟁으로 얻은 전리품을 배분했다. 명예와 (주로 정략적 결혼으로 강화된) 개인의 충성은 지도자를 지원하고 사회 체제를 다지는 유대감을 형성하는 데 커다란 힘이 됐다. 많은 이슬람 관련 서적들을 보면 알 수 있듯, 무함마드는 이런 역할들을 충실히 수행했다. 그는 스스로 요직을 차지하고 가능한 한 최대의 복종을 요구함으로써 부족을 무질서에서 구해냈다.

무함마드는 상업 수완이 뛰어난 쿠라이시족의 바누 하심가에서 태어났다. 당시 쿠라이시족은 메카로 향하는 아라비아 무역의 요충지를 장악하고 있었다. 그들은 대표적인 상업 문화를 형성한 친족 단체였고 다시 많은 씨족으로 세분화되어 있었다. 쿠라이시족 자체

T. E. 로렌스 아랍 민족의 독립운동에 적극 가담한 영국군 장교다.

무함마드와 꾸란

도 더 큰 부족에서 세분화된 것이었다. 모든 씨족과 부족은 아브라함의 아들 이스마엘에게서 내려온 혈통으로 막연하게 연결되어 있었다. 이는 아브라함의 또 다른 아들 이삭의 자손인 유대인들과도 먼 친족관계를 이루고 있다는 점을 보여 준다. 그러므로 이 새로운 이슬람 중심 부족이 아브라함과 예수와 같은 혈통이라는 주장에는 어느 정도 신빙성이 있다고 볼 수 있다.

쿠라이시족은 쿠사이 이븐 킬라브라는 부족 지도자가 엄청난 순례자들이 몰려드는 고대 다신교도 성지인 카바의 통제권을 획득하면서 유명세를 떨쳤다. 이것은 수익성이 좋은 독점 사업권으로서 이븐 킬라브는 부족 사람들에게 이곳을 관리하도록 하는 등 여러 씨족들에게 책임과 이익을 분배했다. 하지만 씨족 간의 경쟁은 계속됐고 무함마드가 살았던 당시에는 점점 더 치열해지고 있었다.

무함마드는 다신교 문화에 일신교를 도입했다는 점에서 종교적으로 혁신적인 인물이었다. 당시에 아랍인들은 최고신인 알라 외에도 보다 영향력이 덜한 다양한 신들과 각종 부족 신들을 섬겼다. 메카는 바로 이런 다신교 문화의 중심지였다. 무함마드가 전한 계시는 많은 추종자들을 이끌어냈지만 동시에 권세 높은 씨족장들의 수많은 반대에 부딪히기도 했다. 그들의 권위와 수익이 성지 참배를 관리하는 일과 깊은 관련이 있었기 때문이다.

메카에서 무함마드는 자선과 기부, 유일신에게 드리는 기도 등 오늘날 우리가 말하는 종교적 가치를 설교했다. 다신교도들은 그의 메시지를 맹렬히 거부했는데, 이는 무슬림을 박해한 기간에 뚜렷이 드러났다. 무함마드 신봉자들은 지금까지도 자신의 주장이 조금이라도 반대에 부딪히면 당시의 박해에 대해 되풀이해서 말하곤 한다.

622년 같은 부족의 경쟁자들은 무함마드와 그의 추종자들을 메카에서 내몰았다. 무함마드는 메디나로 피신했다. 그곳에서 그는 바크르와 쿠자 같은 더 큰 부족들과 동맹을 맺고 세력 기반을 마련했다. 또한 정략결혼을 통해 몇몇 씨족 혹은 부족들과 연대를 굳건히 다졌다. 무함마드 자신은 아부 바크르와 우마르의 딸들과 결혼했고, 그의 사촌인 우스만과 알리는 무함마드의 딸들과 결혼했다. 이런 식으로 그는 사후에 자신을 계승한 첫 4대 칼리프들과 가족관계를 형성했다. 이 시기에 무함마드는 메디나 헌장Constitution of Medina으로 알려진 도덕적이고 종교적인 법규를 반포했다. 이는 메디나 주민과 맺은 맹약으로 여러 부족을 하나의 신앙과 관습을 따르는 공동체로 통합하는 데 중요한 역할을 했다. 많은 부족적 관습들이 훗날 샤리아의 필수 요소로 자리 잡게 된 때도 바로 이 시기다.

8년 후 무함마드는 예언자 동맹Prophet's Companions으로 알려진 대규모 군대를 소집한 뒤 쿠라이시 부족과 여러 차례 전투를 벌였다. 그런 다음 메카로 돌아갈 때에는 전투 없이 무혈입성했다. 메카에서 그는 쿠라이시 부족 지도자의 딸과 결혼했고 계속해서 아라비아 반도의 다른 부족들도 새로운 이슬람 공동체로 편입시켰다.

632년 무함마드가 세상을 떠난 뒤 그를 계승한 칼리프들은 전격적인 정복에 나서 자신들의 영역을 차근차근 확장해 나갔다. 그 결과 사상 유례없는 거대한 이슬람 제국이 형성됐다. 정복 전쟁은 매우 잔혹했다. 정복당한 지역의 주민들은 극단적인 선택을 강요당했다. 즉, 개종하거나 죽거나, 아니면 (유대교도나 기독교도인 경우에는) 납세

의무가 있는 딤미dhimmi라는 이등국민 신분을 받아들여야 했다. 대부분의 사람이 어쩔 수 없이 개종을 선택하고 성장을 거듭하는 이슬람 공동체 움마에 대량 편입됐다. 하지만 여러 면에서 이슬람 제국의 전반적인 사회심리는 핍박당한 부족의 심리를 그대로 드러냈고 내부자 대 외부인이라는 모순된 성향이 내재돼 있었다.

무함마드가 살아 있는 동안 이슬람 공동체에서는 부족적이고 민족적인 차이가 철저하게 무시당했다. 그가 세상을 떠나자 부족 간의 정쟁이 다시 불거지면서 칼리프 영토 곳곳에서 왕조의 투쟁이 벌어졌다. 쿠라이시 부족은 지배권을 주장하며 첫 번째 세 지배 왕조를 차지했다. 우마이야 왕조, 압바스 왕조, 파티마 왕조였다. 기독교 분파와 달리 수니파와 시아파의 분열은 원래 두 개의 주요 혈통 간에 벌어진 계승 전쟁에서 비롯됐다. 앞에서 이미 살펴보았듯, 그것은 본질적으로 신학적 대립에서 빚어진 싸움이 아니었다. 이처럼 고대 부족들 간 피의 전쟁이 불러일으킨 격정은 오늘날까지도 이슬람 세계를 분열시키는 원인으로 작용하고 있다.

메디나는 무함마드를 환영했다. 부분적으로는 지역 부족 지도자들이 서로 반목하는 주민들을 그의 가르침을 중심으로 결속시킬 수 있을 것이라 믿었기 때문이다. 그 같은 기대대로 이슬람교는 도시 안에서 벌어지는 각종 불화를 진정시켰으며 외부의 적들에 대항하는 구호가 됐다. 이처럼 무함마드는 애초부터 종교적 메시지를 전파하는 책임뿐만 아니라 정치 질서를 만들어내는 의무를 짊어진 채 메디나로 들어갔다고 볼 수 있다.

일신교의 경전이 완성되는 과정도 종교마다 서로 달랐다. 토라는 이스라엘 왕국이 몰락하고 나서 오랜 세월이 흐른 뒤에야 기록됐다. 기독교 교리는 근대 이전의 가장 강력한 정치 조직인 로마제국을 배경으로 몇 세기에 걸쳐 발전했다. 이와 대조적으로 이슬람의 꾸란은 종교의 태동 및 초기 정복 전쟁과 더불어 모습을 드러냈다. 실제로 무함마드의 제국이 구체적인 모습을 갖추기 시작하면서 거의 모든 구절이 책으로 편찬됐다. 따라서 이슬람에서 신앙과 권력은 처음부터 복잡하게 얽혀 있어 떼려야 뗄 수 없는 관계였다.

무함마드는 아브라함이나 예수와 결정적으로 달랐다. 그는 예언자였을 뿐만 아니라 정복자였다. 수많은 군사작전을 주도하고 침략 원정대를 이끌었다. 예언자의 언행을 기록한 권위 있는 하디스 여섯 권 중에서 무슬림이 수집하고 편찬한 《사히흐Sahih》에 따르면 무함마드는 최소한 19개 군사 원정대를 이끌었고 그중에서 여덟 번은 직접 참전했다.[2] 전쟁터에서 그는 주저 없이 폭력적인 보복을 행사하고 전리품을 즐겼다. 예를 들어, 627년에 벌어진 동맹군 전쟁Battle of the Trench 이후부터 "무함마드는 바누 쿠라이자 부족을 가혹하게 다루는 데 거리낌이 없었다. 무함마드는 부족의 남자들을 처형하고 여자와 아이들을 노예로 팔았다."[3] 이런 식으로 예언자는 점차 정복하는 족장이 됐다. 꾸란은 이렇게 선언하고 있다.

예언자여! 알라가 책임을 맡긴 전쟁의 포로들에서 노예를 취해도 좋을지니라(33장 50절).[4]

이런 구절들은 IS나 보코 하람 같은 단체들이 자신의 행동을 정당화하는 데 즐겨 이용하고 있다.

이슬람 개혁주의자의 시각에서 볼 때 이슬람교의 주된 문제점은 종교가 태동할 무렵부터 부족의 군사적이고 가부장적인 가치를 정신적 가치로 여기고 지금까지도 여전히 본보기로 삼고 있다는 점이다. 꾸란은 모든 무슬림이 신도들의 공동체인 움마를 형성할 것을 강조한다(2장 143절). 이런 공동체는 예전의 부족들이 보여 준 충성을 대신했다. 새로운 종교는 여전히 전통적인 부족의 관습들에서 벗어나지 못한 채 그것들을 종교적 가치로 지향했다. 이런 가치들은 특히 명예, 여성의 남성 후견, 가혹한 전쟁, 배교에 대한 극형 선고 등과 관계 있다. 필립 살즈만이 설명했듯, "7세기 아랍 부족 문화는 비이슬람교도에 대한 이슬람과 그 추종자들의 태도에 많은 영향을 주었다. 오늘날에도 이슬람 세계에 남아 있는 전형적인 아랍 문화와 동종의식 등은 가족관계부터 통치 방식과 전쟁에 이르는 모든 분야에 영향을 미치고 있다."[5]

이슬람이 태동하기 전에도 아랍 부족들은 원정대를 이끌고 서로 싸웠으며 불화와 반목을 거듭했다. 살즈만은 이슬람이 통합의 가치를 내세우면서도 부족의 전통적인 관습인 갈등에서 벗어나지 못하고 있었다고 말한다. 그래서 그들은 "믿지 않는 자와 전쟁의 땅 '다르 알 하르브dar al-harb'를 이슬람과 평화의 땅 '다르 알 이슬람dar al-Islam'으로 바꾸는 것을 자신들의 목표로 삼았다."[6] 이제 종족 간의 갈등과 공격은 "종교적 의무 행위인 성전 혹은 지하드로 신성화됐다."[7] 무슬림들에게 중요한 것은 최대한 넓은 영토를 정복하고 그 땅을 이슬람의 통치 아래 신성한 이슬람 율법으로 다스리는 것이었다.[8]

무함마드는 또한 무슬림 군대가 정복을 통해 얻은 전리품을 분배하는 방법에 대해서도 (부족의 형태를 고려해) 상세한 설명을 남겼다. 꾸란 8장 1절에는 그런 전리품이 정당한 것이라고 언급되어 있다. 하디스에는 부족의 정복 활동과 관련해 표준적인 규범과 상세한 설명이 가득 담겨 있다. 권위 있는 하디스 가운데 하나인 부카리가 쓴《사히흐》에는 무함마드가 이끈 군사 원정대를 묘사한 이야기가 400가지 넘게 실려 있으며 전리품의 적절한 분배를 설명한 이야기도 80가지가 넘게 게재되어 있다.[9]

이런 종족 중심주의와 관련된 다양한 유산은 이슬람이 개혁되더라도 지속될 가능성이 높다는 점에서 중요한 문제로 남는다. 종교와 정치를 분리하거나 메카와 메디나를 구분하는 것만으로는 대대로 전해 내려온 종족 규범이 낳은 문제를 해결하기 어렵다.

명예와 불명예의 역학

이슬람이 제도화한 종족 체제의 특징 가운데 가장 중요한 것은 명예라는 개념이다. 이는 자세한 설명이 필요한 개념인데, 기본적으로 가족과 명예에 대한 이해가 서로 다르기 때문이다. 종족 구조와 관련해서 유념해야 할 사항은 친족 혹은 씨족의 확장이라는 개념이다. 종족 구성원은 일부다처제와 조혼 같은 관습을 통해 빠르게 늘어난다. 특히 남자아이들은 열여섯, 열일곱 살밖에 안 되는 어린 나이에 결혼을 하므로 세대 간의 간격은 점점 줄어들고 자손의 수는 끊임없이 늘어난다. 이 같은 종족의 양상은 깊은 뿌리와 견고한 나무 등걸, 무수한 가지를 자랑하는 오래된 탈랄나무의 모습과 흡사하다. 잎들이 싹을 틔우고 자라서 떨어져도, 가지가 잘리고 새로운 가지가 그 자리를 대신하는 동안에도 나무는 견고하게 서 있다. 각각의 구성 요소는 나타났다 사라지기를 반복해도 나무 자체는 언제나 늘 그 자리를 지키고 있다. 그것이 바로 아이들에게 심어 주어야 할 가장 중요한 '가족의 가치'였다. 이런 구조 속에서는 개인의 가치를 일일이 헤아리기가 어렵다.

친족사회 내의 개인은 대체로 부족 전체의 가치로 평가받지만, 일부 구성원은 상대적으로 좀 더 가치 있는 존재로 인정받기도 한다. 젊은 남성은 친족을 보호하는 전투에 나갈 수 있으므로 어린 소녀나 늙은 여성보다 유용하다. 혼기를 맞은 여성은 아들을 낳거나 매매가 가능하기 때문에 나이 든 여성보다 가치 있다. 부족의 최대 악몽은 파괴되거나 존재 기반을 잃는 것인데, 이런 파괴의 가능성을 고려하면 가장 오래 생존하는 친족이 가장 강하다고 볼 수 있다. 그래서 부족은 유구한 가문의 역사에 자긍심을 느끼고 혈통과 관련된 수많은 이야기와 시들을 계속 읊조리곤 했다.

할머니가 내게 수백 년에 걸친 수많은 세대의 가계를 가르치고 외우게 했던 것도 바로 이런 이유에서였다. 할머니는 가문의 영광된 유산을 누리고 또 무슨 일이 있더라도 그것을 지키는 것이 젊은이들의 의무라고 내게 강조했다. 또한 나는 같은 혈통이 아닌 사람들을 늘 조심하고 경계해야 한다고 배웠다.

이슬람교가 창시되기 전, 아랍의 여러 친족들은 복잡한 상업망과 결혼동맹 등을 통해 때로는 협력하고 때로는 경쟁했다. 전투를 치를 때에도 어떤 경우에는 연합하고 어떤 경우에는 서로 맹렬히 싸웠다. 이런 사회 구조에서 씨족 내 갈등은 강한 이미지를 유지하기 위해서라도 최대한 빨리 해소되어야 했다. 내분은 곧 허약함으로 이어지고 그만큼 공격에 취약해지기 때문이다. 그들에게 명예는 대단히 중요한 개념이었다. 혈통이나 가문을 모욕하고 굴욕을 안긴 구성원에게는 반드시 처벌이 따랐다. 예를 들어, 누군가가 다른 사람의 손에 죽었다면 희생자의 아버지나 형제, 삼촌, 조카, 아들은 씨족의 명예를 지키기 위해서라도 복수해야 했다. 복수는 살인자 하나로 끝나는 게 아니라 그 가족 전체를 대상으로 이루어졌다.

루스 베네딕트가 2차 세계대전 당시의 일본을 연구한 뒤로 문화인류학자들은 인간의 행동 양식을 수치 문화와 죄의식 문화로 구분하기 시작했다. 수치 문화의 경우 사회질서는 구성원에게 주입된 명예심이나 수치심으로 유지된다. 만약 누군가의 행동이 사회에 불명예를 안긴다면 그는 처벌을 받거나 심지어 추방당한다. 죄의식 문화에서는 구성원들이 자신을 단련하도록 교육받는데, 때로는 개인의 양심이, 혹은 내세에 형벌을 받을 수 있다는 생각이 행동을 규정한다. 서구 사회는 대부분 수치 문화에서 죄의식 문화로 변모하는 천 년의 역사를 경험했다. 그 과정은 친족 구조가 점차 붕괴되는 과정과 대체로 일치한다. 유럽인들은 부족 고유의 풍습을 버리는 오랜 문명화 과정을 겪었다. 로마법에 대한 복종과 기독교로의 개종, 귀족의 권세를 제한하는 군주제 도입, 점진적인 민족국가 태동과 함께 등장한 시민권 개념과 법 앞에서의 평등이 그것이다.

이슬람이 처음으로 승리를 거머쥔 아랍 세계는 이와 유사한 변화를 겪지 못했다. 앤서니 블랙이 《이슬람 정치사상사The History of Islamic Political Thought》에서 말했듯이 "무함마드는 당시 부족사회의 필요에 꼭 맞는 새로운 일신교를 만들어냈다."[10] 성스러운 영장을 발부해 주민을 꼼짝 못하게 함으로써 부족의 규범을 영속화했다. 아랍 사람들은 자신들이 타인을 개종시키거나 세상을 정복할 임무를 가진 '선택된 사람들'이라고 생각했다. 무함마드에 따르면, 위대한 일신교를 수행하는 움마는 예언자의 가르침을 성실히 따르는 공동체나 국가를 의미했다. 유대인들은 모세 5경을 따르는 공동체였고, 기독교인들은 선지자 예수의 가르침을 따르는 공동체였다. 이슬람 공동체는 다른 모든 공동체를 대신했다. 움마 안에서 모든 무슬림은 형제이자 자매였다. 그럼에도 불구하고 이런 공동체 개념이 보다 더 오래된 혈통에서 생기는 연대의식을 대신하지는 못했다. 꾸란에는 이렇게 적혀 있다.

알라의 말씀에 따르면 혈연관계가 신도들의 형제애보다 더 긴밀한 유대관계를 지닌다(33장 6절).

그러므로 모든 개인은 알라에게 복종해야 한다는 범이슬람주의*가 정체성을 드러냈더라도 이슬람 세계에는 다분히 수치 문화의 요소가 담겨 있다고 볼 수 있다.

새로운 신앙 공동체로서 출발한 이슬람은 통일된 세계를 구축하

범이슬람주의 이슬람 세계의 통일을 지향하려는 사상과 운동을 말한다.

느냐, 아니면 수많은 조각으로 이루어진 부족사회로 돌아가느냐 하는 갈림길에 직면했다. 이런 계승의 문제를 앞두고 첫 번째로 맞은 분열은 이슬람을 거의 붕괴 직전까지 몰고 갔다. 그때부터 이슬람 세계에서 불화 혹은 불일치를 뜻하는 피트나fitna는 기본적으로 파괴를 의미하는 것으로 간주됐다. 반대는 배신이나 이단을 일컫는 개념이 됐다. 개인주의적 충동이나 성향은 통일된 대규모 공동체를 보존하기 위해서 억압되어야 마땅했다. 이슬람교가 반대자를 처벌하는 흉포한 방식에 놀라워한다면 회의주의와 비판적 사고가 그 사회에 초래할 수 있는 위협을 제대로 이해하지 못한 것이다.

과거 씨족이나 부족 사회에서는 그 사회에 불명예를 안기는 일은 혈통을 배신하는 행위로 여기고 엄격하게 다스렸다. 좀 더 규모가 커진 이슬람 사회에서도 이단에 대해서는 노골적인 불신앙을 드러내는 배교와 마찬가지로 사회를 위협하는 요소로 간주하고 사형을 선고했다. 신앙을 배신한 사람들은 완전무결한 움마를 지키기 위해서 반드시 제거되어야 했다.

언제라도 심각한 반대의 위험에 처할 수 있었으므로 이 신앙은 강력한 영향력을 행사하지 않을 수 없었다. 그중에서도 가장 큰 위력은 이슬람 세계 내에 혁신과 개인주의와 비판적 사고가 뿌리내리지 못하도록 철저하게 억압하는 것이었다. 알라의 전령이자 이슬람의 창시자인 무함마드는 흠잡을 데 없는 지혜의 근원이자 영원한 행동 규범으로서 칭송받았다. 어떤 식으로든 그의 권위에 도전하는 것은 이슬람교의 명예를 훼손하는 심각한 모욕이 됐다.

오늘날의 학계는 아랍 부족사회가 이슬람교의 발달에 어떤 영향을 미쳤는지를 제대로 논의하지 않고 있다. 전문적인 동양학자가 아니라면 자기 민족 중심적인 유산이라고 간주해 버리고 만다. 하지만 현재 중동을 비롯한 이슬람 세계는 가부장적인 부족사회의 전통과 더불어 개혁을 거부하는 이슬람교라는 최악의 유산 앞에서 점점 더 속수무책이 되어 가고 있다. 더욱이 말할 수 있는 것과 없는 것에 대한 금기(이런 금기는 폭력적인 보복에 대한 두려움으로 인해 더욱 강력해지고 있다) 때문에 이 문제들을 공개적으로 논의하기조차 어렵게 됐다.

● 신성 불가침한 꾸란

무함마드가 예언자들 가운데 독특한 인물이라면 꾸란은 경전들 가운데 전례 없는 책이다. 무슬림들은 지금도 여전히 꾸란이 마지막이자 완벽한 신의 계시이며 그 내용을 바꿔서는 안 된다고 교육받는다. 그들에게 꾸란은 글자 그대로 알라의 마지막 말씀이다.

꾸란과 몇 가지 관련 서적들은 성전을 호소하고 내세를 중시하는 이슬람 사상의 근원이 되고 있다. 여기에는 옳은 것을 강요하고 그른 것을 금지해야 한다는 개념과 이슬람 율법 샤리아의 특별한 규칙들이 명시적으로 드러나 있다. 또한 이런 개념과 규칙들이 영구적인 권한을 발휘하지 못하는 것은 그것들이 영원불멸하고 전능한 알라의 말씀이나 무함마드의 언행에 대한 믿음과 제대로 엮이지 못했기 때문이라고 역설한다. 유대교와 기독교가 지금까지 수행해 온 것과 달리 의심과 비판을 억압하고 궁극적으로 경전을 새롭게 해석하거나 현대화하지 못한다면 이슬람교는 시대착오적인 믿음과 잘못된 관행에서 영영 무슬림들을 구출할 수 없을 것이다.

꾸란에 대한 나의 첫 기억은 어머니와 할머니가 책 표지에 입맞춤하던 모습과 씻지 않은 손으로 만져서는 안 된다는 훈계, 대여섯 살짜리 어린 꼬마였던 내가 소말리아의 뜨거운 땅바닥에 앉아 있던 것에 비해 그 책은 우리보다 한참이나 높은 선반 위에 고이 모셔져 있던 광경이다. 꾸란의 구절들을 외울 때마다 나는 언제나 그것에 복종해야 한다고 배웠다. 그리고 꾸란은 "모든 만물을 설명하기 위해" (16장 89절) 이 세상에 보내진 책이라고 배웠다. 꾸란은 알라가 천사 가브리엘을 통해 무함마드에게 계시한 말씀으로, 그 계시는 무함마드가 메카에서 살던 때에 시작되어 메디나로 이주할 때까지 계속됐다. 가브리엘은 알라의 말씀을 하나씩 무함마드에게 전했고, 무함마드는 필경사들 앞에서 그 말씀을 암송했다. 그래서 이슬람 정통 신앙(급진적인 이슬람이 아니라 주류 이슬람의 원칙)은 꾸란이 알라의 말씀 그 자체라고 주장한다. 이런 이유에서 조금이라도 꾸란을 의심하는 것은 이단 행위로 비난받았다.

내가 어린 시절에 접한 알라는 불의 신이었다. "알라의 적들이 모두 지옥불에 떨어지는 심판의 날에 그들의 뜻과 달리 그들의 눈과 귀, 피부가 그들의 행동을 반증할 것이니라"라는 말이 꾸란 41장에 적혀 있다. 111장에는 이슬람을 완강하게 거부한 무함마드의 삼촌 아부 라합에 대해 이렇게 적혀 있다.

그는 곧 솟구치는 화염에 떨어지게 될지어다! 그의 아내가 타닥거리는 장작을 옮겨 올 것이고, 종려나무 잎들로 꼬아 만든 밧줄이 그의 목에 둘러쳐질 것이니라!

불은 꾸란에 되풀이해서 등장하는 이미지로, 밤에 텐트 밖에서 타닥거리는 불길을 연상시켰다. 뜨거운 사막과 불 같은 태양의 열기는 나를 포함한 많은 아랍인들에게 불의 형벌을 매우 생생하게 각인시켰다. 어머니는 지옥불을 언급할 때마다 부엌에서 타오르는 화로를 가리켰다.

"이 불이 얼마나 뜨거운지 알아? 이제 지옥을 떠올려 봐. 거기서 타오르는 불꽃은 훨씬 더 뜨겁지. 순식간에 너를 집어삼키고 말 거야."

그런 상상 때문에 내 여동생은 밤마다 악몽에 시달렸다. 내가 알라의 뜻에 복종하기 위해 갖은 애를 썼던 것도 결코 놀랄 일은 아니다.

나중에 나는 이슬람교의 알라가 기독교의 하느님이나 유대교의 야훼와 다른 점이 무엇인지 알게 됐다. 알라는 길고 품이 넉넉한 겉옷을 걸치고 하얀 수염을 기른 것으로 묘사되는 자애로운 아버지 같은 인물이 아니다. 사실 이슬람교는 알라도, 무함마드도 특정한 물리적 형태로 묘사되는 것을 원하지 않는다. 중세 성당의 모자이크나 르네상스 시대 교회의 프레스코화와 달리 이슬람 대사원의 예배당은 어디에서도 인간의 이미지가 발견되지 않는다. 오로지 커다란 화초나 조형물로 꾸민 기하학적인 장식품들만 보일 뿐이다.

이처럼 추상적인 알라는 하나밖에 없는 유일신으로 최고의 자리를 지키고 있다. 이슬람교에는 예수 같은 신의 아들이나 성령의 개념이 없다. 다른 신이나 존재를 알라와 연관 짓는 행위는 쉬르크shirk*로 간주되어 심각한 범죄의 하나로 비난받는다. 일부 학자에 따르면 사형에 처해질 수도 있는 중죄다. 꾸란에는 다음과 같이 명시되어 있다.

알라는 어떤 자식도 두지 않았고, 그의 지배 안에는 어떤 동반자도 있을 수 없느니라(25장 2절).

이슬람교에서 예수는 노아나 아브라함처럼 구약성서에 등장하는 주요한 예언자들 가운데 하나로 인식될 뿐이다. 이와 달리 무함마드는 마지막이자 가장 위대한 예언자로 나타나며 꾸란은 신이 전한 마지막 말씀의 책이라고 설명된다. 이슬람의 가르침에 따르면 무함마드를 포함해 지금까지 알려진 모든 예언자는 보이지 않는 세계로 통하는 창문을 열어 준 인물들이다. 무함마드가 세상을 떠나자 그 문은 세상이 끝나는 심판의 날까지 닫혀 있을 것으로 선언됐다. 따라서 무함마드는 신이 계시한 마지막 말씀의 전령이었다.[11]

마찬가지로 신자들에게 요구하는 알라의 원칙은 가령 "너희 이웃을 사랑하라"라는 말이나 신과 유대인들 사이에 맺은 약속, 간음에서 살인까지 삶의 모든 규범을 다룬 십계명 같은 광범위한 도덕률처럼 간곡한 권고 수준이 아니다. 이슬람은 신자들에게 다섯 가지 종교적 의무를 지키도록 명령한다. 그리고 모든 의무 사항에 대해 다음과 같은 말로 신자들이 이슬람 신앙과 규칙에 복종해야 한다는 것

쉬르크 알라를 다른 신과 나란히 놓는 결합 혹은 비유의 죄를 일컫는다.

을 강조한다.

1. 알라는 유일신이며 무함마드는 그의 예언자임을 믿어라.
2. 하루에 다섯 번 기도하라.
3. 신성한 아홉 번째 달 라마단 기간에 날마다 단식하라.
4. 자선을 베풀어라.
5. 가능하다면 일생에 한 번은 메카로 순례 여행을 떠나라.

이슬람 경전은 구체적인 내용 면에서도 다른 경전과 근본적으로 다르다. 그것은 전능하신 알라의 신성한 힘만 적극 강조할 뿐, 인간의 자유의지에 대해서는 거의 언급하지 않는다. 꾸란에는 "신은 누구든 그릇된 길로 인도할 수도 있고 옳은 길로 이끌 수도 있다"고 적혀 있다. 심지어 알라는 선을 창조한 것처럼 악을 만들어냈다는 암시도 있다. 이와 관련, 25장에는 "알라는 모든 만물과 존재를 창조하고 그것들의 적절한 비율을 정해 놓았다"고 적혀 있다. 이는 개인의 운명이나 미래가 이미 정해져 있다는 것을 암시한다.[12]

물론 이런 개념은 기독교의 성경에서도 찾아볼 수 있다. 예를 들어, 장 칼뱅은 하느님이 선택할 자와 버릴 자를 이미 정해 놓았다는 이중 예정론double predestination을 주장했다. 차이가 있다면 기독교는 전 역사를 통틀어 전능한 신과 인간의 힘 사이에 존재하는 연관성에 대한 격렬한 논쟁이 끊이지 않았다. 하지만 이슬람 역사 초기에 이루어진 논쟁은 결국 종교적 결정론을 옹호하는 자들의 승리로 막을 내렸다.[13] 그때부터 이런 문제에 대한 논쟁은 철저하게 제지당했고, 열성분자들은 결정론에 이의를 제기하는 게 이단까지는 아니더라도 쉬르크에 해당한다고 주장했다.

아마도 꾸란의 독특한 지위가 지니는 가장 큰 문제는 폭력적인 메디나 무슬림들이 이 경전을 통해 자신이 하는 모든 일을 정당화하려 든다는 사실일 것이다. 알 카에다의 배후 조종자 아이만 알 자와히리와 마찬가지로 한때 이슬람 테러 조직을 주도하다가 지금은 이슬람 개혁을 주장하며 새로운 세대로 활동하고 있는 타우픽 하미드는 이렇게 말했다.

"IS는 꾸란 9장 29절을 글자 그대로 해석해서 자신들의 일을 정당화하는 데 이용하고 있다. 그 내용은 '알라나 마지막 심판의 날을 믿지 않는 사람들, 알라와 그의 예언자가 불법으로 정해 놓은 것을 불법으로 간주하지 않는 사람들, 진실의 종교를 채택하지 않는 사람들과 싸워라. 그들이 굴욕감을 느끼며 이슬람 당국에 지즈야[●]를 낼 때까지 싸워라'이다."¹⁴

하미드는 이슬람 법학의 네 개 주류 학파가 다음과 같은 주장에 동의한다는 점에 주목했다. 즉, 앞서 언급한 꾸란 구절은 무슬림들이 비무슬림들과 싸워야 하며 그들에게 이슬람으로 개종하든지, 지즈야라는 굴욕적인 세금을 내든지, 아니면 죽든지 세 가지 선택안을 주어야 한다는 주장이다. 그런 다음 그는 이렇게 덧붙였다.

"꾸란에 대한 모든 공인된 해석을 연구한 결과, 대부분 그 같은 폭력적인 결말을 입증하고 있었다. 무슬림들이 꾸란을 이해하기 위해

지즈야 정복당한 이교도들이 자신의 신앙을 유지하는 대가로 바치는 세금이다.

무함마드와 꾸란

주로 찾아보는 25개의 꾸란 해석 혹은 해설은 그들이 앞의 구절을 폭력적으로 이해하고 있다는 사실을 보여 준다."[15]

마지막으로 하미드는 이슬람 세계에도 분명히 '온건한 무슬림들'이 존재하지만 "저명한 이슬람 학자들이 IS의 폭력적인 견해와 대립하는 평화로운 신학을 제기할 때까지" 그들이 활약할 수 있는 여지는 많지 않을 거라는 결론을 내렸다.[16]

이슬람이라는 이름으로 자행되는 폭력이 너무도 자주 꾸란을 근거로 정당화되는 현실을 타파하기 위해 무슬림들은 그들의 경전에 대한 비판적 사고와 반성에 적극 나서야 할 필요가 있다. 그런 사고는 꾸란의 인간적 특성과 수많은 내적 모순을 인정할 때에야 비로소 가능하다.

● 텍스트로서의 꾸란

성경이 오랜 세월 면밀한 검증을 거치는 동안 무슬림들은 꾸란에 대한 과학적이고 고고학적인 원문 분석과 검토에 거의 관심을 기울이지 않았다.[17] 종교적 믿음을 존중한다고 해서 꾸란이 어디에서 영향을 받았는가 하는 비판적 판단을 유보하라는 의미는 아닐 것이다.

사실 꾸란이 초기에 어떻게 구성됐는지에 대해서는 명확히 알려진 게 거의 없다. 꽤 최근까지 관련 조사도 제대로 이루어지지 않았다. 꾸란을 연구해 온 서구 학자들 가운데에는 지금까지 이슬람교에 대해 알려진 내용과는 다른 주장을 조심스럽고 냉정하게 제기한 사람들이 있다.[18] 초기 이슬람 역사에 대해 좀 더 비판적 접근을 시도한 학자들 가운데 한 사람으로 존 웬스브로가 있다. 그는 기존에 알려진 이야기에 이의를 제기했는데, 1970년대에 발표한 두 권의 책에서 이슬람교는 원래 유대계 기독교 종파였다고 주장했다.[19]

근동 전문 교수로 시카고대학교에서 연구 중인 프레드 도너에 따르면 꾸란은 원래 구두로 전해 내려오다가 기록된 책이며 무함마드가 죽은 뒤 몇 년 동안의 역사는 "명확하지 않다." 또한 현재 남아 있는 다양한 고대 필사본은 초기 꾸란에 등장하는 이야기가 "결코 일관되지 않음"을 보여 준다. 앞서 언급한 9장 29절이 실린 초기 꾸란은 아부 바크르 칼리프 시기에 만들어진 것일 수도 있고, 우마르 칼리프 시기에 작성된 것일 수도 있지만 "그것이 완전한 것인지, 공식적으로 인정을 받았는지는 (중략) 명확하지 않다."[20] 꾸란이 하나의 공식적인 텍스트로 결정된 것은 우스만 칼리프 시기(644~656년)다. 우스만은 공식 텍스트와 상충되는 다른 꾸란은 모두 폐기하라고 명령했다.[21] 하지만 쿠파라는 도시에서 무함마드를 따르던 무리 가운데 한 사람인 압달라 마수드는 우스만의 명령을 거부했다. 오랜 이슬람 전통을 살펴보면 오늘날 우리가 알고 있는 꾸란이 초기 꾸란과 다르다는 사실을 알 수 있다. 우마르 칼리프는 "상당히 많은 꾸란 버전이 사라졌으므로" 그것에 대해 전부 안다고 말하지 말라고 무슬림들에게 경고했다.[22]

서구 연구자들은 꾸란의 형성에 대해 몇 가지 이론을 발전시켰다. 귄터 륄링은 기독교 관련 문서들 역시 이슬람교에서 내세우는 새로운 의미와 초기 꾸란 구절들에서 영향을 받았을 것이라고 믿고 있다. 뢰링이 볼 때 꾸란은 고대의 수많은 편집자들이 편찬한 종교적 문서들의 합작품일 뿐이었다. 게르트 푸인은 예멘에서 발견된 고대 필사본들을 연구한 뒤 꾸란은 "여러 문서들의 혼합물"이며 그중 일부는 무함마드보다 한 세기 정도 앞서 기록됐다는 결론에 도달했다.[23] 크리스토프 룩센버그라는 필명을 사용한 한 학자는 언어 분석을 토대로 분석한 결과, 꾸란이 처음 기록된 때와 마지막으로 수정, 편집된 때 사이에는 한 세기 반이라는 격차가 존재하며, 그사이 변화 과정을 거쳐 오늘날 알려진 꾸란의 형태가 정착됐다는 이론을 제시했다.[24] 한편 도너는 또 다른 가능성을 제시했다. 꾸란은 아라비아 반도의 수많은 공동체에서 나온 서로 다른 종교적 문서들의 혼합물일 가능성이 있다는 주장이다. 확실히 철자법상으로도 꽤나 다양한 표기를 볼 수 있는데, 이는 꾸란에 여러 버전이 있었다는 것을 암시한다.[25]

그렇다면 사람들에게 꾸란 같은 문서를 편찬하도록 이끈 동기는 무엇이었을까? 말리스 루스벤은 다음과 같은 수정주의적 이론을 제기했다.

이슬람 종교 단체들은 아랍 정복이라는 명분을 강화하기 위해 등장했고 적어도 무함마드 시대보다 2세기는 흐른 뒤에야 나타났다. 이런 주장은 자신이 정복한 민족들의 선진적인 종교와 문화에 흡수될 것을 우려한 아랍 민족이 그들의 정체성을 유지하는 데 도움이 될 만한 종교를 두루 찾았다는 것을 의미한다. 그 과정에서 아랍 민족은 고대 아라비아의 예언자로 알려진 인물에게로 눈을 돌리게 됐고, 아랍 민족을 위해 모세의 율

법을 재확인한 사람이 바로 무함마드라고 간주하게 된 것이다.[26]

루스벤은 만약 수정주의 이론이 맞다면 이것으로 이라크의 일부 사원에 있는 끼블라_qibulas* 벽이 왜 메카가 아니라 예루살렘을 향하는지를 설명할 수 있다고 말했다.[27] 이 밖에도 다른 증거들이 이런 후기 저작 논란을 간접적으로 뒷받침해 준다. 자유주의 성향을 지닌 캐나다 이슬람 단체의 창립자 타렉 파타는 무함마드와 관련된 이야기(유대 부족이 메디나에서 이슬람 군대에 항복했을 때 예언자가 600~800명에 달하는 전쟁 포로의 목을 친히 베었다는 전설)가 사실은 그 사건이 일어났다고 알려진 때(627년)보다 200년이나 지난 후에 무슬림 통치자들이 지어낸 것일지도 모른다고 주장했다(이 이야기는 꾸란에도 나오지 않는데, 예언자의 삶이 그의 사후에 얼마나 쉽게 윤색될 수 있는지를 여실히 보여 주는 예다).

이 모든 정황 증거를 고려할 때, 오늘날 알려진 꾸란의 내용을 구성하는 데 인간의 영향이 개입되었다는 점을 부인하기는 매우 어려워 보인다. 그런데도 파키스탄 기자였던 아불 알라 마우두디를 포함한 이슬람 사상가들은 꾸란이 예언자에게 계시된 당시와 똑같이 글자 하나도, 점 하나도 빠진 것 없이 그대로 전해져 왔다고 단호하게 선언했다.[28] 바로 그런 주장이 주류 무슬림들의 교리로 이어져 왔던 것이다.

모든 필사본은 모순이 있게 마련이다. 꾸란도 예외가 아니다. 하지만 이슬람은 여러 모순을 해결한 교리라고 공표함으로써 꾸란이 신

끼블라 무슬림들이 기도 의식 때 향하는 방향을 의미한다.

의 직접적인 계시라는 믿음을 지켜낸 유일한 종교로 등극했다. 이와 관련해 레이먼드 이브라힘은 이렇게 주장했다.

"주의 깊은 독자라면 꾸란에 모순되는 구절들이 많이 등장한다는 것을 알 수 있을 것이다. 꾸란은 평화적이고 관대한 내용들이 폭력적이고 편협한 내용들과 거의 나란히 배열돼 있는 특이한 방식을 취하고 있다. 이슬람 학자들은 처음에 어떤 구절들을 샤리아의 세계관으로 성문화해야 할지 알 수 없었다. 예를 들면, 종교에는 강제가 없다는 사실을 말하는 구절(2장 256절)이 있는가 하면, 신자들에게 비무슬림들이 개종하거나 이슬람에 복종할 때까지 싸울 것을 지시하는 구절들(8장 39절, 9장 5절, 9장 29절)이 있다."[29]

이런 모순들을 설명하기 위해 이슬람 학자들은 '폐기abrogation'라고 알려진 교리를 발전시켰다. 그것에 따라 알라는 옛것을 대체하는 새로운 계시를 발표하기에 이른다.

전쟁과 평화에 대한 특별한 명령을 예로 들어 보자. 이어지는 계시는 독특한 양상을 보인다. 초기 메카 시기에는 침략자에게 대항하는 소극적인 태도를 책망했다. 그러다가 공격에 맞서 싸울 것을 허락하고, 다음에는 적극적으로 싸우도록 촉구하고, 마지막에는 모든 비무슬림과 대결할 것을 명령했다. 비무슬림들이 침략자든 아니든 상관없이 말이다. 점차 격렬해지는 공격성은 무엇을 의미할까? 아마도 초기 이슬람 공동체의 권세와 군사력이 점점 커졌다는 것을 의미할 것이다. 하지만 정통 무슬림 학자들은 이런 변화가 우연히 발생한 게 아니라고 주장한다.

이븐 살라마는 '검의 구절'로 알려진 꾸란 9장 5절이 메카 시절의 좀 더 평화로운 의미를 담은 구절을 폐기해 버렸다고 주장했다.[30] 강제 개종과 관련된 구절들도 마찬가지다. 이브라힘은 이렇게 설명했다.

"알라는 예언자에게 '종교에는 강제가 없다'(2장 256절)고 전하다가 예언자가 점점 더 강한 모습을 보이자 이슬람이 최고가 될 때까지 총력전 혹은 성전을 촉구하라는 새로운 계시를 내렸다(8장 39절, 9장 5절, 9장 29절)."[31]

주류 이슬람 법학은 검의 구절들(9장 5절, 9장 29절)이 관용과 동정과 평화를 요구하는 구절들을 폐기하고 취소하고 대체했다는 입장을 계속 고수하고 있다.[32] 이 같은 원칙은 무함마드의 개인적 행동에서 나타나는 결점과 모순에도 적용된다. 예를 들어, 무함마드가 쿠라이시 부족의 불명예스러운 행동에 분개하기보다는 그들과 맺은 조약을 파기하는 쪽을 선택했다는 의견은 서구 학자들과 언론인들에 대한 위협과 폭력으로 이어졌다. 결국 목적은 꾸란을 비판과 질책에서 벗어나게 하려는 데 있기 때문이다.

물론 꾸란이 이슬람교의 유일한 텍스트는 아니다. 꾸란 외에도 무함마드의 언행과 가르침, 그가 따른 관습과 무슬림들에게 남긴 모범적인 사례들, 삶에 대한 여러 의견을 기록한 하디스가 있다. 꾸란과 하디스는 무함마드를 따르던 무리와 부인들을 포함해 그를 알았던 모든 사람들이 구술하거나 기록한 책이다. 따라서 그 기원과 그 책들이 나오기까지 인간이 미친 영향에 대해 좀 더 많이 알고자 하는 것은 충분히 이해할 수 있는 일이다. 다음은 꾸란과 관련해 제기되는 주요한 질문들이다.

- 꾸란은 유대교와 기독교의 경전에서 어떤 요소를 모방했는가?

- 무함마드가 현재 꾸란으로 알려진 책에 기여한 요소는 무엇인가?

- 꾸란을 구성하는 데 도움을 준 개인이나 단체는 누구인가?

- 무함마드 사후에 꾸란에 추가된 내용은 무엇인가?

- 초기 꾸란에서 삭제되거나 바뀐 부분은 어떤 것인가?

이런 질문의 답을 찾기는 쉽지 않지만 우리는 이런 질문을 제기할 의무가 있으며, 무슬림이든 비무슬림이든 해답을 찾아 고심하는 사람들의 삶과 자유를 보호해야 한다.

현대적인 방법을 동원해 꾸란 연구에 매진하고 있는 사람으로 베를린자유대학교 교수 안젤리카 노이비르트가 있다. 노이비르트가 주도하는 연구 프로그램은 브란덴부르크 과학 및 인문학 아카데미 사업에 묶여 있어 프로그램이 완성되려면 아마도 수십 년은 걸릴 것으로 보인다.[33] 꾸란을 분석하는 작업은 유대교와 기독교의 경전을 연구하는 일과는 분명히 다르다. 두 독일 연구원이 예멘을 여행하며 오래된 꾸란 필사본들을 사진 찍자 예멘 당국은 그들이 찍은 사진을 압수했다. 외교관들이 나서서 빼앗긴 사진들을 대부분 찾아왔지만 그 사건은 예상치 못한 반응을 불러일으켰다. 누군가가 〈예멘 타임 Yemen Times〉에 보낸 편지에 이런 말이 적혀 있었다.

그 학자들이 더 이상 꾸란 문서에 접근하지 못하도록 보안에 신경 써주시기 바랍니다. 알라여, 적들로부터 그것을 보호하소서.[34]

꾸란에 사용된 언어는 많은 무슬림들에게 여전히 신성한 것으로 받아들여지고 있는 아랍어다. 꾸란을 외국어로 옮기는 것을 받아들이느냐 하는 문제에 대해서는 지금까지도 논란이 끊이지 않고 있다. 그중에서 한 가지 이유를 들자면, 성경과 달리 꾸란은 암송해야 한다는 문제가 있다. 이슬람 학자인 마이클 쿡이 표현한 것처럼 "무슬림들은 꾸란을 읽지 않고 암송한다." 총 7만 7,000개의 단어, 대략 6,200개의 구절로 이루어진 꾸란을 하나하나 마음속에서 아로새겨야 하기 때문인데, 쿡은 이를 일컬어 "매일매일 일상 속에서 신의 말씀으로 내면을 채우는 과정"이라며 "서구에서 생활하는 사람들은 상상하기조차 어려울 것"이라고 말했다.[35] 예를 들어, 19세기 초 카이로에서는 중상류층이 갖는 모임이나 회합에서 꾸란을 암송하는 모습이 자주 목격됐다. 대개 서너 명이 매우 능숙하게 꾸란을 암송했는데, 길게는 아홉 시간 정도 계속되기도 했다. 손님들이 자유롭게 드나드는 가운데 꾸란 암송은 끊이지 않았다.

이런 모습은 다른 일신교 경전과 또 다른 중요한 차이를 보여 준다. 물론 토라나 성경에 나오는 몇 가지 이야기를 참조했지만, 꾸란은 명백히 이야기를 들려주는 텍스트가 아니다. 꾸란은 문학으로 읽히는 글도 아니다. 성경에 나오는 장면들이 미켈란젤로의 시스티나 예배당 천장화나 레오나르도 다 빈치의 〈최후의 만찬〉 같은 예술 작품으로 승화된 것과 달리, 꾸란에 나오는 장면들은 어떤 식으로든 묘사되기 어렵다. 꾸란에는 성경처럼 복수의 화자가 있는 것도 아니다. 오히려 시종일관 하나의 목소리에 의존한다. 기본적으로 암송자가 유일한 통로 역할을 하는 것이다.

꾸란을 암송하는 것이 어떻게 그 텍스트를 사회 깊숙이 심어 넣었는지를 비무슬림에게 설명하기란 쉽지 않다. 예를 들어, 20세기 중반에 대중교통을 이용하던 평범한 이집트인들은 전차를 타고 이동하는 동안 조용히 입을 움직여 꾸란을 읊조리곤 했다.[36] 내 어린 시절의 기억도 또렷하다. 가족 중 누군가가 아프거나 죽어 갈 때(유방암에 걸린 이모처럼) 침대 옆에서는 꾸란을 암송하는 소리가 계속 이어졌고, 그 소리가 환자를 치유할 수 있을지도 모른다는 믿음이 있었다. 하지만 꾸란 암송을 기독교의 기도에 비유하는 것은 상황을 제대로 이해하지 못한 것이다. 꾸란 암송은 신의 말씀을 소리로 표현하는 것일 뿐, 신에게 간구하고 호소하는 것이 아니기 때문이다.

● 꾸란은 폭력을 부추기는가

꾸란이 아픈 사람을 치유하는 데에만 사용되었다면 이슬람 개혁의 필요성이 지금보다는 덜했을 것이다. 하지만 안타깝게도 우리가 지금도 목격하고 있듯이 꾸란은 이단자에 대한 전면전을 선언하고 폭력 행위를 정당화하는 데에도 널리 인용되고 있다.

휴스턴의 라이스대학교에서 종교를 연구하는 데이비드 쿡 교수에 따르면 꾸란에는 "지하드라는 단어의 뿌리 혹은 파생어가 전투(2장 218절, 3장 143절, 8장 72절, 74장 75절, 9장 16절, 20장, 41장, 86장, 61장 11절) 혹은 전사(무자헤딘mujahidin, 4장 95절, 47장 31절)와 관련해서 매우 자주 등장한다."[37] 쿡 교수는 많은 꾸란 구절들이 "지하드의 특성을 분명하게 규정하는데, 대다수가 '알라를 향하는 길을 믿고 따르고 싸우는 사람들'을 지칭한다"고 강조했다.[38] 이슬람 역사 발전 과정에서 "무력 투쟁, 다시 말해서 정복 전쟁이 처음 벌어지고 난 후에는 지하드라는 용어에 새로운 의미가 추가됐다."[39]

사실 폭력과 잔혹성을 드러내는 이야기는 토라와 성경에도 종종 등장한다. 다윗 왕의 딸 타말이 이복형제에게 강간당했을 때 다윗이 그를 벌하지 않았기 때문에 타말은 수치를 당한 채 버려졌다. 그럼에도 불구하고 오늘날 탈무드와 성경을 연구하는 학자들은 경전 속의 근친상간에 대해 별다른 비난을 가하지 않는다. 대신에 그들은 타말에 대한 애도와 강간에 대한 혐오감을 표현하거나 그 사건이 그 후 다윗 가문을 어떻게 추악한 가계사로 몰고 가는지 보여 줄 뿐이다. 이것을 현대 이슬람 학자들의 사례와 비교해 보자. 그들은 무함마드가 여섯 살짜리 여자애를 아내로 맞은 뒤 아이가 아홉 살이 되자 첫날밤을 치르는 이야기를 예로 들어 오늘날 이라크와 예멘에서 벌어지는 조혼 풍습을 정당화한다.

그 밖에도 꾸란을 글자 그대로 해석해 시리아와 이라크에서 벌어지는 유혈 전투에 의미를 둔다. 수니파와 시아파 투사들은 자신들이 7세기에 예언된 전투(하디스에 나오는 이야기로, 시리아에서 커다란 두 군대가 충돌할 것이라는 내용이다)에 참전한 것이라고 믿고 있다. 수니파 성전주의자인 아부 오마르는 2014년 로이터통신 기자에게 이렇게 설명했다. "만약 모든 무자헤딘이 아사드•와 싸우기 위해 전 세계 곳곳에서

아사드 시리아 대통령 바샤르 알 아사드를 일컫는다.

모여들었다고 생각한다면 오산이다. 그들은 예언자의 약속대로 이곳에 있는 것이다. 이것은 예언자가 약속한 바로 그 대전투다."[40]

한 수니파 반군 전사는 이렇게 말했다.

"이곳에는 러시아, 미국, 필리핀, 중국, 독일, 벨기에, 수단, 인도, 예멘 등에서 온 수많은 무자혜딘이 있다. 그들이 이곳에 있는 이유는 바로 이곳이 예언자가 언급하고 약속한 대전투가 벌어지고 있는 현장이기 때문이다."[41]

마찬가지로 보코 하람의 지도자는 나이지리아 여학생 276명을 납치해 노예로 팔아먹은 행위를 변명하기 위해 꾸란을 인용했다.

⁝ 이성과 꾸란

무함마드와 꾸란이 이 세상에서 저질러진 그토록 많은 악행에 정당성을 제공한다면 예언자와 그 경전에 이성이라는 도구를 적용하는 목적은 학문적 관심 이상이 되어야 한다. 문제는 인간의 이성을 옹호해야 할 이슬람 학자들이 교리를 둘러싼 갈등과 싸움에서 오랫동안 패배를 경험했다는 것이다. 7세기에서 9세기까지 이어지는 동안 합리주의자들은 직역주의자들과의 싸움에서 패배했다. 합리주의자들은 이슬람 교리에 이성에 기초한 원칙만을 적용하고자 했다. 전통주의자들은 인간의 지성이 "결함이 많고 너무 쉽게 변한다"고 주장하며 반기를 들었다.[42]

10세기에 이르자 이슬람 교리의 핵심을 바꾸는 일은 훨씬 어려워졌다. 당시에는 여러 법률대학의 법학자들조차 모든 본질적인 문제가 해결됐고 새로운 해석을 허용하는 것은 더 이상 생산적이지 못하다고 결론을 내렸다. 이로써 '이즈티하드의 문'이 폐쇄됐다는 소식이 퍼져 나갔다. 그렇다고 재해석의 문호가 갑자기 쾅 하고 닫힌 것은 아니었다. 그것은 점진적으로 이루어졌다. 하지만 일단 문이 닫혔다면 다시 열리는 것은 불가능한 일이었다. 스탠퍼드대학교의 크리스티나 펠프스 해리스 교수는 그런 폐쇄의 영향을 "변경할 수 없는 엄격한 법률적 체계"의 탄생이라고 간단히 설명했다.[43]

이 과정에서 핵심적인 역할을 한 인물은 1111년에 사망한 아부 하미드 무함마드 이븐 무함마드 알 가잘리였다. 알 가잘리는 고대 그리스 시대의 철학자들을 혐오했다. 그는 인간의 이성을 이슬람의 암적 요소라고 생각했다. 그가 쓴 책 중 가장 유명한 것으로는 고대 철학자들의 주장을 공격하고 부인한 《철학자들의 모순Incoherence of the Philosopher》을 꼽을 수 있다. 알 가잘리는 그들의 논리와 주장을 반박하며 전지전능한 신이라는 전제를 못 박았다. 알라는 하늘과 땅에 존재하는 가장 작은 조각까지 꿰뚫고 있다는 것이다. 또 알라는 모든 것을 알고 모든 것에 책임이 있는 존재로서 세상 만물의 이치와 모든 존재의 행동을 이미 결정해 놓았다는 것이다. 심지어 어떤 화살이 과녁을 뚫을지 말지, 누가 손을 흔들지 말지까지 말이다. 따라서 알 가잘리는 "신에 대한 맹목적인 복종이야말로 이슬람에 대한 최고의 증언"이라고 썼다. 알 가잘리의 이런 생각에 동의하지 않은 이븐 루슈드 같은 학자들은 추방당하거나 보다 심한 처분을 받았다.

900년의 세월이 흘렀지만 많은 무슬림들이 지금도 여전히 알 가잘리를 무함마드 다음가는 인물로 추앙하고 있다. 그는 거의 모든 질문에 관례적인 대답만을 내놓았다. 한결같이 '알라의 뜻이라면' 혹은 '만사가 계획대로라면'을 의미하는 "인샬라Inshallah"였다. 알 가잘리가 주장한 관념이 가장 최근에 전성기를 맞은 것은 보코 하람(이 이름에는 비무슬림 교육을 금지한다는 뜻이 있다)과 IS, 동남아시아의 이슬람 테러 조직인 제마 이슬라미야 같은 단체에서 가르침을 전할 때였다. 이들은 알 피크르 쿠프르al-fikr kufr 원칙을 고수했다. 이는 사고fikr라는 행위(사고, 교육, 이성, 지식의 통칭이다)가 배교자kufr를 만든다는 주장이다. 탈리반 종교경찰은 그들의 선전용 현수막에 이렇게 써 놓았다.

이성은 개에게나 던져 주어라. 그것에선 악취가 진동한다.[44]

사실 이슬람을 규정하는 과정에서 알 가잘리와 그의 동료들이 부패를 표현할 입장은 전혀 아니다. 전 세계 무슬림들은 '진정한' 이슬람이 어떻게 극단주의자들의 손에 장악됐는지를 밝히는 것에 그쳐서는 안 된다. 폭력을 유인하는 요소가 자신들이 숭배하는 경전에 포함돼 있다는 사실을 인정하고 그 신앙을 재정립하는 데 적극적인 책임을 떠안아야 한다.

변화의 과정에서 가장 중요한 첫걸음은 예언자 무함마드가 인간임을 받아들이고, 이슬람의 성스러운 텍스트를 창조하는 데 기여한 인간의 역할을 인정하는 것이다. 무슬림들이 꾸란은 바꿀 수 없는 신의 말씀이고 절대로 오류가 없으며 그것이 제시하는 명령이나 경고는 신자들이 선택적으로 지켜야 하는 것이 아니라고 말할 때, 우리는 지식과 과학의 힘으로 그들에게 반박하고 그것이 진실이 아니라고 주장할 수 있어야 한다.

이슬람 교리는 개조할 수 있다. 꾸란의 특정 부분들은 실제로 폐기되기도 했다. 따라서 메디나 시기에 쓰인 호전적인 구절들에 중점을 두어야 한다고 주장할 이유는 전혀 없다. 무슬림들이 자신의 종교가 평화의 종교가 되기를 바란다면 무엇보다 먼저 호전적인 구절들을 폐기해야 한다. 이는 배교죄로 1985년 수단에서 처형당한 마흐무드 무함마드 타하가 제안한 일이기도 하다.[45]

이슬람교도의 폭력성을 뒷받침하는 이념적인 근거를 무너뜨리는 다음 단계는 내세에 대한 염원 속에서 살아온 무슬림들을 설득해 현세의 삶에 더욱 충실하도록 이끄는 것이다. 죽음을 다음 세상으로 향하는 통로로 적극 받아들이지 못하도록 그들을 인도해야 한다.

죽음을 사랑하는 사람들

삶의 목표가
되어 버린 내세

2014년 10월 4일, 시카고 오헤어국제공항에서 미국 태생의 십대 3명이 FBI에 체포됐다. 각각 열아홉 살, 열여섯 살인 형제와 열일곱 살 누이는 터키로 날아간 뒤 그곳에서 시리아 국경을 넘어 IS에 가담할 예정이었다. 세 남매는 부모에게 편지를 써 놓고 집을 떠났다. 그들의 부모는 인도에서 미국으로 이주해 온 독실한 이슬람교도였다. 맏이인 무함마드 함자 칸은 "무슬림들은 너무 오랫동안 제국주의자들의 발아래 짓밟혀 왔다. 미국은 이슬람과 무슬림을 공개적으로 비난하거나 반대하고 있다"면서 자신은 더 이상 "이런 추악한 땅에서 자손이 살아가는 것을 원치 않는다"고 덧붙였다.[1] 그의 여동생은 부모에게 이런 편지를 남겼다.

죽음은 불가피해요. 우리가 지금까지 누린 모든 시간은 죽음에 다다르는 순간에 비하면 아무것도 아닐 거예요. 죽음은 약속이어서 우리는 더 이상 지체하거나 연기할 수 없어요. 결국 우리가 죽음을 준비하며 한 일만이 중요할 거예요.

그런데 매우 역설적이게도 그토록 죽음을 찬양한 글을 적어 놓은 소녀는 의사의 꿈을 키우고 있었다. 형제들과 마찬가지로 소녀도 성장하는 내내 사립 이슬람학교를 다녔다. 그곳에서 꾸란을 익히는 데 뛰어난 재능을 보였던 소녀는 꾸란을 전부 암기한 이슬람교도에게 주어지는 '하피즈Hafiz'라는 칭호를 얻었다.

다시 말해, 이들 남매가 IS에 들어가기로 결정한 것은 이슬람교에 대해 아무것도 몰라서가 결코 아니었다. 하물며 꾸란에 대한 무지의 결과는 더더욱 아니었다. 이들의 선택을 가난과 사회적 박탈감, 제한된 기회 탓으로 돌릴 수도 없다. 남매의 가족은 쾌적한 시카고 교외에서 살았고 아이들은 사립학교에 다녔으며 모두들 컴퓨터와 휴대전화를 가지고 있었다. 다만 가족 간의 관계를 중시하는 전형적인 가정에서 볼 수 있듯, 그들의 부모는 큰애가 여덟 살이 됐을 때 "아이들의 순수함을 지켜주고 싶은" 마음에 집에서 TV를 없애 버렸다.

이 같은 선택은 오늘날 이슬람 철학, 특히 서구의 가치에 대한 경멸에서 직접적으로 영향을 받은 결과다. 지역 이슬람 공동체 지도자이자 시카고 로욜라대학교에서 신학을 가르치는 오메르 모자파르는 무슬림 부모들이 미국인과 똑같이 행동하는 사람을 비도덕적이라고 생각하는 경향이 있다고 지적했다.[2]

죽음을 사랑하는 사람들

미국의 쇼핑몰과 레스토랑 체인점, 극장, 음원 다운로드 등은 표면적인 의미로 그치지 않는다. 이런 것들은 미국인들의 가치관이자 생활방식을 나타내며 사회 구조를 보여 준다. 미국인들은 현세의 삶과 자유를 믿고 행복을 추구하도록 교육받으며 자란다. 반면에 앞의 세 남매처럼 무슬림들은 삶보다 죽음을 숭배하고 지금 이곳에서 살아가는 현실의 삶보다 영원한 삶을 중시하도록 교육받는다. 그들은 죽음을 준비하는 것이 현세의 삶에서 추구해야 하는 최고의 목표라고 생각한다. 앞의 십대 소녀도 "결국 우리가 죽음을 준비하며 한 일만이 중요할" 거라고 말하지 않았던가.[3] 죽음은 그들의 목표이자 가장 중요한 일이다. 죽음은 그들을 영원한 삶이라는 포상으로 이끌어 주기 때문이다.

지금도 여전히 많은 무슬림들이 열과 성을 다해 내세를 믿고 있지만, 현대 서구인들이 이를 이해하기란 매우 어려운 일이다. 반면에 IS와 유사한 조직의 지도자들은 죽음에 대한 무슬림들의 예찬을 어떻게 활용해야 할지 정확히 알고 있다. 죽음을 앞당기려는 목표를 위해 2,600달러를 들여 비행기 표를 사려는 무모한 열정을 어디에 활용하면 좋을지 그들은 매우 잘 알고 있다.

● 현세와 내세

시계가 서구인들에게 중요한 의미를 차지하는 것처럼 무슬림들의 마음 한가운데에는 내세에 대한 생각이 자리 잡고 있다. 서구인들은 시간의 흐름에 따라 삶을 구성해 나간다. 즉, 다음 시간엔, 다음 날엔, 내년엔 무엇을 해야 할지 계획한다. 시간에 따라 계획하고 대체로 삶이 오래 계속될 거라고 생각한다. 나는 언젠가 80대 노인들이 마치 수십 년은 더 살 것처럼 자신 있게 얘기하는 것을 들은 적이 있다. 삶과 죽음에 대한 노인들의 집착은 (셰익스피어의 〈햄릿〉과 존 던의 시에 아주 생생하게 묘사되어 있지만) 기대수명의 증가, 보험설계사의 계산, 점점 세속적으로 변해 가는 사고방식 덕택에 그 어느 때보다 줄어들었다. 이와 대조적으로 무슬림의 마음을 울리는 것은 시계가 똑딱거리는 소리가 아니라 심판의 날이 다가오고 있다는 마음의 소리다. 과연 우리는 죽음 이후의 삶을 위해 준비를 한 적이 있는가?

죽음 이후가 그토록 중요하다면 지금 우리 앞에 놓인 문제는 단순히 더 나은 교육을 받는 것이 아닐 것이다. 이런 믿음을 품고 있는 사람들은 무지한 노동자가 아니라 수준 높은 교육을 받고 전문적인 기술을 보유한 의사나 기술자들이다. 죽음에 집중하는 태도는 그들과 내가 세상에 태어나 존재한 순간부터 배운 것이다.

아주 기본적인 가르침이 시작됐을 때부터 나는 이 세상에서의 삶은 매우 짧으며 임시적인 것이라고 배웠다. 또한 나는 어렸을 때부터 수많은 사람들의 죽음을 목격했다. 친척들이, 이웃들이, 낯선 사람들이 질병과 영양실조, 폭력과 탄압으로 죽어 갔다. 우리는 항상 죽음을 입에 달고 살았다. 죽음이 너무 익숙하고 우리 생활의 한 부분을 차지해 버려서 죽음을 말하지 않고는 얘기를 이어 갈 수 없었다. "내일 보자. 살아 있다면!"이나 "알라의 뜻이라면"이라는 말을 빼고 대화하는 것은 거의 불가능했다. 우리는 언제든 죽을 수 있다고 늘 생각했으므로 그런 말이 완벽하게 이해됐다.

그 밖에도 우리는 살아가면서 접하는 모든 것이 시험이라는 말을 듣고 자랐다. 그 시험에 통과하기 위해서는 수많은 의무를 따르고 금지된 모든 것을 삼가야 하는데, 그래야만 알라의 심판이라는 마지막 시험을 통과하고 풍성한 나무 열매와 물이 가득한 천국에 들어갈 수 있다고 했다. 그런 이유로 아주 어려서부터 지금 여기가 아닌 내세의 삶에 도움이 되도록 모든 행동과 사고를 하고 창의성을 바치라고 배웠다. 영원하고 가치 있는 삶은 우리가 죽은 이후에나 시작된다는 것이 내가 받은 궁극적인 가르침이었다.

나 역시 이 모든 가르침을 아무런 의심 없이 받아들였다. 네덜란드에 발을 내려놓을 때까지. 하지만 새로운 땅 네덜란드에서 나는 죽음 이후의 삶은커녕 죽음에 대해서조차 얘기하는 사람을 볼 수 없었다. 사람들은 머뭇거리지 않고 이렇게 말했다. "내일 봐!" 그런 인사에 내가 "살아 있다면!"이라고 대답하면 사람들은 의아한 듯 나를 바라보며 이렇게 덧붙였다. "물론 너는 내일 살아 있겠지. 도대체 왜 그렇게 말하는데?"

● 순교와 희생

순교에 대한 무슬림의 숭배는 어디서 유래할까? 무함마드가 메카에서 메디나로 이주한 헤지라 이후에 무함마드와 그의 작은 군대는 더 크고 강력한 군대들과 맞서야 했다. 꾸란과 하디스에는 무함마드와 그의 지지자들이 알라의 수호 아래 어떻게 그 군대들을 무찔렀는지 상세히 묘사돼 있다. 알라는 무함마드가 치르는 전쟁을 성스러운 전쟁인 지하드라고 축복했고, 가장 영광스러운 무슬림 전사들을 순교자를 뜻하는 '샤히드shaheed'라고 선언했다. 따라서 전쟁에 나선 무슬림들은 영광스러운 죽음을 환영했다. 그로써 천국에서 자신의 지위가 높아질 것이기 때문이었다.

현세의 삶은 일시적일 뿐이고 중요한 것은 다음에 오는 내세의 삶이라는 믿음은 꾸란의 핵심적인 가르침 중 하나다. 죽음에서 영광을 구하기를 고대하는 신자들을 위해 꾸란에는 다음과 같은 내용 외에도 무수히 많은 구절이 마련돼 있다.

지옥불을 모면하고 천국으로 들어가게 된 자만이 삶의 목표를 달성한 것이니라(3장 185절).

너희는 높은 산들을 보면 단단히 고정되어 있다고 생각하겠지만 구름이 사라지듯 그것들도 없어지게 될 것이니라(27장 88절).

이렇듯 지구상의 모든 것은 일시적이며 알라만이 영원하다는 것이다.

순교자는 모든 죄를 용서받고 천국으로 향하는 일곱 단계를 단숨에 뛰어넘을 정도로 순교는 이슬람교에서 매우 중요한 개념이다. 프린스턴 백과사전의 이슬람 정치사상 편에 나오는 한 문장이 이 개념을 잘 보여 준다. 순교자들은 대개 전장에서 싸울 때 입었던 의복을 걸친 채 매장되곤 하는데, "율법학자들은 대부분 순교자의 시신을 위해 따로 추모 기도를 할 필요가 없다고 생각한다. 그는 이미 모든 죄를 용서받았고 곧바로 하늘나라로 올라갈 것이라고 믿기 때문이다."[4]

꾸란은 무슬림들이 회개하고 독실한 믿음을 가질 수 있도록 천국에 대해 매우 상세하게 설명해 놓았다. 이는 기독교의 천국에 대한 묘사나 유대교의 사후세계에 대한 모호한 표현보다 상당히 구체적이고 정밀한 편이다.

천국에는 모든 종류의 나무, 그리고 환희가 넘쳐나는 정원이 두 개 있다. 각각의 정원에는 샘이 두 개씩 흐르고 모든 종류의 과일나무가 두 그루씩 있다. 정원의 과실은 모두 손에 닿을 정도로 가까이 매달려 있다. 또 정원에는 눈길을 주지 않는 순결한 처녀들이 있는데 어떤 남자나 정령도 앞으로 나아가 그들을 만지지 않았다(55장 46~60절).

이 구절이 충분히 구체적이지 않다고 생각한다면 그 유명한 학자 알 가잘리가 말한 하디스를 보자.

천국에 존재하는 궁들은 에메랄드와 각종 보석들로 지어져 있다. 각각의 건물 안에는 붉은색 큰 방이 70개 있고, 그 안에는 또 초록색 작은 방이 70개 있다. 작은 방 안에는 각각 옥좌가 하나씩 있는데, 거기에는 가지각색의 침대가 놓여 있고 침대마다 검고 부드러운 눈빛을 지닌 처녀가 앉아 있다. (중략) 모든 신자에게는 그들과 함께 살아갈 수 있는 능력이 주어질 것이다.[5]

천국의 처녀들은 "잠을 자지도 않고 임신이나 월경도 하지 않으며 코를 풀거나 침을 뱉지도 않고 결코 아프지도 않다."[6]

그런데 이 같은 천국의 묘사에서 상대적으로 여성과 관련된 의미나 언급이 거의 없다는 점은 상당히 흥미롭다. 여자들의 천국이 어떤 곳인지 제대로 설명돼 있지 않다. 여자들을 위한 천국이 남자들의 천국과 같은지도 명확하지 않다. 죽음에서조차 여자는 남자보다 열등하다는 생각이 존재하는 듯하다. 노만 알리 칸은 요르단 암만에 있는 왕립 이슬람전략연구센터가 꼽은, 전 세계에서 가장 영향력 있는 무슬림 500명 중 한 사람으로 상당히 서구화되고 말주변이 좋은 성직자다. 빳빳하게 다린 푸른색 와이셔츠를 입고 유튜브 동영상에 나온 그는 알라가 있는 천국에서는 "지금 당신의 부인이 보이는 짜증스러운 특성이 모두 사라지고 없을 것"이라고 설명했다. 그러면서 "그러니 우울해하지 마세요"라고 농담처럼 말한 다음, 만약 천국에서 부인을 만난다면 "당신도 여기 있네?"라고 가볍게 인사하라고 덧붙였다. 이슬람의 천국 잔나jannah에서는 부인조차 자신이 원하는 모습을 하고 있다는 것이다.

기독교인들에게 천국은 단지 고통이 없는 곳, 평화가 존재하는 곳이다. 평화의 정확한 특성이 상세하게 설명되어 있는 것도 아니다. 반면에 무슬림들에게 천국은 목표이자 목적지이며 영원토록 거주할 곳이다. 이집트 이맘인 셰이크 무함마드 하산은 한 온라인 설교 동영상에서 이렇게 말했다.

"친애하는 형제들이여, 여러분의 진정한 삶은 여러분의 죽음과 함께 시작됩니다. 저 또한 마찬가지입니다."[7]

사후세계의 우월함은 정확히 어떻게 무슬림들에게 주입될까? 먼저 그것은 하루에 다섯 번씩 드리는 기도 의식 속에서 이루어진다. 그 외에도 여러 가지 방법으로 지속적으로 상기된다. 우리는 중요한 것은 지금 여기가 아닌 다음에 오는 삶이라는 말을 수없이 듣고 자랐다. 또한 직장에 나가 열심히 일하는 것만으로는 신을 기쁘게 할 수 없다는 말을 들었다. 그 대신에 더 많이 기도하고 더 많은 사람들을 개종시키고 라마단 기간 동안 충실히 단식하고 메카를 순례해야 신을 기쁘게 할 수 있다고 했다. 자신이 잃은 것을 만회하고 자신을 구원할 수 있는 길은 지금 이곳의 삶을 향상시키기 위해 노력하는 것이 아니라 종교적인 규칙을 따르고 천국으로 들어갈 수 있는 입장권을 얻기 위해 매진하는 것이라고 배웠다. 그리고 천국으로 들어가는 최고의 방법은 바로 때 이른 죽음을 기꺼이 받아들이는 순교였다.

할머니가 내게 그토록 열심히 외우라고 가르친 수많은 가문과 세대를 거치는 동안 사후세계에 대한 믿음은 조금도 흔들리지 않은 채 이어져 내려왔다. 성전에서 이루어지는 죽음과 순교는 지금까지도 천국으로 들어가는 가장 신성한 방법으로 간주되고 있다. 계몽과 혁명과 아인슈타인의 이론조차 이슬람 신학의 핵심인 천국과 지옥에 대한 개념은 바꾸지 못했다.

● 비무슬림 세계의 희생정신

물론 다른 종교에도 내세에 대한 개념이 존재한다. 기독교 역시 순교자를 공경하는 전통이 있다. 1563년 존 폭스가 발표한 《순교자의 책 Book of Martyrs》은 종교개혁을 다룬 책 중에서도 꽤 많은 인기를 얻었다. 하지만 다른 일신교 신앙이 천국과 지옥의 개념을 이해하는 방식과 이슬람교의 방식에는 중요한 차이가 있다.

3대 일신교 중 유대교가 내세의 개념을 가장 적게 내포하고 있다고 할 수 있다. 실제로 경전 앞부분 내용을 보더라도 죽음 이후의 일을 알려 주는 대목을 거의 찾아볼 수 없다. 어떤 개인이 토라를 어길 경우, 신은 그를 혹은 그 자손을 내세가 아닌 현세에서 처벌한다. 또한 기독교나 이슬람과 달리 유대교는 신에게 좀 더 가까이 다가가는 방법으로 비정상적인 죽음을 상정하지 않았다. 시간이 흐르면서 일부 유대교도가 내세에 대해 좀 더 명확한 개념을 발전시켰지만 홀로코스트를 경험한 후에 많은 유대교도들은 다시 초기 유대교 개념으로 돌아가 지상의 삶에 초점을 맞추었다.

이와 대조적으로 기독교의 가장 중심에는 하늘나라라는 사상이 있다. 죽음 이후의 삶이 존재한다는 믿음은 예수의 가장 핵심적인 가르침이다. 예수 자신이 십자가에 못 박혀 죽은 후 사흘 만에 부활해서 그 믿음을 보여 주었다. 예수는 신의 왕국에 들어갈 자격은 개인의 신분과 아무 관련이 없으며, 가장 낮은 자들, 즉 가난한 사람과 무지한 사람, 아이 등이 천국으로 들어가는 첫 줄에 서게 되리라고 말했다. 천국으로 가는 입장권은 가난한 사람과 이웃을 제 몸처럼 사랑하는 사람에게 주어진다고 했다. 그 왕국에 들어가기 위해서는 이미 그곳에 와 있는 것처럼 생각하고 이 세상에서 서로에게 따뜻하게 행동해야 한다고 했다. 확실히 초기 기독교도들에 대한 박해의 영향으로 순교자에 대한 추앙은 꽤 오랫동안 유지됐다. 하지만 이슬람 순교자들과는 달리 기독교 순교자들은 거의 대부분 비무장 상태에서 잔혹하게 박해를 당했고, 그들 가운데 선택된 소수만이 숭고한 고통을 당한 보상으로 성인聖人의 신분을 얻었다.

한편 기독교는 이슬람교와 달리 변화가 없는 고정된 종교가 아니었다. 중세의 많은 성상 이미지에는 세 가지 층위의 특징이 드러나 있다. 맨 위에는 천국이, 중간에는 지상의 삶이, 맨 아래에는 지옥이 펼쳐져 있다. 지옥은 나중에 연옥의 이미지로 바뀌는데, 그곳은 지상에서 충분히 죄를 속죄하지 못한 사람들이 천국으로 들어갈 수 있을 때까지 기다리며 추가적인 정죄를 받아들이는 일종의 대기실이다. 이미 설명했듯, 종교개혁은 가톨릭교회가 연옥에서 벗어날 수 있는 면죄부를 파는 관행에 저항하면서 시작됐다. 그렇다고 내세 개념에 반대해서 일어난 반란은 아니었다. 이와 반대로 1520년대에서 1640년대에 걸쳐 일어난 종교전쟁은 초기 교회 시절의 순교자 추앙 문화를 부활시켰다. 가톨릭과 프로테스탄트가 서로를 산 채로 불태워 죽임으로써 기독교 순교자를 기록한 목록은 점점 길어졌다. 기독교도들이 더 많이 싸울수록 전사적 특성을 보이는 순교자 사상은 더욱 강력해졌다. 기독교는 십자군 전쟁 때부터 주기적으로 군사적 충돌이 일어난 시기에 이슬람교와 가장 많은 유사성을 보인다.

우주여행을 하고 지구 표면 아래로 깊숙이 파고 들어갈 수 있게 된 오늘날과 같은 시대에는 글자 그대로 위는 천국, 아래는 지옥이라는 개념을 유지하기는 어렵다. 과학과 의학이 발달함에 따라 기독교의 내세 개념은 크게 바뀌어 비유적인 의미로서 가치를 지니게 됐다.

의심의 여지없이 성경이 사실에 입각해서 예수 탄생에서 부활까지의 역사를 설명한 책이라고 생각하는 기독교도들이 여전히 많다. 하지만 성경은 대체로 비유적인 작품이며 기적적인 행동을 능가하는 정신적 의미를 지닌다고 생각하는 기독교도들도 최소한 그만큼은 있다.[8] 양쪽 모두 진실하고 평판도 좋은 사람들이다. 그들은 서로 생각이 다르지만 의견 차이로 기독교를 망치지는 않았다. 어느 쪽도 의견이 다르다고 해서 상대방에게 폭탄을 던지지는 않았다. 랍비나 목사, 신부들은 주일마다 신도들 앞에서 다음에 올 세상에 대해 설교하지 않고 천국에 가는 가장 빠른 길이라며 순교를 촉구하지도 않는다. 가족을 잃은 기독교인들은 나중에 하늘나라에서 사랑하는 가족들을 다시 만나게 되리라 생각하며 위로를 얻지만, 오늘날 어떤 성직자도 신도들에게 사후에 받을 보상을 위해 적극적으로 죽음을 추구하라고 요구하지는 않는다. 살인과 자살은 금지되어야 하는 것이지 권장되어서는 안 된다.

사실 오늘날 유대교도들과 기독교도들은 인간 희생이라는 개념을 접하면 흠칫 놀란다. 예를 들어, 현대인들은 대부분 아브라함에 대한 일화를 매우 불편하게 여긴다. 아브라함은 신의 요구에 부응하기 위해 자신의 아들인 이삭을 희생시키려 했기 때문이다. 유대교와 기독교 세계에서는 오히려 자기희생이라는 개념을 소중하게 생각했다. 타인의 목숨을 지켜주려는 숭고한 정신과 행동을 높이 평가했다. 우리는 미국 군대가 자국의 시민을 지키기 위해 목숨을 바칠 각오가 되어 있다고 생각한다. 대통령과 의회는 사람들을 구하기 위해 영웅적 행동을 취한 장병들에게 명예훈장을 수여하고 있다.

죽음을 사랑하는 사람들

지금까지 설명한 도저히 융화하기 어려운 차이를 좀 더 확실히 이해하고 싶다면 두 부류의 사람을 비교해 보기 바란다. 비행기를 납치해 세계무역센터로 날아든 9·11 테러 공격의 장본인들과 위기에 처한 사람들을 구하기 위해 목숨을 걸고 불타오르는 쌍둥이 빌딩으로 뛰어든 뉴욕의 소방관들을 말이다. 서구에는 타인의 생명을 구하기 위해 죽음의 위험을 무릅쓰는 전통이 있다. 반면에 이슬람은 배교자의 목숨을 빼앗는 것만큼 영광스러운 일이 없다고 가르친다. 특히 살해 행위가 자신의 목숨을 거는 일이라면 더할 나위 없는 축복이라고 주장한다.

⦂ 순교와 살해

이슬람의 특별한 점으로 살인적인 순교의 전통을 들 수 있다. 이슬람에서 개인의 순교는 스스로 목숨을 끊거나 다른 사람들을 죽이는 행위를 수반한다. 현대에 들어서 처음으로 일어난 '순교 활동'은 실제로 가해자의 동료 무슬림에게 떠넘겨졌다.[9] 1980년 11월 열세 살밖에 안 된 이란 소년이 그 역할을 수행했다. 이란과 이라크의 전쟁 초기에 그 소년은 폭발물을 가슴에 차고 이라크 군의 탱크 아래로 잠입해 자살폭탄 테러를 감행했다. 이란의 최고지도자 아야톨라 호메이니는 소년을 즉각 국가 영웅으로 선언한 다음, 다른 자원자들이 자신을 희생할 중요한 계기를 마련해 주었다고 목소리를 높였다. 그때부터 수십 년이 흐르는 동안 자발적 순교자는 전 세계적으로 수

천 명에 달할 정도로 늘어났다. 자살폭탄 테러는 지금도 여전히 수니파와 시아파가 서로를 죽이는 가장 일반적인 방법으로 사용된다.

또 다른 초기 순교 활동으로 1983년 레바논에 자리 잡은 미 해군 막사에서 벌어진 자살폭탄 사건을 들 수 있다. 이 사건으로 무려 241명의 미군 장병이 목숨을 잃었다. 당시에는 잘 알려지지 않았던 이슬람 지하드 조직의 일원들이 수행한 그 공격으로 미국은 엄청난 충격을 받았고 레이건 대통령은 미군의 즉각 철수를 명령했다. 이로써 성전주의자들은 이례적인 승리를 얻었다. 자살폭탄 전략의 효과를 다시 한 번 입증하는 결과를 낳고 만 것이다. 이 사건 이후 팔레스타인 병사들은 이스라엘을 대상으로 여러 차례 자살폭탄 테러를 시도했다. 미국의 이라크 침공 이후에는 자살폭탄 테러로 자주 폭동을 주도했고, 그 폭동으로 수니파와 시아파 간의 내전은 심각한 양상으로 변했다. 이제 자살폭탄 테러는 아프가니스탄에서 파키스탄과 나이지리아에 이르는 이슬람 세계 곳곳에서 자행되는 아주 흔한 사건이 되고 말았다.

자살폭탄 테러의 심리는 매우 복잡하다. 이슬람 성직자들은 '자살'이라는 용어 대신 '순교'라는 이름을 붙이기 위해 무척 고심한다. 그들은 자살이라는 말은 희망이 없는 사람들에게나 어울리는 용어라고 설명한다. 그에 비해 순교는 성공적인 삶 속에서도 더욱 숭고한 선을 실현하기 위해 자신의 생명을 기꺼이 희생하는 것이라고 설명한다. 따라서 이 같은 죽음은 명예롭게 받아들여져야 한다고 주장한다. 팔레스타인 영토에는 순교자의 이름을 딴 거리나 광장이 많다. 자살폭탄 테러범의 어머니들은 마치 아들들이 결혼을 하기 위해 어디른가 떠난 것처럼 말한다. 서구인들은 자식을 사랑하는 부모로선 이해할 수 없는 태도라고 생각하겠지만, 이는 일종의 대안적 이념이라 할 수 있다. 이런 이념 안에서라면 죽음은 시카고공항에서 체포된 열일곱 살 예비 순교자의 말처럼 반드시 지켜야 할 약속이기 때문이다.[10]

순교자의 궁극적인 목표는 천국으로 향하는 것이지만 현실적으로도 보상은 이루어졌다. 지금까지 수년 동안 자살폭탄 테러범들에게 상당한 금액의 장려금이 지급됐다. 이라크 독재자 사담 후세인은 팔레스타인 자살폭탄 테러범 가족들에게 이스라엘 공격의 대가로 최대 2만 5,000달러를 공개적으로 지불했다. 아랍해방전선Arab Liberation Front 관계자들은 이라크에 경의를 표하면서 개인적으로 수표를 전달하기도 했다.[11] 사우디아라비아와 카타르의 자선 단체도 이스라엘에 대한 공격으로 사망한 팔레스타인 가족들에게 자금을 보내 왔다.

하지만 살인적인 순교에 대한 숭배를 물질적인 측면으로만 설명할 수는 없다. 실제로 9·11 테러범들의 부모들은 아들의 잔학한 행위로 부유해지지 않았다. 어떤 사회를 막론하고 젊은 청년이 스스로 자신을 파괴하는 행동을 하는 것은 경제적 이치에도 맞지 않는 일이다 (그 가족은 의식주와 교육 등에 최소한의 양육비를 투자했을 것이다).

역사상 가장 극적인 순교 활동이라고 할 수 있는 9·11 테러 이후에 미국 논평가들은 납치한 비행기로 세계무역센터로 날아든 테러범들이 일반 시민을 공격한 '비겁한 자들'이라는 주장에 대해 열띤 논쟁을 벌였다. 반면에 전 세계 반미주의자들은 테러범들을 영웅으로 추앙하고 환호했다. 하지만 사실 그들은 겁쟁이도 영웅도 아니다.

그저 종교적 광신자들일 뿐이다. 그들은 비행기가 건물과 충돌할 때 전혀 고통스럽지 않을 것이며 곧바로 천국으로 들어갈 수 있을 것이라는 잘못된 믿음으로 행동했고 세상을 떠났다. 죽음을 두려워하기는커녕 그것을 천국으로 가는 급행 승차권이라고 여기고 갈망하는 사람을 겁쟁이라고 부를 수는 없다. 일반적인 서구식 용어로는 그들을 규정할 수 없다.

● 현대적 순교

오늘날 순교를 촉구하는 목소리는 이슬람 사원 안에서만 들리는 게 아니다. 학교에서도 들리고, TV에서 유튜브에 이르는 다양한 전자 매체에서도 들린다. 따라서 이슬람의 순교가 서구에서 제대로 이해되지 않고 있다는 주장은 교묘한 억측이 아닐 수 없다. TV 방송사 알 악사가 진행한 인터뷰에서 가자에 있는 이슬람대학교 교수 수비 알 야즈지는 "이슬람에서 강요하는 희생이라는 개념에 자극받아 많은 젊은이들이 순교 활동에 나서고 있다"고 인정했다. 하지만 그는 또 이렇게 덧붙였다.

"서구의 일부 편향된 매스컴이 열여덟 살에서 스무 살가량의 젊은이들이 세뇌를 당해 행동한다고 표현하는 것과 달리, 실제로 알라를 위해 목숨을 바친 사람들은 대개 기술자이거나 사무직 근로자인 경우가 많았다. 그들은 모두 성숙하고 이성적인 사람들이었다. 일각에서는 그들이 돈 때문에 그 일을 했다고 주장하기도 한다. 하지만 내가 알고 있는 사드 형제는 기술을 보유한 사무직 근로자였으며 집과 차를 소유하고 행복한 결혼생활을 누리던 사람들이었다. 그렇다면 그들은 무엇 때문에 지하드에 가담한 것일까? 그들은 이슬람 신앙이 신성한 희생을 요구하고 있다고 믿었던 것이다."[12]

이슬람대학교 교수이자 가자에 있는 하마스Hamas*의 대변인 이스마일 라드완은 죽음을 수용하는 사람들에 대한 보상이 어떤 것인지 이렇게 설명했다.

"순교자 샤히드가 천국의 주인을 만날 때 그는 처음 피가 솟구치던 순간부터 이미 모든 죄를 용서받았고 죽음의 고통도 면제받은 것이다. 그는 천국에서 자기 자리를 보게 될 것이다. 또한 심각한 충격에서 보호받을 것이고 검은 눈을 지닌 72명의 처녀와 결혼하게 될 것이다. 그는 지상의 가족을 지키는 하늘의 보호자로, 그의 머리에는 명예의 왕관이 놓일 것이다."[13]

팔레스타인 사람들은 자살폭탄 테러를 가장 많이 지지하고 실천했기 때문에 순교에 대해서도 가장 정교하고 상세한 이론적 기틀을 마련해 놓았다. 그들에게 내세는 결코 이론적이고 추상적인 개념이 아니라 매우 현실적인 의미다.[14] 이스라엘 십대 청소년 23명의 목숨을 앗아 간 텔아비브 디스코텍 자살폭탄 테러범은 2001년 6월 공격 직전에 남긴 유서에 이런 말을 적었다.

나는 내 몸을 폭탄으로 만들어 시온의 아들들을 폭파하고 그 시신을

하마스 이슬람 원리주의를 신봉하는 팔레스타인의 이슬람 과격 단체다.

불태울 것이다. (중략) 어머니여! 기쁨에 넘쳐 소리치고, 아버지여, 형제여! 모두 함께 기쁨을 나누시길. 천국에서 검은 눈을 가진 처녀들이 당신의 아들과 결혼하기 위해 기다리고 있을 테니까요.[15]

세 살짜리 아들을 둔 엄마로서 나는 아들의 죽음보다 더 견딜 수 없는 일은 상상조차 할 수 없다. 하지만 나는 팔레스타인 '순교자의 어머니'이고 움 니달Umm Nidal*이라고 불리는 마리암 파르하트의 심리를 이해해 보려고 무던히 애썼다. 그녀는 아들 셋을 이스라엘 공격에 나서도록 적극적으로 설득했고 그들을 모두 잃었다. 그녀는 스스로 계획한 자살 테러로 한 아들이 죽기 전에 이렇게 말했다.

"진실로 내 아이들보다 소중한 것은 이 세상에 없다. 하지만 알라 앞에서는 가장 소중한 것도 부질없는 것이 된다."[16]

그녀의 아들 무함마드 파르하트는 총과 수류탄을 가지고 이스라엘 정착촌에 있는 학교를 공격해 학생 3명을 죽이고 23명을 다치게 한 뒤 스스로 목숨을 끊었다. 그녀는 왜 이런 일을 용납했던 것일까? 그녀는 이렇게 말했다.

"나는 사랑하는 아들을 위해 최선의 선택을 하고 싶었다. 그리고 그 최선의 선택은 현세의 삶이 아니다. 우리 앞에는 영원한 축복인 내세가 존재한다. 내가 아들을 사랑한다면 아들을 위해 영원한 축복을 선택하는 것은 당연하다. 그는 최후의 심판이 벌어지는 만인 부활의 날에 중재자가 될 것이다. 알라가 우리에게 천국을 약속하시니

움 니달 투쟁의 어머니라는 뜻이다.

다른 무엇을 구하겠는가. 알라의 뜻이 내가 바랄 수 있는 최선이다. 아들이 내게 보여 준 가장 위대한 영광은 그의 순교였다."[17]

팔레스타인의 사리 누세이베 교수는 그녀의 말을 듣고 "천국이 어머니들의 발아래 있다"는 하디스의 구절이 떠올랐다고 말했다.

팔레스타인 미디어 감시 단체인 팔레스타인 미디어워치는 이런 논평을 달았다.

이런 메시지는 종교 지도자들과 뉴스, 교과서, 심지어 뮤직비디오를 포함한 사회의 모든 방면에서 흘러나온다. 신문은 일상적으로 테러리스트들의 죽음과 장례를 천국에서 누리는 결혼과 연결시킨다. (중략) 가장 긴 상영 시간을 자랑하는 뮤직비디오에는 한 남성 순교자가 천국에 도착한 뒤 하얀 옷을 걸친 검은 눈의 처녀들에게 환영받는 모습이 나온다.[18]

살인적인 순교에 대한 이런 숭배는 이제 더 이상 팔레스타인에만 국한된 문제가 아니다. 유치원생들이 자살폭탄 테러범처럼 차려입고 다니는 모습은 비단 가자 지구에서만 볼 수 있는 광경이 아니다. 이슬람 세계 전역에서 실제로 아이들에게 죽음에 대한 동경을 심어 주고 있다. 이집트 TV에서는 어린이 전도사 아브드 알 파타 마르완이 알라를 위해 순교하는 것이 얼마나 훌륭한 일인지 설교한다. 알 자지라 방송에서는 열 살짜리 예멘 소년이 자신이 지은 시를 암송하며 "조국과 내 명예를 위해 순교자가 되겠다"고 다짐한다.[19]

소말리아에서는 아버지들이 아이들(그중에는 열 살밖에 안 된 어린아이도 있다)에게 자살폭탄 테러를 권유한 다음 실제로 벌어진 순교 활동을 촬영하기도 했는데, 그들의 자부심은 미국인 아버지가 아들이 골을 넣거나 홈런을 치는 장면을 찍으면서 느끼는 뿌듯함이나 별반 다를 게 없어 보인다. 마찬가지로 보코 하람 지도자들도 자신의 아이들을 순교자로 키운다.[20] 죽음에 대한 숭배는 유럽 태생의 무슬림들에게까지 여지없이 영향을 미쳤다. 2014년에 자칭 움 라이스Umm Layth*라는 한 영국 여성이 시리아 IS 전사의 아내로 사는 새로운 삶에 대해 감격에 벅찬 글을 트위터에 올렸다.

알라후 아크바르! 남편이 샤하다(이슬람의 신앙 증언을 뜻하지만 여기서는 순교를 지칭한다)를 이루었다는 소식을 손꼽아 기다리는 이 기분을 달리 표현할 길이 없다.[21]

놀랍게도 움 라이스가 글을 올리자 트위터 팔로어 수가 2,000명이 넘어섰다.

이런 생각은 미국에서도 뿌리를 내리고 있다. 무슬림 문제에 대한 유명한 논평가인 샤밈 시디키의 책《미국의 관점에서 바라본 이슬람 포교의 방법론Methodology of Dawah el-Allah in American Perspective》을 살펴보자. 이 책은 무슬림들이 어떻게 미국을 포함한 서구에 이슬람의 뿌리를 내리고 사회를 형성할 수 있었는지부터 설명한다. 이어서 잠재적 지지자들에게 다가가는 우선적 방법(사원 건립, 관련 회의 주최, TV와 라디오 방송 출현 등)과 그에 따른 최고의 전략들을 제시한다. 하지만 무엇보

움 라이스 사자의 어머니라는 뜻이다.

다 두드러진 특징은 책의 첫 페이지부터 펼쳐지는 죽음에 대한 표현이다. 이 책은 '지구상에 신의 왕국을 수립하기 위해 투쟁을 거듭하고 목숨을 바치는 사람들'에 대한 헌사라 해도 과언이 아니다. 실제로 헌사를 적은 내용에는 꾸란 구절이 포함되어 있다.

신자들 가운데 알라와의 계약에 충실한 사람들은 남자다. 그들 중 일부는 전장에서 목숨을 바침으로써 약속을 지켰고, 나머지는 지금도 여전히 약속을 지킬 날을 기다리고 있다. 그리고 그들은 결코 그 약속을 저버리지 않는다(33장 23절).

또한 시디키는 진정한 무슬림이라면 어떻게 이슬람 운동을 위해 모든 것을 희생하고 내세에서 알라의 보상을 기대할 것인지에 초점을 맞춘다. 완벽한 무슬림은 "내세를 위해 살다가 죽는 것을 선호하며 그것을 위해서라면 기쁘게 목숨을 포기한다"는 것이다.[22] 안타까운 현실은 이런 말들이 단순한 수사에 그치지 않는다는 점이다.

● 운명론적 세계관

나는 사람들에게 다음과 같은 불만을 셀 수 없을 만큼 많이 들었다. "당신은 너무 극단적인 사례만 보고 있어요. 대다수 무슬림들은 자식을 죽음으로 내몰지 않아요."

물론 대다수의 무슬림은 그렇지 않다. 하지만 내세에 대한 집착은 그것과는 다른(감지하기는 좀 더 어렵지만 치명적인) 결과를 낳는다.

이슬람의 세계관은 한마디로 말해서 이 세상을 간이역으로밖에 보지 않는다. 순교는 이런 세계관에서 비롯된 극단적인 반작용이다. 그런데 여기서 한 가지 근본적인 의문이 든다. 도대체 무엇 때문에 우리가 현세가 아닌 내세에 초점을 맞추어야 한단 말인가? 나는 이슬람의 내세에 대한 집착이 이 세상에서 살아남고 성공하는 데 매우 중요한 지적 의욕과 도덕적 동기를 약화시킨다고 생각한다.

네덜란드로 이주한 소말리아 사람들의 통역을 담당하면서 나는 이런 집착이 생활 속에서 다양한 형태로 나타나는 현상을 자주 목격했다. 그중 하나는 이주한 무슬림과 네덜란드 주민이 서로 가까이 살면서 일어나는 문화적 충돌이었다. 아파트 단지에서 네덜란드인들은 공용 공간을 쓰레기 없이 깨끗이 사용하기 위해 세심한 주의를 기울였다. 하지만 무슬림들은 각종 포장용지와 빈 음료수 캔, 담배꽁초 등을 아무 데나 버리거나 씹고 남은 캇 잎을 여기저기 뱉곤 했다. 네덜란드 사람들은 이런 행동에 격분했을 뿐만 아니라 밤낮 가리지 않고 아무런 제지도 받지 않은 채 제멋대로 여기저기 뛰어다니는 아이들 때문에도 골치를 앓았다. 무슬림 가정에는 아이들이 무척 많은 편이다. 한 남자가 최대 4명까지 부인을 얻을 수 있고 그 부인들이 각각 아이를 낳기 때문에 가족의 수는 빠르게 늘어난다. 이런 모습을 보며 네덜란드인들이 고개를 가로저으면 베일을 두른 무슬림 여자들은 어깨를 으쓱하며 "알라의 뜻"이라고 대답한다. 땅바닥에 뒹구는 쓰레기도 알라의 뜻이고 밤에 여기저기를 나다니는 아이들도 알라의 뜻이다. 거기에 그렇게 있는 것은 모두 다 알라의 뜻이다. 도저히 깨기 어려운 불합리한 순환 논리다.

이 세상은 일시적이며 중요한 것은 오로지 다음 세상이라는 사고 방식에서 가능한 세계관은 운명론일 수밖에 없다. 어떤 식으로든 보상받을 수 없는데 쓰레기를 줍고 아이들을 훈육할 필요가 있겠는가. 그들은 그런 행동들이 훌륭한 무슬림이 되는 것과는 무관하며 기도를 하거나 누군가를 개종시키는 일과도 상관이 없다고 생각한다.

운명론적 세계관은 근현대 이후 과학과 기술 분야의 개혁을 과소평가하는 악명 높은 이슬람 역사에서도 잘 드러난다. 중세 아랍 세계는 우리에게 숫자라는 편리한 수단을 제공해 주었고, 고대 로마 제국이 이방인 무리로 들끓었을 때 하마터면 사라져 버렸을지도 모를 고전적인 지식을 보존해 주었다. 9세기에 스페인의 남부 도시 코르도바를 지배했던 무슬림 지배자들은 무려 60만 권에 이르는 책을 소장할 수 있는 커다란 도서관을 지었다. 당시 코르도바에는 포장도로와 가로등, 300개 정도의 공중목욕탕이 있었다. 그즈음 런던에는 짚으로 엮어 만든 움막들이 즐비했고 길거리에는 온갖 쓰레기가 굴러다녔으며 큰길에서도 불빛 하나 볼 수 없었다.[23]

하지만 아랍 사상을 연구한 앨버트 후라니가 지적했듯, 르네상스 시대에 꽃피운 서구의 과학적 발견들은 이슬람 세계에서 아무런 반향을 일으키지 못했다. 1500년대 초에 지구는 우주의 중심이 아니며 태양 주위를 돈다는 사실을 알아낸 코페르니쿠스는 1600년대 후반이 지나서야 오스만제국의 저술에 간략하게 소개됐을 뿐이다.[24] 이슬람 역사에는 산업혁명에 해당하는 시기가 없다. 오늘날에도 실리콘 밸리에 상응할 만한 과학기술의 본거지를 어디에서도 발견할 수 없다. 이런 부진의 원인을 서구 제국주의의 영향에 돌리는 것은 별로 설득력이 없어 보인다. 따지고 보면 이슬람 세계에도 무굴제국, 오스만제국, 사파비 왕조 같은 제국이 존재했다. 시대에 뒤떨어진 말처럼 들릴지도 모르지만, 이슬람 세계가 개혁을 이루지 못한 근본적인 원인은 무슬림의 운명론적 세계관에 있다고 보는 것이 타당하다.

대체로 이슬람 텍스트에서 혁신을 말할 때 사용되는 용어는 꾸란에는 나오지 않는 관행, 즉 순나이다. 영어로 **번역된** 한 하디스에 따르면, 모든 새로움은 혁신으로 이어지며 모든 **혁신**은 사람들을 지옥으로 향하는 잘못된 길로 인도한다. 또 다른 책들에는 일반적으로 새로운 사상이나 제도는 유대교와 기독교, 위험하고 잘못된 열정을 가진 사람들의 영향을 받은 것들이며 경계해야 한다고 씌어 있다. 혁신을 지향하는 사람들은 가까이 해서도 안 되고 물리적 처벌을 받아야 하며 그들의 사상은 울라마의 판정을 받아야 한다는 것이다.[25] 이런 주장에는 16세기 이스탄불에서 활발하게 전개됐던 천문학 연구를 말살하고 인쇄술이 오스만제국에 영향을 미치지 못하도록 하겠다는 심리가 밑바탕에 깔려 있다. 실제로 인쇄술은 유럽에서 널리 퍼져 많은 결실을 이루어낸 후 2세기가 지나서야 이슬람 세계에 도입됐다.

인도에서 태어나 교육을 받은 의사이자 유명한 종교 지도자인 자키르 나익은 무슬림 국가들이 학생들에게 과학과 기술을 가르치기 위해 서구 전문가들에게 도움을 받을 순 있지만 종교와 관련해서는 무슬림들이 "그 분야의 권위자"라고 주장했다.[26] 따라서 무슬림 국가에서는 다른 종교를 설교하거나 포교해서는 안 된다고 강조했다.

죽음을 사랑하는 사람들

그의 주장을 좀 더 면밀히 살펴보자. 나익은 지구상에서 서구가 승리를 거두었다는 점을 암묵적으로 인정하고 있다. 이슬람 세계가 이 세상에 제공할 수 있는 것은 다음 세상에 대한 전문지식이 거의 전부라는 사실을 인정한 셈이다.

: 살아가야 할 이유들

분명히 대안은 있을 것이다. 이스라엘 총리 골다 메이어는 이렇게 말했다.

"아랍인들이 우리를 증오하는 것보다 더 많이 그들의 아이들을 사랑할 때 우리는 비로소 그들과 평화를 유지하게 될 것이다."

어떤 점에서 이 말은 처음 언급된 당시보다 오늘날에 더 유용한 가치를 지니고 있는 것으로 보인다. 다만 나는 '아랍인들'이라는 단어를 '메디나 무슬림들'로 바꿔야 한다고 생각한다. 살인적인 순교 활동이 한동안 이스라엘과 팔레스타인의 갈등을 보여 주는 특성이었다면 지금은 이슬람 세계 전역으로 확산됐기 때문이다. 이제 이슬람 교리의 하나인 내세에 대한 찬미는 반드시 폐기되어야 한다.

2013년 초가을, 120명이 넘는 전 세계의 무슬림 학자들이 한 공개서한에 서명했다. 그들은 IS의 전사 및 추종자들을 '비이슬람적'이라고 맹렬히 비난했다.[27] 아랍어로 작성된 그 서한은 이슬람에서 외교 특사나 대사, 외교관들을 포함해 무고한 사람들을 죽이는 일을 금지해야 한다고 주장했다. 심지어 그들이 이슬람에서 자국의 관습과 규율을 지킬 수 있도록 관대한 조처를 '허용해야' 한다는 대목도 있었다. 하지만 서한은 순교에 대한 종합적인 개념에 이의를 제기하지도 않았고 내세를 중시하는 문화에 도전하지도 않았다. 예상대로 서한의 영향은 매우 미미하고 제한적이었다. 서한 때문에 무기를 내려놓은 IS 전사는 한 명도 없었다. 서구 세계의 예비 성전주의자들이 설득되어 시리아에서 순교 활동을 하겠다는 열망을 포기하지도 않았다.

우리는 이런 소극적인 행동에 그쳐서는 안 된다. 이슬람이 내세에 대한 집착을 중단할 때까지, 내세의 삶에 대한 솔깃한 이야기에서 헤어 나올 때까지, 그리고 적극적으로 지상의 삶을 추구하고 죽음을 가치 있게 여기는 사고방식에서 벗어날 때까지 한 발 더 나아가야 한다. 그렇지 않고서는 무슬림들이 이 세상에서 필요한 일들을 제대로 해나갈 수 없을 것이다.

아마도 이슬람은 개신교가 추진한 종교개혁에서 모범적인 선례를 찾을 수 있을 것이다. 앞서 살펴보았듯 사회학자 막스 베버는 프로테스탄티즘을 이론화했지만 여전히 내세에 초점을 맞추었고, 그러면서도 '선거' 원칙을 동원해 이 세상과 좀 더 건설적인 관계를 맺을 수 있었다. 또한 믿음이 깊은 '독실한' 사람들은 내세에서 누구보다 먼저 구원받을 수 있다고 강조했다. 간단히 말해서 개신교는 자본주의적 특성을 장려하는 경향이 있었다. 예를 들면, 근면과 성실, 절약, 만족감의 유예 등이다. 베버의 주장에 따르면 프로테스탄트의 윤리는 북아메리카와 북유럽 사회에서 독특하고 변화무쌍한 자본주의 정신을 낳았다.

과연 이슬람 세계에서도 이와 유사한 일이 일어날 수 있을까? 프로테스탄트 윤리에 비길 만한 '무슬림 윤리'가 생겨날 수 있을까? 그래서 시간이 흐르면 이 세상과 좀 더 적극적으로 관계를 맺고 살아갈 수 있을까? 아마도 가능할 것이다. 의심의 여지없이 이슬람 세계에는 고유의 상업적 전통이 있다. 무함마드 자신이 대상 무역상이었으며 이슬람 율법에도 무역에 필요한 계약과 규칙을 설명한 장들이 있다. 샤리아는 경제 발전에 적대적이지 않았으며 오스만제국 시대에는 상업 친화적인 법률과 제도가 제정되기도 했다. 유럽의 법률 체계는 실제로 자본이 형성되는 데 큰 도움을 주었다.[28]

무슬림 국가들의 경제가 상대적으로 낙후된 원인에 대해서는 여러 가지 설명이 있다. 부패한 권력 때문이라는 설도 있고, 풍부한 자원에서 비롯된 자원의 저주* 때문이라는 설도 있다. 하지만 나는 무슬림들이 경제적으로 실패할 운명을 타고났다고는 생각하지 않는다. 인도네시아와 말레이시아는 자본주의 윤리가 이슬람과 공존할 수 있다는 사실을 충분히 보여 준다. 시간을 내서 북아프리카 시장을 돌아보면 무슬림들이 얼마나 장사를 잘하는지 금세 알 수 있을 것이다. 탐험가 에르난도 데 소토가 언급했듯, 아랍의 봄을 불러온 장본인은 바로 좌절감을 느낀 사업가들이었다. 그들은 부패한 독재 정권의 약탈에 내몰려 스스로 제물이 되는 상황에까지 이르자 분연히 일어났다.

종교 지도자인 이맘들이 내세의 삶을 강조하는 대신 이 세상을

자원의 저주 자원이 풍부한 국가일수록 경제 성장이 둔해지는 현상을 말한다.

천국으로 만드는 방법에 대해 설교하기 시작한다면 우리는 분명히 더 많은 무슬림 사회에서 경제가 활기를 띠는 모습을 보게 될 것이다. 이슬람 사회에서 자본주의가 더욱 부흥한다면 젊은 무슬림들의 관심과 염원을 사후 보상에서 현세의 삶에 대한 보상으로 전환시킬 수 있을지도 모른다. 그런 기회와 가능성은 그들에게 죽을 이유가 아닌 살아가야 할 이유로 작용할 것이다. 이슬람 세계가 현세의 삶을 선택하게 될 때 비로소 현대 사회에 진정으로 적응할 수 있을 것이다.

죽음을 사랑하는 사람들

샤리아의 족쇄

이슬람의 가혹한 종교 법전은
어떻게 무슬림들을
7세기에 묶어 두는가

수단에서 임신 8주차에 접어든 스물일곱 살 여성 메리엄 이브라힘이 간음죄와 배교죄로 각각 100대의 태형과 교수형을 선고받은 사건이 있었다. 그런 선고는 714년 혹은 1414년에는 통과되지 않았다. 하지만 2014년에는 그런 일이 벌어졌다.

샤리아에 의거할 때 메리엄과 나는 본질적으로 같은 죄를 범했다. 우리는 둘 다 이슬람을 저버렸다는 비난과 고발에서 벗어날 수 없다. 메리엄처럼 나도 이단자와 결혼했다. 내가 종교를 완전히 버린 데 비해 메리엄은 수단인 무슬림 아버지 대신 에티오피아인 기독교도 어머니의 종교를 따르기로 선택했고 역시 기독교도 남성과 결혼했다. 그녀를 가족에서 제외시킨 것은 '옳은 일을 명령하고 그른 일을 금지하는' 행위로서 다음 장에서 다룰 이슬람의 관행에 따른 것이었다.

메리엄이 체포된 뒤 이뤄진 법적 처리는 샤리아의 원칙에 따라 결정됐다. 그녀의 오빠는 동생이 남편에게 기독교로 개종하는 "독약"을 받았다고 CNN 인터뷰에서 밝혔다. 그런 다음 만약 동생이 기독교를 버리고 회개하지 않는다면 마땅히 "처형되어야 한다"고 주장했다.[1]

수단의 이슬람 율법 샤리아에 의거하면 아버지의 종교는 자동적으로 아이들의 종교가 된다. 또한 무슬림 여성은 다른 종교를 가진 남성과 결혼해서는 안 된다. 이런 금지는 무슬림 남성에게는 적용되지 않는다. 그렇기 때문에 메리엄이 정통 기독교도 어머니 밑에서 성장한 사실은 수단의 샤리아 법정에서 문제가 되지 않았다. 아버지가 그녀의 어린 시절 내내 부재했던 사실도, 그녀가 미국 시민권자와 결혼한 사실도 문제가 되지 않았다. 다만 엄격한 이슬람 율법을 적용해서 배교 행위에 대해서는 죽음의 처벌을, 간음에 대해서는 100대의 태형을 선고받았다.

수감될 당시 메리엄이 임신 중이었기 때문에 그 같은 선고는 즉각 시행되지 않았다. 그녀는 쇠고랑에 발이 묶인 채 아기를 낳아야 했다. 샤리아에 따르면 임신 중인 여성의 경우 아기가 젖을 뗄 준비가 될 때까지 사형 집행이 유예된다. 수단 법정에서 메리엄에게 유일하게 남은 길은 기독교를 버리고 이슬람의 품으로 돌아가는 것뿐이었다. 실제로 최근 몇 년 동안에 이런 죽음의 형벌을 피하기 위해 배교자들이 자신의 종교를 포기하고 이슬람으로 돌아섰다는 소식을 종종 들을 수 있었다. 하지만 메리엄은 거부했다. 이슬람 성직자들이 그녀를 찾아와 설득했지만 그녀는 기독교를 버리고 이슬람을 선택하지는 않겠다고 말했다. 그리고 단호하게 이런 말을 덧붙였다.

"무슬림이었던 적이 없는데 어떻게 무슬림으로 돌아간단 말입니까?"

미 국무부는 메리엄에 대한 가혹한 선고에 경악을 감출 수 없다고 선언했다. 국제사면위원회를 비롯해 오스트레일리아, 캐나다, 네덜란드, 영국의 대사관에서도 비난이 쇄도했다. 수단 정부가 스스로 초래한 여론 재앙의 규모를 이해하는 데에는 몇 개월이 걸렸다. 그동안 수단 당국은 체면을 지키기에 급급했다. 메리엄의 사형선고가 번복된 후에도 그녀는 서류를 조작했다는 혐의를 받아서 수단을 떠날 수 없었다. 그러던 어느 날 수단 경찰 조직의 요원들이 그녀와 변호인단을 공항에 가두고 두들겨 패는 일이 벌어졌다.

이탈리아 외교관들이 끈질기게 협상을 벌인 끝에 마침내 수단 당국의 태도가 누그러졌다. 겨우 자유를 얻자마자 메리엄은 프란치스코 교황을 만났다. (잠시 두 종교에서 드러나는 뚜렷한 차이를 짚고 넘어가자. 프란치스코 교황이 태어났고 가톨릭에 재정적 지원을 하고 있는 아르헨티나에서 교회를 떠났다는 이유로 사형을 선고받은 사람이 있는가? 가톨릭 신앙을 가지지 않은 자와 결혼했다고 해서 간음이라는 판결을 받고 100대의 태형을 선고받은 사람이 있는가?)

메리엄에게 가해진 폭행의 악습은 결코 특별한 사건이 아니다. 샤리아는 이슬람 세계 전역에 걸쳐 다양한 환경에서 일상적으로 언급되고 적용된다. 그리고 그때마다 샤리아는 이슬람의 신성한 텍스트로 권위를 인정받는다.

여기서 잠깐 이슬람 율법에서 허용하는 몇 가지 형벌을 살펴보자. 참수형을 수용하는 내용은 꾸란 47장 4절에 이렇게 적혀 있다.

믿지 않는 자들을 만나면 그들의 목을 내리칠지어다.

십자가에 매달아 죽이는 형벌에 대해서는 꾸란 5장 33절에 이렇게 나와 있다.

알라와 예언자에 대적하는 자들에 대한 처벌은 사형 혹은 십자가형, 손과 발의 절단, 추방이 될지어다.

신체 절단형은 꾸란 5장 38절에 이렇게 규정되어 있다.

절도범들에 대해서는 남녀를 불문하고 그 죄를 물어 양손을 자를지어다.

돌팔매 처형은 간통을 저지른 자들에게 가하는 형벌이다. 하디스에도 기록되어 있듯, 예언자는 부정한 관계를 맺은 자들에게 돌을 던지라고 명령했다. 꾸란은 간통이나 우상숭배를 저지른 사람에게 동정심을 느끼지 말라고 촉구하며 공개적으로 매질을 가하라고 판결을 내린다. 꾸란 24장 2절에는 이렇게 적혀 있다.

간통이나 우상숭배의 죄를 저지른 남녀에게는 각각 100대의 매질을 가할지어다. 알라가 지시한 대로 그들에게 동정심을 가져서는 안 되며 수많은 신자들이 그들의 처벌을 함께 볼지어다.

이슬람에서 참수형, 십자가형, 절단형, 돌팔매질, 매질 등의 처형 방법이 시대에 뒤떨어졌다고 생각하는 사람은 거의 없다. 이란, 파키스탄, 사우디아라비아, 소말리아, 수단 같은 나라에서는 이런 처형 방법의 일부 혹은 전부가 지금도 여전히 암묵적으로 승인을 받은 지역의 종교 지도자나 국가의 주도로 시행되고 있다. 이 글을 쓰고 있는 순간에도 사우디아라비아에서는 작가 라이프 바다위가 샤리아 중 신성모독으로 규정된 내용을 블로그에 올린 혐의로 공개 매질이라는 잔혹한 처벌을 당하고 있다.

샤리아는 무엇인가

샤리아는 이슬람의 수많은 규칙을 공식적으로 성문화한 것이다. 숭배의 방법뿐만 아니라 일상생활, 개인의 행동, 경제 교류와 법적 거래, 가정생활, 심지어 국가의 통치까지도 규제하고 지배한다. 미국의 민주주의에 대한 날카로운 통찰력을 자랑하는 19세기 프랑스 정치이론가 알렉시 드 토크빌은 이렇게 썼다.

이슬람은 두 개의 권한을 거의 완벽하게 무력화하고 통합해 버렸다. (중략) 그 결과 시민 생활과 정치 생활의 모든 행동이 종교적 율법의 규제를 받고 있다.[2]

오늘날에도 19세기와 똑같은 종교적 율법이 이슬람 세계를 뒷받침하고 있다. 게다가 이슬람 율법은 매우 엄격하고 처벌 위주이며 믿지 않는 사람들, 즉 배교자나 이슬람 신앙에서 벗어나 있는 사람들을 어떻게 다뤄야 하는지 상세하게 규정한다. 심지어 남편이 아내를 때릴 때 어느 정도까지 때려도 좋은지도 기술해 놓았다.

일반적으로 법률을 정의할 때에는 권한을 규제하고 개인의 권리를 보호하는 규칙들을 만들려고 한다. 운전 규칙부터 개인의 재산을 보호하는 방법과 사업 계약에 이르기까지 우리는 모든 사항에 대해 규칙을 정해 놓고 있다. 개인과 기업과 정부가 무분별하고 가혹하게 또는 아무런 명분 없이 행동하지 못하도록 공정한 대우를 보장하는 규칙과 개인의 상해에 대한 책임을 처벌하는 규칙 등도 명시해 둔다. 법률은 진화하는 체계로서 변화하는 사회에 적응하면서 수많은 분쟁을 해결하기 위해 존재한다. 우리는 분쟁을 법정 안이나 밖에서 해결할 수도 있지만, 대개의 경우 기본적으로 평화롭게 해결한다.

샤리아는 이와 완전히 다른 기반에서 출발한다. 초기 이슬람 시대에는 다른 무엇보다도 도덕적 질서를 유지하는 것을 중시했다. 이슬람 공동체에서 첫 번째로 충성을 다해야 하는 대상은 이맘이다. '알라가 계시한 법의 길을 충실히 따르려면' 종교 지도자와 함께 걸어 나가야 하기 때문이다. 무슬림과 이단자를 구분하는 것은 알라가 내린 법의 본질이다.[3] 이런 율법은 무함마드가 받은 신성한 계시에서 비롯된 것이므로 영원불멸하고 절대로 바뀌어서는 안 됐다. 따라서 7세기에 기원한 율법서는 샤리아를 고수하는 국가와 지역에서 지금도 계속 영향력을 유지하고 있다. 대체로 서구의 법률은 일부 하지 말아야 할 것에 대해서만 경계를 정해 놓고 다른 많은 것들을 허용하지만 샤리아는 그 반대다. 할 수 있는 것들을 나열한 목록은 매우 짧고, 해서는 안 되는 것들을 나열한 목록은 압도적으로 길다. 게다가 처벌을 기록한 목록은 훨씬 더 길다.

법률서의 기본이 되는 꾸란은 유산 상속, 남성 후견인, 법정에서 여성 증언의 타당성 문제, 일부다처제와 관련해서 부족 혹은 씨족 사회의 기원을 반영한다. 이 같은 특성은 예언자의 언행을 기록한 하디스에서 더 명료하게 드러난다. 이렇게 꾸란과 하디스는 샤리아의 기초를 이루고 있다. 이런 법적 규칙의 도출은 이슬람 법학자들이 담당하며 그들의 이즈마(의견 일치)를 기본으로 한다. 해석에 따른 갈등이 발생하면 학자들은 꾸란과 하디스를 참고한다. 만약 두 책에도 그 문제에 대한 언급이 없으면 유추를 통해 합의에 도달한다.

어니스트 겔너는 자신의 대표적인 저서 《무슬림 사회Muslim Society》에서 이렇게 지적했다.

전통적인 이슬람 사회에서는 일반 법학자와 교회 법학자 사이에 별다른 구분이 없고 신학자와 법학자의 역할이 하나로 통합되어 있었다. 적절한 사회적 합의에 필요한 지식과 신과 관련된 문제에 대한 전문지식은 결국 하나에서 이어진 것이다.[4]

이 말은 목사와 신부와 랍비가 우리의 판사이자 입법자와 같아서 그들의 학문인 신학을 활용해 일상생활에서 용인할 수 있는 행동의 법적 경계를 수립한다는 의미다.

몇 년 동안 나는 꾸란과 하디스, 그리고 샤리아에서 이 두 책이 지닌 역할에 대한 많은 토론과 논쟁에 참여했다. 그때마다 독실한 무슬림들은 성경(특히 구약성경)에 나오는 규칙과 처벌은 현대적인 기준에서 볼 때 지나치게 엄격하고 가혹하고 시대에 뒤떨어진다며 이슬람만 지목해 비난을 가하는 것은 부당하다고 역설했다.

신약성경과 구약성경의 많은 부분이 가부장적 규율을 강조한다는 것은 틀린 말이 아니다. 특히 구약성경에는 가혹한 신이 인간을 벌하는 이야기가 많이 나오는 것도 사실이다. "눈에는 눈, 이에는 이"라는 말은 누구나 들어서 알 정도다. 《신명기》에서 모세는 수많은 규율을 알려 주며 모든 것을 다스리는데, 경계석을 제거하는 일부터 의붓어머니와의 결혼을 금지하고, 우상숭배에 대해 돌팔매질을 하지 말라고 당부하는 것까지 그 내용도 매우 구체적이다. 차이가 있다면 아무도 현대의 법률 체계에 이런 구절을 적용하지 않으며 당시에 유행한 처벌 방법은 이미 오래전에 파기됐다는 점이다.

유대교의 토라와 기독교의 성경에 변함없이 영원한 규율이 있다면 살인, 도둑질, 간통 등 상대적으로 금지 목록이 짧은 십계명을 꼽을 수 있다. 그 규율들의 기원을 살펴보면 대체로 종교적 측면과 무관하다. 실제로 유대교에는 "그 나라의 법이 곧 법이다"라는 고대의 원칙이 있었다.[5] 이런 원칙을 고수한 덕분에 여기저기 흩어져서도 공동체 안에서 명맥을 유지하던 유대인들은 고유한 종교적 율법과는 다른 시민법 아래에서 문제없이 살아갈 수 있었다.[6] 그리스도 역시 로마제국의 과세제도와 관련해 제자들이 묻는 질문에 "황제의 것은 황제에게 돌려주어야 한다"고 대답했다. 반면에 이슬람은 자체의 율법과 일치하지 않는 어떤 법률 체계도 불법으로 간주한다(5장 44절, 5장 50

절). 무슬림은 오직 꾸란과 하디스에서 유래한 그들의 율법 샤리아만이 진정한 법이라고 주장한다.

하버드에서 진행한 세미나에서 새로운 이집트 헌법 초안을 논의할 때 나는 이런 경향을 가장 많이 절감했다. 예전에 독서 과제를 한 적이 없다고 큰 소리로 말했던 이집트 여학생은 이렇게 단언했다.

"이집트 헌법에 당신이 무슨 내용을 적어 놓든 상관없어요. 어차피 아무것도 바뀔 게 없으니까요. 우린 계속 우리 방식대로 살아갈 겁니다."

애석하게도 그녀의 말은 사실이다. 이집트에서는 여전히 계약 분쟁과 유산 문제를 해결하기 위해 종교재판관들에게 의존한다. 게다가 군사정부는 500명이 넘는 정치 포로들에게 사형을 선고하기 위해 샤리아 법정에 승인을 요청하기도 했다.

한편 보코 하람과 IS 같은 단체들은 무함마드와 그의 추종자들이 집행한 그대로 샤리아를 부활시킬 수 있을 것이라고 믿고 있다. 돌을 던지거나 손발을 자르고 십자가에 매달거나 노예로 팔고 종교의 개종을 강요할 때 그들은 샤리아를 따를 뿐이라고 주장한다. 그리고 자신들의 행동을 정당화하기 위해 샤리아의 구절들을 인용한다.

● 샤리아의 세계화

"나는 죽이지 않았어요! 나는 죽이지 않았어요!"

한 여자가 비명을 지르자 사우디아라비아 경찰이 그녀의 머리에 검은 스카프를 둘러씌운다. 이어서 하얀 옷을 차려입은 사형집행인이 여자에게 말한다.

"신을 찬양하라."

그는 은색 장검을 들어 올리더니 단칼에 그녀의 목을 내리친다. '헉'하는 소리가 들리더니 여자가 조용히 쓰러진다. 사형집행인은 두 번 더 그녀의 목을 베고는 뒤로 물러나 조심스럽게 칼날을 닦는다. 즉시 구급대원이 다가와 여자의 시신을 들것에 올리자 확성기를 통해 그녀의 죄명을 읊어대는 소리가 신성한 도시 메카에 울려 퍼진다.

여자는 일곱 살짜리 의붓딸을 성폭행하고 빗자루로 두들겨 패서 죽게 했다는 혐의로 기소됐다. 죄명에 이어 "옳은 것에 따라 샤리아를 시행하라는 숭고한 법령이 발표됐다"는 진술이 들려온다.[7]

사우디아라비아에서는 매주 금요예배가 끝나면 수많은 남자들이 이슬람 율법이 시행되는 장면을 구경하기 위해 중앙광장으로 몰려든다. 그곳에서는 매주 절도범이 양손이 잘리거나 간음한 자가 돌팔매질을 당하거나 살인자나 배교자, 다른 유죄 판결을 받은 범죄자가 참수를 당한다.

오늘날 가톨릭교도, 기독교도, 유대교도 중에 어느 누가 미사나 예배를 마치고 독극물 주입이나 전기 처형을 구경하러 간다고 상상할 수 있겠는가. 그런 사형제도가 미국의 몇몇 주에서 아직 시행되고 있긴 하지만 서구에서는 공개 처형이 실시되거나 종교 범죄로 사형당하는 것을 볼 수 없게 된 지 이미 오래다. 이슬람과 서구 세계 간의 이런 법적 괴리는 시간이 흐를수록 좁혀지기는커녕 더 크게 벌어지고 있으며 그 범위는 더욱 광범위해지고 있다.

2014년 여름, 가자 지구에서 팔레스타인 사람 18명이 이스라엘과 협력을 도모했다는 혐의로 총살당했을 때 공개적으로 제시된 해명은 성직자들로 구성된 지역 법원이 이들에게 유죄 판결을 내렸다는 주장이었다(팔레스타인 법에 따르면 이스라엘과 협력을 도모하는 것은 사형에 처해질 범죄이지만, 그 선고가 시행되려면 대통령의 승인이 필요했다). 결국 이들 18명은 일부 지역의 자체적인 샤리아 시행에 따라 유죄를 선고받고 희생됐다. 인권운동가들이 이들의 죽음에 항변하고 나섰지만 종교적 정당화의 근본적인 문제나 이런 선고를 내리는 무슬림 성직자들의 역할에 제동을 거는 도전은 없었다.

파키스탄에서 예언자 무함마드를 모독하는 사람은 사형에 처해진다.[8] 전 세계적으로 일부 기독교 국가를 포함해 30곳이 넘는 나라에서 이와 유사한 신성모독을 범죄로 인정하고 있다. 하지만 그런 법률이 실제로 시행되고 있는 나라는 무슬림 국가들뿐이다. 2014년 한 파키스탄 법원은 스물여섯 살 기독교도 남성에게 예언자를 비방했다는 이유로 사형을 선고했다. 이 기독교도 남성은 자신의 집 근처에 공장을 지으려고 하는 지역 사업가들이 불만을 품고 자신에게 예언자를 비방했다는 조작된 혐의를 씌웠다고 주장했다. 그의 판결이 내려졌을 때에는 이미 23명이나 되는 파키스탄인이 신성모독을 저지른 대가로 사형선고를 받고 수감되어 있었다.

더욱이 공식적인 법원 판결이 있든 없든 상관없이 자경단원들은 스스로 내린 판결을 아무 거리낌 없이 수행한다. 또다시 파키스탄에서 신성모독 혐의를 받고 있는 대학교수를 옹호하던 한 변호사가 총에 맞아 죽는 사건이 벌어졌다. 바하왈푸르라는 도시에서는 대낮에 화형이 벌어졌는데, 경찰이 신성모독 혐의자를 수감한 뒤 느닷없이 폭도들이 경찰서에 난입해 그 남자를 거리로 질질 끌고 나가더니 경찰들이 지켜보는 앞에서 산 채로 불태워 버린 것이다.

이와 비슷한 잔혹한 행위가 좀 더 현대적인 동남아시아 국가들에서도 벌어지고 있다. 인도네시아 수마트라 섬 북부에 있는 아체특별자치구역에서 스물다섯 살의 미망인과 마흔 살의 남자가 엄청난 곤욕을 치렀다. 8명가량의 지역 주민들이 남자를 때리고 미망인을 윤간하고는 남녀 모두에게 오물을 들이부은 다음 지역 샤리아 당국에 넘긴 것이다. 샤리아 경찰은 자체적으로 두 남녀에게 간통죄에 대한 공개 매질 처벌을 내렸다. 이전에는 간통을 저지른 사람을 돌로 쳐 죽이기도 했으니 어떤 점에서는 이런 처벌이 상대적으로 가벼워 보이기까지 했다.[9]

물론 일부 독자는 이런 현상을 매사추세츠에서 벌어진 마녀 화형처럼 결국에는 사라질, 시대에 뒤떨어진 관행쯤으로 여길 수도 있다. 하지만 이슬람 세계에서 벌어지는 일은 분명 성격이 다르다. 보르네오 섬 북서부의 부유한 독립국인 브루나이에서는 현재 국왕 술탄이 발전된 형태의 샤리아 형법을 단계적으로 도입하고 있다. 그 결과 간통을 저지른 자는 돌팔매질로 죽임을 당하고, 절도범은 손이 잘리고, 동성 간 성교를 나눈 자는 사형에 처해지고 있다. 이슬람교를 공식 종교로 인정한 말레이시아에서도 이슬람 율법 지지자들이 샤리아 식 처벌을 국가의 형법에 도입하기 위해 애쓰고 있다.

이처럼 이런 국가들이 좀 더 강경한 법전을 채택하려는 경향은 사우디아라비아가 통일된 왕국을 형성하면서 나타나기 시작해 1979년 이란혁명 이후 가속화됐다. 그때부터 이란은 현대 정치 체제 가운데 이슬람교가 사회의 모든 분야를 통치하는 첫 번째 신정국가가 됐다. 이란이 엄격한 이슬람 법전을 채택한 정책은 당시에 큰 호응을 얻었는데, 그 정책은 축출당한 정권과 관련해 이란 국민들이 혐오하던 모든 것, 즉 타락, 부패, 부도덕과 근본적이고 완벽한 대조를 보여주었기 때문이다.

오늘날 샤리아는 거의 모든 이슬람 사회와 국가가 채택하고 있을 정도로 이슬람 세계 곳곳에 퍼져 있다. 이 점을 가장 설득력 있게 입증하는 것은 2013년 퓨리서치센터가 발표한 〈전 세계의 무슬림들: 종교, 정치, 사회The World's Muslims: Religion, Politics, and Society〉라는 제목의 보고서다. 이 보고서는 아프리카와 아시아, 유럽 대륙의 39개 국가 및 영토에서 행해진 3만 8,000건이 넘는 일대일 대면 인터뷰를 통해 이루어졌다. 인터뷰 대상자들은 총 80개 이상의 언어와 방언을 사용하고 있고, 그 지역에 분포한 무슬림 인구는 현재 천만 명이 넘는다. "당신은 샤리아 혹은 이슬람 율법이 자국 혹은 그 나라의 공식적 법률이 되는 것에 찬성합니까, 반대합니까?"라는 질문에 무슬림 인구가 가장 많은 5개 국가(인도네시아 2억 400만 명, 파키스탄 1억 7,800만 명, 방글라데시 1억 4,900만 명, 이집트 8,000만 명, 나이지리아 7,600만 명)는 샤리아에 대한 압도적인 지지를 보여 주었다. 좀 더 정확하게 표현하면 인도네시아 무슬림의 72퍼센트, 파키스탄 무슬림의 84퍼센트, 방글라데시 무슬림의 82퍼센트, 이집트 무슬림의 74퍼센트, 나이지리아 무슬림의 71퍼센트가 각각의 사회에서 샤리아가 공식 법률이 되는 것에 지지를 보낸 것이다. 민주주의로 이행하고 있는 것으로 보이는 두 이슬람 국가에서는 샤리아 지지자의 수가 훨씬 많았다. 퓨리서치센터는 이라크 무슬림의 91퍼센트와 아프가니스탄 무슬림의 99퍼센트가 샤리아를 자국의 공식 법률로 지지하고 있다는 사실을 밝혀냈다.

게다가 샤리아는 이제 더 이상 무슬림 다수 국가들에서만 유용한 것이 아니다. 서구에서도 무슬림 관련 가족법과 상속 사례에서 참고문헌으로 활용되는 경우가 늘고 있다. 심지어 영국에서는 몇몇 샤리아 법원이 실제로 운영 중이다.[10] 샤리아에 의거하면 무슬림 여성들은 영국의 관습법에 따라 공평하게 재산을 상속받는 대신 남성들이 상속받는 재산의 절반만 받게 되고 이혼한 무슬림 여성은 그마저도 전혀 받지 못하며 입양된 아이들도 유산을 받을 수 없다. 또한 비무슬림과 결혼한 경우에는 상속 문제에서 아무런 권한도 갖지 못한다.[11] 다른 서구 국가들에서도 샤리아를 적용해야 한다는 압력이 커지고 있다. 예를 들어, 프랑스는 일부다처제를 금지하는 법률을 수정해야 한다는 압력을 받고 있다. 무슬림 국가에서 이주한 남성들이 두 번째 혹은 세 번째 부인이 이민 와서 함께 살기를 원하기 때문이다. 프랑스 당국은 지금까지 무슬림 여학생들이 베일로 얼굴을 가리고 학교에 다니는 것을 허용하지 않았듯, 일부다처제에 동의하지 않았다. 하지만 일부다처제 환경에서 태어난 아이들과 관련해서 이미 예외가 생겨나기 시작했다.

서구에 살고 있는 무슬림들 사이에서도 샤리아를 지지하는 추세가 늘고 있다. 2008년 베를린과학센터가 유럽에 살고 있는 무슬림

9,000명을 대상으로 펼친 여론조사 결과는 그들에게 전통 이슬람으로 회귀하려는 강한 신념이 있다는 사실을 보여 준다. 이 연구를 주도한 루드 쿠프먼즈의 말에 따르면, "응답자 가운데 대략 60퍼센트가 무슬림이라면 이슬람의 뿌리로 되돌아가야 한다는 데 동의했고, 75퍼센트는 모든 무슬림이 고수해야 하는 꾸란 해석은 한 가지뿐이라고 생각했으며, 65퍼센트는 그들이 사는 나라의 법률보다 종교적 규칙이 더 중요하다고 말했다."[12] 또한 응답자의 절반 이상(54퍼센트)이 서구 사회가 이슬람 문화를 파괴하기 위해 애쓰고 있다고 생각하는 듯했다.[13]

⁞ 모순적인 샤리아

사우디아라비아 왕국에서 손꼽히는 사형집행인 가운데 한 사람인 무함마드 사드 알 베시는 〈아랍 뉴스〉에서 하루에 최대 10명까지 사형을 집행한다고 밝혔다. 검은 그가 가장 선호하는 도구다. 그는 칼날을 면도날같이 날카롭게 유지하기 위해 항상 신경 쓰고, 평소에도 검을 깨끗이 간수할 수 있게 아이들에게 도움을 청한다고 했다. 알 베시는 자신이 검으로 얼마나 빨리 목을 벨 수 있는지 지켜보며 놀라는 사람들을 흥미롭다고 생각했고, 사람들이 처형 장면을 보고 실신하거나 제대로 볼 용기도 없으면서 무엇 때문에 구경하러 오는지 모르겠다고 의아해했다. 그 밖에도 그는 양손과 발, 혀를 자르는 식으로 샤리아의 판결을 수행하고 있다고 설명했다.

알 베시의 이야기에 여러분은 물론 어떤 형태로든 사형제도가 존속되는 나라에 사는 사람들조차 매우 큰 충격을 받을 것이다. 대다수 무슬림처럼 나 역시 오랫동안 샤리아의 기본적인 원칙과 관행에 의문을 품어 볼 생각조차 하지 못했다. 중매결혼을 피해 달아날 때에도 내가 속한 공동체의 규칙이 샤리아이기 때문에 그것이 정한 처벌이 내게 내려질 거라고 믿었다. 네덜란드에 도착한 뒤에도 아버지나 아버지의 씨족들, 중매결혼을 하기로 되어 있는 남자가 나타나 내 뜻과는 무관하게 복종을 강요할까 봐 두려웠다. 네덜란드 공무원이 자국에는 나를 보호해 줄 만한 법률이 따로 없지만 특별한 법적 정당성이 없으므로 나의 중매결혼은 인정되지 않을 것이라고 처음으로 말해 주었을 때, 나는 그런 법적 체계에 놀랐고 네덜란드 법률이 이슬람 율법과 너무 다르다는 사실에 다시 한 번 놀랐다. 서구 자유사상의 가르침과 신념에 깊이 빠져들수록 나는 더 많이 경탄하지 않을 수 없었다.

레이던대학교 시절 참여한 세미나 중에서 2차 세계대전을 되돌아보고 성찰하는 시간이 있었다. 당시 평범한 독일 국민들은 홀로코스트에 대해 알고 있었을까? 네덜란드 국민들도 알고 있었을까? 그러면서 몇 가지 사항을 자문해 보게 됐다. 그런 상황에 있었다면 나는 무엇을 했을까? 자발적으로 사형집행인이 됐을까? 아니면 위험을 무릅쓰고 유대인들을 도왔을까? 그것도 아니면 아무것도 하지 못했을까? 내가 그런 고통스러운 문제를 붙들고 씨름하고 있을 때 내 여동생은 나이로비에서 내가 경험했던 일들을 그대로 겪고 있었다(동생은 나중에 네덜란드에서 나와 함께 살았다). 그때 동생은 훌륭하고 독실한 무슬림이 되기 위해 노력해야 한다고 생각하고 있었다. 그리고 무슬림 형제단의 필독 도서들을 열심히 읽고 있었다. 내가 인간이 만든 법률의 중요성과 무법 상태의 전체주의가 초래하는 끔찍한 결과에 대해 열심히 공부하고 있을 때 동생은 샤리아를 적극적으로 받아들이고 있었던 것이다.

레이던대학교에서 공부할 수 있었던 행운 덕분에 나는 인간이 어디에 살든 그 나라의 법률을 지키기만 하면 성별과 피부색, 사람의 성향과 종교적 신념에 관계없이 기본적인 인권을 보호받을 수 있다는 사실을 이해하게 됐다. 하지만 이런 진실이 샤리아의 근본적인 명령과 많은 부분에서 모순된다는 사실도 알고 있었다. 서구의 법률이 사회의 가장 취약한 구성원들을 보호하는 방향으로 발전했다면, 샤리아 체제 아래에서는 사회의 가장 취약한 사람들, 즉 여성과 동성애자, 믿음이 부족하거나 믿음을 잃어 가는 무슬림, 다른 신을 섬기는 자가 가장 많은 억압을 받고 있다.

다음은 꾸란이 규정한 몇 가지 범죄와 그에 따른 처벌 내용이다.

- **배교**: 이슬람 종족을 떠나는 자에 대한 처벌은 죽음이다. 꾸란 4장 89절에 이런 내용이 있다. "누구나 배교자가 되면 그들이 어디에 있든 잡아서 죽일지어다."
- **신성모독**: 꾸란은 신성모독에 대한 정확한 처벌을 밝히지 않았지만 9장 74절에 이런 표현이 있다. "알라는 그들을 현세와 내세 모두에서 엄중하게 벌할 것이니라. 아무도 그들을 보호하거나 도와주지 않을 것이니라."(6장 93절도 참조)

• **동성애**: 하디스에는 이런 구절이 있다. "동성 간 성애를 나누는 자들
은 모두 죽임을 당할지어다."

샤리아 때문에 가장 많은 피해를 당하는 집단은 다름 아닌 무슬
림 여성들이다. 이는 이슬람 율법의 배경인 가부장적인 부족 문화가
부분적으로 반영된 결과이기도 하다. 되풀이해서 말하지만 이슬람
율법 아래에서 여성은 기껏해야 남성의 절반에 해당하는 가치밖에
인정받지 못한다. 샤리아는 여러 방면에서 여성을 남성보다 경시한
다. 여성은 항상 남성의 보호감독을 받아야 하는 존재이고, 남편에게
는 아내를 때릴 권한이 있다. 남편에게는 아내에게 성적으로 접근할
수 있는 기회가 무제한으로 주어지고 아내를 여러 명 취할 수 있는
권리도 부여된다. 또한 남성은 이혼이나 상속과 관련된 사례, 법정
증언 문제 등에서도 여성의 권리를 제한할 수 있다. 심지어 샤리아에
는 "여성은 얼굴과 양손을 제외한 신체의 일부를 내보일 경우 벌거
벗은 것으로 간주하지만 남성은 배꼽과 무릎 사이를 내보일 경우 벌
거벗은 것으로 간주한다"는 대목도 있다.[14]

여성 차별과 관련해 샤리아가 규정하는 또 한 가지 죄는 '반항하
는 아내'다. 평소와 달리 남편의 말에 쌀쌀맞게 대답하는 아내에게
남편은 반드시 질책을 가해야 한다. 만약 그래도 아내에게 변화가 없
다면 남편은 말을 멈추고 아내를 때려도 되는데, 뼈가 부러지거나 상
처가 생기거나 피가 나지 않을 정도로만 해야 한다.[15]

샤리아가 여성에게 부과한 가장 힘든 짐 가운데 하나는 언제나 남
성의 보호를 받아야 한다는 원칙이다. 이 원칙은 꾸란과 하디스에 나

오는 몇 가지 구절과 표현을 근거로 한다. 보호 혹은 후견이라는 개념은 본질적으로 여성을 보호한다는 취지에서 나온 것이지만, 실제로 여성이 집 밖에서 하는 모든 행동을 규제하고 단속하는 형태로 드러난다. 즉, 남성이 동행하지 않으면 여성은 장보기부터 의사의 진찰을 받으러 가는 일까지 아무것도 혼자서 자유롭게 할 수 없다. 꾸란 4장 34절에는 이런 표현이 나온다.

남자는 여자의 후견인이자 보호자다. (중략) 불성실하고 잘못된 행동을 하는 여자는 먼저 질책하고 훈계하라. 그다음에는 잠자리를 함께 하지 말 것이며, 그래도 말을 듣지 않으면 매질을 가할지니라.

꾸란 2장 223절에는 여자를 "남자를 위해 마련된 경작지 같은" 범주로 분류한다. 이 구절을 샤리아는 다음과 같이 해석한다. 남편은 아내(들)에 대해 월경을 하거나 육체적 질병을 앓고 있지 않은 한 언제든 성적 접근을 할 수 있다. 가부장적 전통을 갖고 있는 모든 부족 사회에서 볼 수 있었던 일부다처제 역시 매우 불공평한 개념이다. 꾸란에 따르면 남성은 최대 4명까지 아내를 취할 수 있지만, 여성은 오로지 한 사람만 남편으로 맞이할 수 있다.

사춘기 이전의 딸은 아버지나 할아버지의 뜻에 따라 당사자의 동의 없이도 시집을 보낼 수 있다. 사춘기가 지난 경우에도 당사자의 동의를 구하는 것은 권장 사항일 뿐 필수 사항이 아니며 당사자가 아무 말을 하지 않으면 결혼하겠다는 뜻으로 간주한다. 만약 여성이 자신의 상대를 선택했더라도 여성의 후견인이 다른 적당한 상대를 고른다면 자신이 선택한 상대와 결혼할 수 없다.[16] 실제로 많은 무슬림 소녀들이 결혼에 대한 자신의 생각을 정립하기도 한참 전에 시집을 가야 했다. 엄격한 방식의 샤리아를 고수하는 나라들에서는 무함마드의 전통을 따라 결혼연령이 낮아졌다. 무함마드가 아이샤와 결혼했을 때 그녀의 나이는 예닐곱 살이었고, 첫날밤을 치렀을 때에는 아홉 살이었다(하디스에 따르면 아이샤는 인형을 손에 들고 무함마드의 집에 들어갔다고 한다). 예를 들어, 예멘의 아버지들은 딸이 아홉 살 정도가 되면 시집을 보낸다. 그들은 그렇게 하면 간통을 예방할 수 있다는 명분을 제시한다. 마지막으로 무슬림 남성들은 기독교도나 유대교도 여성과 결혼할 수 있지만, 무슬림 여성들은 무슬림 남성하고만 결혼할 수 있다. 앞에서도 여러 번 살펴보았듯, 이런 규칙을 어기는 자들에 대한 처벌은 매우 가혹하다.

요컨대 성의 불평등이 샤리아의 핵심이다. 꾸란에는 아들 하나가 딸 둘의 몫을 상속받는다고 되어 있다. 샤리아를 기본으로 한 법정에서 강간죄를 입증하기 위해서는 강간범이 자백을 하거나 4명 이상의 남성 목격자가 나서서 강간 현장에 대해 증언해야 한다. 꾸란 2장 282절에는 일반적으로 법정에서 여성의 증언은 남성 증언의 절반에 해당하는 가치밖에 없다고 씌어 있다. 한편 이슬람 율법에 따르면 남편은 아내와 쉽게 이혼할 수 있지만("난 당신과 이혼하겠소!"라는 말을 세 번만 하면 끝이다) 아내가 남편에게서 이혼을 얻어내는 일은 훨씬 어렵다. 또한 여성은 아이가 일곱 살이 되면 양육권을 상실하지만 남성은 그렇지 않다.

지금까지 살펴본 모든 것은 지나간 관행을 서술한 과거사가 아니다. 모두 21세기인 현재 시행 중인 법률 체계와 처벌제도를 설명한 것이다. 진실로 비난받고 족쇄가 채워져야 할 것은 메리엄 이브라힘 같은 젊은 엄마들이 아니라 바로 이런 관행이라고 나는 믿는다.

⦂ 샤리아의 동력은 명예와 수치

이슬람의 기원이 아라비아의 씨족과 부족 사회라는 점을 감안하면 샤리아가 명예를 매우 중시하는 것은 그리 이상한 일도 아니다. 특히 남성 후견 원칙은 여성의 정숙을 강조하는 부족 규범과 연관이 있으며 차츰 여성에 대한 '명예로운' 폭력으로 이어졌다(꾸란 6장 참조).[17]

　사실 명예로운 폭력은 이슬람 사회에서만 나타난 현상이 아니다. 명예살인은 이슬람 사회 이전부터 존재했다. 다만 그것이 이슬람 세계에서 더욱 일반적인 현상이 됐고 이슬람 성직자들도 그것에 암묵적인 동의를 표현했을 뿐이다.[18] 실제로 명예살인은 처벌이 따르지 않는 범죄로, 책임이나 이유를 들어 아이를 죽이는 부모들에게 처벌을 면제해 주기도 한다.[19] 이 같은 태도는 오늘날까지 변치 않을 정도로 오랜 생명력을 자랑하고 있다. 2003년 요르단 의회는 명예살인에 대해 좀 더 강경한 법적 처벌을 확립하자는 법안을 부결했다. 그 근거로 '종교적 전통'을 위반한다는 점을 내세웠다. 의회의 한 위원회가 명예살인을 저지른 남성에게 베푼 관용을 간음 현장에서 붙잡힌 남편을 죽인 여성에게도 베풀자고 제안했을 때 무슬림형제단은 강력하게 반대하고 나섰다.

이 제안은 여성의 종교적 미덕을 혈통과 연관 지으려는 시도와 관련해서도 주목할 만한 가치가 있다. 하지만 종교적 문제를 담당한 요르단 장관은 샤리아에 의거해 남편이 다른 여자와 함께 있는 현장을 들키더라도 아내에게는 남편을 죽일 권한이 없다는 내용을 명기한 파트와를 발표했다. 장관의 설명에 따르면 이 사례는 두 사람의 부부 생활에 지장을 줄 뿐 가족의 명예를 훼손하는 일은 아니므로 아내가 할 수 있는 최선의 행동은 이혼을 제기하는 것이라고 했다. 그 밖에 요르단 입법자 아브드 알 바키 카무는 이런 설명을 덧붙였다.

"좋든 싫든 이슬람 사회에서 여성과 남성의 권한은 같지 않다. 간음한 여성은 간음한 남성보다 훨씬 나쁘다. 결국 혈통을 결정짓는 것은 여성이기 때문이다."[20]

이슬람 세계에서 여성에 대한 폭력을 공공연하게 정당화하는 모습은 어디에서나 쉽게 찾아볼 수 있다. 2010년 이집트의 이슬람 성직자 사드 아라파트는 TV 토크쇼에 나와 아내를 매질하는 규율에 대해 공개적으로 논평했다. 그는 "알라께서 때리는 처벌을 마련해 줌으로써 아내들의 명예를 지킬 수 있게 하셨다"[21]며, 남편이 아내에게 성적 만족을 얻지 못한다면 매질이 적절한 처벌이라고 설명했다. 이어서 그는 아내를 못생겨지게 해서는 안 되므로 매질을 할 때 얼굴은 피해야 한다고 덧붙였고 가슴 이하로 짧은 회초리를 이용하는 게 좋다고 조언했다.

아랍의 봄 이후 여성에 대한 폭력이 급증했다는 충격적인 보도에 어안이 벙벙해진 상황에서 이슬람 성직자의 이 발언은 우스꽝스럽기까지 하다. 2014년 6월 압델 파타 엘 시시를 지지하는 사람들이

엘 시시의 대통령 당선을 축하하기 위해 카이로의 타흐리르 광장에 몰려들었을 때 여성 10여 명이 폭행을 당하고 그중 열아홉 살 여성이 잔혹하게 윤간을 당하는 사건이 벌어졌다. 그런데도 이슬람 성직자들은 그 사건을 들먹이며 오히려 여성을 비하하는 발언을 했다. 그중에서 살라피 아부 이슬람은 제대로 몸을 가리지 않은 채 타흐리르 광장에 나온 여성은 강간을 당해도 상관없다고 생각한 것으로 보인다고 말했다.

샤리아 체계 아래에서 차별을 당하는 집단은 비단 여성뿐만이 아니다. 30개국이 넘는 이슬람 세계가 동성애를 금지하는 법령을 도입하고 동성애를 형사상 범죄로 취급해 태형에서 종신형까지 다양한 처벌을 시행하고 있다. 모리타니, 방글라데시, 예멘, 나이지리아, 수단, 아랍에미리트연방, 사우디아라비아, 이란에서는 동성애자들에게 사형까지도 가능한 유죄를 선고한다. 좀 더 구체적으로 살펴보면 사우디아라비아에서는 동성애 행위로 유죄 판결을 받으면 사형이나 100대의 태형, 종신형 처벌을 받는다. 이란에서는 동성애자들 중 능동적인 역할을 맡은 자가 100대의 태형을 받는 데 비해 수동적인 역할을 담당한 자는 사형에 처해진다. 레즈비언에게는 100대의 태형을 내리는데, 그것도 판결 횟수가 4회가 넘으면 사형을 언도한다.[22] 2012년 이란의 한 인권 단체가 하버드 로스쿨의 국제인권클리닉과 공동으로 수행한 연구에 따르면 이란에서 일부 레즈비언과 게이, 양성애자가 성전환 수술을 공개적으로 강요받았다고 한다.[23]

● 돌팔매 사형

샤리아는 돌팔매질이라는 혐오스럽고 끔찍한 처벌제도를 허용한다.
21세기 현대 사회에서는 상상조차 할 수 없는 이 같은 형벌이 이슬
람 세계에서는 버젓이, 그것도 매우 널리 시행되고 있는 관행이다. 현
재 적어도 15개 국가 및 영토에서 돌팔매 사형을 허가 또는 권고하
는 법률을 시행하고 있는데, 그 대상은 간통을 저지른 사람이나 다
른 형태의 성적 문란을 범한 사람이다. 2008년 퓨리서치센터가 실시
한 여론조사에 따르면 파키스탄인 가운데 간통에 대한 돌팔매 처벌
을 반대한 사람은 5퍼센트에 불과했고 무려 86퍼센트가 찬성표를
던졌다.[24]

이란은 전 세계에서 돌팔매 처형 비율이 가장 높은 나라다. 이란
판사들은 법률 체계 안에서 증거가 아닌 '직감'을 바탕으로 피고에게
유죄를 선고할 수 있다. 종교적 박해가 심했던 중세 유럽에서 피의자
는 불같이 뜨거운 돌 위를 걸어가거나 몹시 차가운 물에 몸을 담그
는 고통스러운 체험에서 살아남으면 자신의 무죄를 증명할 수 있었
는데, 이를 상기시키기라도 하듯 오늘날 이란에서는 피의자들이 돌
팔매를 피한다면 살아남을 수 있다고 되어 있다. 하지만 남자는 허리
까지만 파묻힌 상태에서 강하고 재빠르기만 하다면 날아오는 돌들
을 피할 수도 있는 반면, 여자는 대개 차도르를 쓴 채 가슴까지 파묻
히기 때문에 날아오는 돌을 피하는 것은 거의 불가능하다.

돌팔매 사형은 이슬람 세계 곳곳에서 벌어지고 있다. 튀니지에서
는 '미덕을 촉구하고 악덕을 금지하는 위원회'가 인터넷상에 자신의

누드 사진을 올린 열아홉 살 여성을 돌팔매 사형에 처해야 한다고 주장했다. 나의 조국 소말리아에서는 열세 살 소녀가 남자 3명에게 윤간당했다고 신고했는데, 당시 남부 항구도시 키스마요를 장악하고 있던 알 샤바브 무장 단체는 오히려 소녀에게 간음 혐의를 씌우고 유죄로 판결한 뒤 사형을 선고했다. 아침부터 소녀의 처형을 알리는 소리가 도요타 트럭에 매달린 요란한 확성기를 통해 온 도시에 울려 퍼졌다.

알 샤바브의 충실한 지지자들이 지역 축구장 한가운데에 구덩이를 파고 돌을 가득 실은 트럭을 몰고 들어왔다. 몇 시간 만에 천 명은 될 듯한 군중이 몰려들었고 시간은 어느새 오후 4시를 향해 갔다. 무함마드의 아내가 된 여인과 이름이 같은 아이샤 이브라힘 두홀로는 운동장으로 끌려가면서 비명을 지르고 몸부림을 쳤다.[25] 남자 4명이 소녀를 구덩이에 목까지 파묻었다. 그런 다음 50명이나 되는 남자들이 10분 동안 소녀에게 크고 작은 돌들을 던졌다.

10분이 지나자 돌팔매질이 중단되고 소녀가 구덩이에서 끌어올려졌다. 간호사 2명이 다가가 소녀가 아직 살아 있는지 살폈다. 아직 맥박이 뛰고 있다고 말하자 아이샤는 다시 구덩이에 파묻혔고 돌팔매질이 계속됐다. 구경하던 여덟 살 소년이 참다못해 끼어들었다가 무장 단체가 쏜 총에 맞아 죽임을 당하는 비극이 벌어졌다. 나중에 지역의 한 종교 지도자가 라디오 방송에 나와 아이샤가 자신의 유죄를 증명했다고 말한 뒤 이슬람 율법에 따라 만족스럽게 처형이 이루어졌다고 덧붙였다.

2014년 '이슬람 율법 아래 살아가는 여성들'이라는 단체가 유엔총회에 돌팔매 사형을 금지하는 국제법을 도입할 것을 당부하는 탄원서를 제출했고 얼마 안 되지만 1만 2,000명의 서명도 받았다. 이에 대해 일부 이슬람 성직자는 돌팔매 사형을 교묘히 부인했고, 또 다른 이들은 하디스가 그것을 지지할 뿐이라거나 무함마드가 당대의 유대교 관행을 조금 따랐을 뿐이라며 말을 돌렸다. 이런 주장들은 모두 문제에 대해 이성적 견해를 표명하거나 가치 있는 논쟁이라도 벌이는 것처럼 보인다. 하지만 돌팔매 사형에 대해 야만적이고 사악하다는 의견 외에 또 어떤 견해가 있을 수 있겠는가.

이런 기회주의적인 주장에 비해 모범적인 반응을 보여 준 서구인으로 1842년 인도의 영국군 사령관에 임명된 찰스 네이피어 경이 있다. 당시 인도의 지역 종교 당국은 사티Sati* 금지령에 강력히 불만을 드러내면서 죽은 남편을 위해 아내를 산 채로 불에 태우는 것은 인도 고유의 관습이라고 설명했다. 그러자 네이피어 경은 이렇게 반박했다.

"우리나라에도 역시 고유의 관습이 있습니다. 남자들이 여자를 산 채로 태우면 그들의 목을 매달고 모든 재산을 몰수합니다. (중략) 그렇다면 우리 모두 자국의 관습에 따라 행동하면 되겠군요."

하지만 오늘날에는 이런 언쟁을 상상하기도 힘들다. 대신에 서구의 여러 나라들은 이슬람 사회의 '민감한' 부분들을 수용하려고 애쓰거나 무슬림들이 보편적인 인권을 유린해도(심지어 자국에서 그런 일이 벌어져도) 모르는 척하는 경우가 많다.

사티 남편이 죽으면 아내가 따라 죽음을 택해야 하는 관습이다.

샤리아의 족쇄

해방이라는 새로운 언어가 필요하다

여성의 권리를 제한하고 여성에 대한 폭력을 정당화하는 것 외에도 샤리아가 여성을 억압하는 방식은 매우 광범위하다. 샤리아는 꾸란과 하디스의 명령과 규칙에 기반을 두므로 이슬람 율법에 여성 해방을 위해 사용할 수 있는 단어는 거의 없다고 보아야 한다. 이슬람 사회에서는 기본적인 여성의 권리와 자유를 표현하는 말들을 찾아볼 수 없다. 교육받을 권리, 투표할 권리, 운전할 권리, 매질을 당하지 않거나 돌에 맞지 않을 권리를 쟁취하기 위해 싸우려면 주장을 할 때 필요한 용어를 모두 서구에서 빌려 와야 한다. 이슬람 텍스트나 아랍어에는 이런 권리와 기회를 표현할 만한 단어가 아예 없기 때문이다. 이와 대조적으로 이슬람 사회에는 여성을 억압하는 데 사용할 수 있는 단어와 표현들이 완벽하게 마련되어 있다. 소말리아에서 일부다처제에 불만을 품은 여성들에게 사람들은 이렇게 말한다.

"이봐, 설마 당신 갈로 같은 사람이 되고 싶은 거야?"

'갈로gaalo'는 이단자를 의미하는 말로 신을 믿지 않는 불충한 사람들을 경멸하듯 일컫는 용어다. 두 번째, 세 번째 부인이 되고 싶어 하지 않는다면, 두 번째, 세 번째 부인에게 밀려나고 싶어 하지 않는다면 신에게 불충한 사람이 되는 것이다. 이슬람을 논쟁의 대상으로 제기할 수 없는 사회에서 이런 문제를 토론하는 것은 거의 불가능하다. 사람들은 그저 이렇게 말한다.

"그것은 신을 섬기지 않는 사악한 행동이야. 예언자 무함마드는 그렇게 말하지 않았어."

그렇다고 서구 여성들이 오래전부터 해방의 시간을 충분히 누려왔다는 뜻은 아니다. 잘 알려져 있다시피 1970년대에 접어들어서야 결혼한 여성도 시어스 스토어에서 자기 이름으로 신용카드를 개설할 수 있었다. 역사적으로 미국 여성의 해방을 반대한 가장 강경한 세력 가운데 일부는 기독교 성직자들에서 나왔다. 그들은 여성의 복종이 신이 부여한 사실이며 여성을 집에서 풀어주는 것은 남성의 노예화로 이어질 것이라고 주장했다. 이와는 반대 의미로 신념이 강한 성직자들도 있었다. 1853년 시어도어 파커 목사는 이렇게 말했다.

"인류의 절반에 해당하는 여성이 자신의 능력을 주부와 아내, 어머니로서만 소모한다는 것은 하늘이 주신 소중한 자원을 터무니없이 낭비하는 것이다."[26]

하지만 이슬람 세계에서는 이 같은 주장을 거의 들을 수 없다.

문화적 상대론자들은 샤리아 문제를 이슬람 여성들이 두르는 질밥과 부르카에 상당하는 지적인 문제로 포장하고, 다른 사람의 종교적 관행에 대해서는 개인적 판단을 피해야 한다는 진부한 이야기만 늘어놓을 뿐이다. 왜 그래야 하는가? 고대 아즈텍족에게는 태양신에게 인간의 피를 바치기 위해 인간을 희생 제물로 삼는 관습이 있었다. 그 관습에 따라 희생양이 된 사람의 가슴을 가르고 아직 살아서 뛰고 있는 심장을 적출해 제물대에 바쳤다. 우리는 아이들에게 가르친다. 이런 일은 500년 전에나 일어난 일이고 이제는 그 관행을 용납하지 않으며, 오늘 갑자기 멕시코에서 그 관행이 부활하더라도 결코 용납해선 안 된다고 말이다. 그렇다면 왜 우리는 이슬람 여성이나 동성애자, 신앙을 상실한 무슬림의 '희생'은 용납하는 것일까? 그들이 단지 배교, 간음, 신성모독 같은 '죄'를 저지르거나 다른 신앙을 가진 사람과 결혼하거나 스스로 선택한 사람과 결혼했다는 이유로 말이다. 그런 희생이 인권 단체의 보고서에 발표되지 못하는 이유는 무엇이며 왜 아무도 제대로 반응하지 않는 것일까?

21세기를 살아가는 정상적인 사람이라면 이런 야만적인 행위가 허용되어서는 안 된다는 데 동의할 것이라고 나는 믿는다. 그 행위들은 반드시 비난받아야 하며 범죄로 고발되어야 할 일이지 적법한 처벌제도로 허용할 일이 절대 아니다.

샤리아 아래 시행되고 있는 악습은 더 이상 반박의 여지가 없을 것이다. 우리가 모두 이 지구상에서 좀 더 평화롭고 안정된 삶을 살아가려면 학대와 처벌은 사라져야 한다.

현실적으로 파키스탄 같은 나라의 무슬림들이 샤리아를 폐지하는 데 동의할 가능성은 전혀 없을 것이다. 우리는 다른 나라에서 살아가는 무슬림들이라도 그 나라의 법률을 지키도록 유도해야 한다. 그리고 무슬림 시민들에게 근본적인 인권이나 서구의 법령과 상충하는 샤리아를 포기하라고 요구해야 한다. 더욱이 어떤 상황에서도 무슬림들이 독자적인 자치구역을 형성해 여성 및 다른 취약한 계층을 7세기에나 있을 법한 뒤떨어진 방식으로 대우하게 해서는 안 된다.

하지만 여기에 그쳐서도 안 된다. 우리는 이슬람 세계의 강력한 사회 도구를 개혁할 수 있어야 한다. 그것은 옳은 것을 강요하고 그른 것을 금지한다는 미명 아래 생활 전반에서 보통 사람들에게 엄격한 종교 원칙을 강요하기 때문이다.

 6

통제는
가정에서 시작된다

선악을 강요하는 관습은
어떻게 무슬림들을 통제하는가

나이로비에서 성장하던 십대 시절, 나는 왜 하루에 다섯 번씩이나 집에서 기도를 드려야 하는지 늘 궁금했다. 하루에 한 번으로 횟수를 줄이면 왜 안 될까? 내 이복언니는 우연히 내가 하는 말을 듣고 바로 장시간 설교를 늘어놓더니 그 후에도 내가 무슬림으로서 지켜야 할 신성한 의무를 소홀히 하면 계속 잔소리를 해댔다. 언니는 내게 잔소리를 늘어놓는 것으로 그치지 않았다. 다른 가족들에게 내 생각과 행동에 따끔하게 규제를 가해야 한다고 말하고 다니기 시작했다. 내가 감히 이슬람 신앙과 규율에 대해 질문을 했기 때문이라는 것이다.

이는 옳은 일을 강요하고 그른 일을 금지하는 관행이 이슬람 사회에서 어떻게 기능하고 있는지를 대표적으로 보여 준다. 논쟁과 의심은 용인될 수 없고 견책을 받아 마땅한 행동이며 의혹을 제기하는 사람은 심지어 가정에서조차 입을 다물게 해야 한다는 것이다. 언니는 나를 바로잡는 것이, 즉 내가 옳은 일을 하도록 지시하고 그른 일을 하지 않도록(생각조차 하지 못하도록) 금지하는 것이 자신의 의무이자 책임이라고 믿었을 것이다.

이것은 이슬람과 관련된 더 큰 진실의 일부일 뿐이다. 자유로운 생각을 가진 사람과 이슬람에 대해 의문을 갖거나 새로운 것을 제안하는 사람에 대해 규제와 박해가 시작되는 곳은 거의 언제나 가정이다. 제일 먼저 옳은 일을 강요하고 그른 일을 금지하는 사람들은 국가나 사회가 아닌 함께 생활하는 가족들이다. 가정에서 시작된 규제와 박해는 전체 공동체로 퍼져 나간다. 20세기 전체주의 정권들은 반체제 성향을 가진 가족들이 서로를 당국에 고발하도록 하기 위해 갖은 수단을 동원했다. 그러나 이슬람 사회는 당국이 관여할 필요가 전혀 없다. 이미 가정에서 사회 통제가 이루어지고 있기 때문이다.

내가 하버드 세미나에서 만난 많은 무슬림 학생들이 이슬람 세계의 정치 조직에 대한 적극적인 토론을 꺼리고 그런 시도에 대해 개인적 반감과 깊은 우려를 드러낸 것도 결국은 옳은 일을 강요하고 그른 일을 금지한다는 대단히 중요한 개념과 직접적으로 연관돼 있다. 강의 첫날 카타르 학생이 내게 도전장을 내밀었을 때에도 그는 이런 원칙을 충실히 따랐을 뿐이다. 그는 결코 자신의 신념을 굽히지 않았던 것이다. 그 밖에도 샤리아에 대해서는 자신이 누구보다 전문가라고 주장하는 나이지리아 출신의 남학생이 있었다. 그 남학생 역시 끊임없이 나를 '교정하기' 위해 애썼다. 말끝마다 나를 '자매'라고 부르며 친족 간에나 느낄 법한 연대감을 강조했다. 그 학생이 볼 때 나는 틀림없이 배교자였을 텐데 말이다. 그 학생은 세미나를 주도하는 나의 역할을 은근히 무시하려 들었다. 이슬람 사회에서는 남성과 여성의 역할이 확연히 구분되어 있다. 그리고 성에 따라 어떻게 행동해야 하는지 귀에 못이 박이도록 들으며 자란다. 남성에게는 여성에게 명령할 수 있는 명백한 권한이 있다. 그 여성이 남성의 스승이라 해도 말이다.

요컨대 모든 사실을 종합해 보면 옳은 일을 강요하고 그른 일을 금지하는 관습은 반대자의 의견을 틀어막는 아주 효과적인 수단이 된다. 그것은 자발적인 통제를 담당하는 종교적 자경단의 역할을 톡톡히 수행한다. 더 큰 문제는 통제의 수단을 넘어 반대자를 위협하고 때리고 죽이는 구실로도 이용된다는 것이다. 그것은 분명 전체주의와 다를 바 없다고 나는 생각한다.

● 옳은 일을 강요하고 그른 일을
  금지하는 관습의 기원

고대 그리스의 아리스토텔레스와 스토아학파의 철학으로 거슬러 올라가면 서구 문명은 분명히 법률에 따라 '해야 할 것을 규정하고 하지 말아야 할 것을 금지해야' 한다는 개념을 밝혔다. 따라서 이슬람에서 주장하는 옳은 일을 강요하고 그른 일을 금지한다는 개념은 완전히 이슬람 고유의 철학이라고 할 수 없다. 역사학자 마이클 쿡 역시 "고대 그리스에서 시작된 개념이 이슬람 이전의 아라비아 반도에까지 영향을 미친" 것으로 추정했다.[1]

하지만 이 개념의 기원이 무엇이든 간에 이에 대한 무함마드의 해석이 새롭고 명쾌하다는 점을 인정하지 않을 수 없다. 꾸란 자체도 이 개념을 세 군데에 걸쳐 상세히 설명하고 있다.

사람들에게 옳은 것을 하도록 명령하고 그른 것을 하지 말도록 인도할지니라. 그래야 영원한 행복을 얻을 수 있느니라(3장 104절).

너희는 최고의 민족이다. 옳은 일을 명령하고 그른 일을 금지하며 알라를 믿음으로써 세상을 이끌 것이니라(3장 110절).

알라를 믿는 자들이여, 너희는 남녀를 불문하고 선을 명령하고 악을 금지하여 서로를 보호할지니라(9장 71절).

일부 학자들은 꾸란에 나오는 이런 정의가 이슬람 신앙을 믿는 자와 믿지 않는 자를 구분하는 데 도움을 준다고 주장하는데, '선'은 알라를 섬기는 것이고 '악'은 다른 신을 숭배하는 것이기 때문이다. 하지만 이런 주장은 이 명령이 해석되는 일반적인 방식과는 거리가 멀다.

물론 모든 종교에는 규칙이 있다. 특히 일부 기독교 종파는 뉴잉글랜드의 초기 역사를 보면 알 수 있듯, 신자들을 지나치게 간섭하고

통제는 가정에서 시작된다

단속했다. 하지만 이슬람 세계에서 이 개념이 적용되는 방식은 매우 독특하고 광범위하다. 이 개념은 종교적 측면에만 국한되지 않고 정치적이고 경제적이고 개인적인 모든 방면에 깊이 관여하고 있다. 패트리샤 크론의 설명에 따르면 "이슬람 율법은 신자들에게 다른 신자들이 나쁜 행실을 저지르는 것을 보면 중재에 나서라고 강요한다. 그들이 나쁜 행실을 중단하도록 설득하거나 적극적으로 제지해야 한다고 강조한다." 이런 기능은 성전만큼이나 중요한 의미를 지녔는데, 그 시절 무슬림들에게 죄인과 맞서는 것은 이단자와 맞서는 것과 동일한 의미였다. 옳은 일을 강요하고 그른 일을 금지하는 이런 개념을 실생활에 적용하기 위해 중세 시대에 이슬람 통치자들은 검열관이나 시장 조사관 등을 고용하기도 했다. 그들은 무장한 보조원들을 대동하고 거리를 순찰하면서 사람들이 이슬람 율법에 복종하고 있는지 살피고 다녔다. 예를 들어, 금요예배에 잘 참석하고 있는지, 라마단 기간에 제대로 단식을 하고 있는지, 의복을 정숙하게 입고 다니는지, 술을 삼가고 있는지, 남성과 여성이 엄격히 분리되어서 생활하고 있는지 말이다.[2]

　주목해야 할 사실은 이슬람이 태동한 지 천 년이 훌쩍 넘는 시간이 지났는데도 변한 것이 거의 없다는 점이다. 이란과 사우디아라비아 종교경찰이 발목을 드러내놓고 다니는 여자들을 때리고, 영국 태생 법률가이자 이맘인 아니엠 코우다리의 추종자들이 런던에서 무슬림 순찰을 돌면서 몸을 가리지 않은 채 다니는 여성들을 꾸짖거나 성인들의 손에서 술잔을 빼앗고,[3] 샤리아 단체들이 독일의 부퍼탈에서 음주를 단속하고 다니는[4] 현실은 옳은 일을 강요하고 그른 일을 금지하는 관습이 21세기에도 변함없이 적용되고 있다는 사실을 보여 준다. 중세 시대와 마찬가지로 오늘날에도 이 개념은 무슬림들에게 어떻게 살아야 하는지에 대해 지극히 일상적이고 상세한 측면까지 설명하며 개인의 삶 깊숙이 파고들고 있다.

● 선악을 강요하는 개념은 어떻게 실현되고 있는가

이 개념이 가장 극단적인 형태로 실현되는 경우는 여성에 대한 명예살인을 정당화할 때다. 아버지를 포함한 남성 일가친척들은 구제불능의 범죄를 저질렀다고 판단되는 혈육을 단죄하는 데 이 개념을 활용한다. 이슬람 사회에서 이성적인 사고와 행동은 딸이나 여성 친척을 죽여도 될 정도로 매우 무례한 범죄에 해당한다. 무례한 범죄의 범위는 매우 광범위하다. 노래를 부르는 것부터 낯선 남자를 보기 위해 창밖을 내다보거나 친척이 아닌 남자에게 말을 거는 것, 부모의 반대를 무릅쓰고 연애결혼을 하는 것 등도 여기에 포함된다.

해마다 전 세계에서 명예살인이 얼마나 벌어지고 있는지 정확히 알 수 있는 방법은 없다. 일반적으로 5,000건 정도로 추산되지만, 이 수치는 실체가 제대로 보고되지 못하는 현실을 드러낼 뿐이다. 20세기 후반에 접어들면서 공식적으로 샤리아를 채택하는 국가가 늘어남에 따라 이 같은 악습은 불행하게도 이슬람 세계 곳곳에서 더욱 빈번하게 벌어지고 있다. 파키스탄만 보더라도 해마다 거의 천 건에 달하는 명예살인이 일어나고 있다.[5] 문제는 보고되지 않거나 무시되거나 조작되는 경우가 허다하다는 점이다. 그런 관행에 제재 규정을 두고 있는 나라에조차 당국에 신고하도록 권장하는 장려책이 거의 혹은 전혀 없다는 것도 문제다.

실제로 명예살인은 어떻게 일어날까? 파키스탄 라호르에서는 부모가 원하지 않는 결혼을 한 스물다섯 살의 여성이 법원 밖에서 돌팔매질을 당하다 사망했다. 역시 파키스탄에서 한 소녀가 집에서 숙제를 하던 중 총에 맞아 사망했는데, 소녀가 외간 남자와 같이 있다고 생각한 소녀의 오빠 때문이었다. 또한 파키스탄에서 부모가 열다섯 살짜리 딸에게 산성 액체를 끼얹는 사건이 있었는데, 딸이 오토바이를 탄 남자를 두 번이나 쳐다보는 것을 발견하고 불명예를 두려워했기 때문이었다. 소녀의 어머니는 딸이 죽기 전에 "일부러 그런 게 아니에요. 다시는 그러지 않을게요"라고 울부짖었다고 했다.[6] 그런데도 그 어머니는 이렇게 말했을 뿐이다.

"하지만 나는 이미 산을 다 뿌린 뒤였어요. 그렇게 죽는 게 그애의 운명인 거죠."

이라크 바스라에서도 열일곱 살 소녀가 그곳에 주둔 중인 영국 군인과 사랑에 빠졌다는 이유로 아버지의 손에 죽었다. 당시 지역 관리들은 이렇게 말했다.

"명예살인이 일어날 때 우리가 할 수 있는 일은 없습니다."

안타깝게도 이슬람 사회에서 살아가려면 여성들은 종교적 율법을 지키는 수밖에 달리 방법이 없다.[7]

2014년 파키스탄에서 임신 3개월인 파르자나 파르빈이 아버지와 오빠, 결혼을 거부당한 약혼자가 던진 돌에 맞아 죽는 사건이 일어났다. 파르자나는 집에서 반대하는 결혼을 했고, 이에 수치심을 느낀 가족들은 벌건 대낮에 법원 밖에서 혈육을 죽음으로 내몰았다. 더욱 끔찍한 사실은 이 사건과 관련해 이미 또 한 명의 여성이 죽임을 당했다는 것이다. 그 여성을 죽인 사람은 다름 아닌 파르자나와 결혼한 남자로, 그는 파르자나와 결혼하기 위해 첫 번째 부인을 목 졸라 죽였다. 그런 다음 아내의 유족에게 위자료를 지급했다. 그는 다시 자유롭게 결혼할 수 있었는데, 파르자나의 죽음 역시 명예살인으로 간주된 것이다.

펀자브 지방에서는 두 아이를 둔 젊은 여자가 단지 휴대전화를 소유했다는 이유로 파키스탄 부족 법원의 명령에 따라 일가친척들이 던지는 돌과 벽돌에 맞아 숨을 거두었다. 아프가니스탄에서는 돌팔매 처형이 금지된 것으로 알려져 있는데도 115명이나 되는 남자들이 일어나 '도덕적 범죄' 혐의를 받은 스물한 살의 여성에게 돌팔매질을 해야 한다고 소리쳤다.

선악을 강요하는 이런 개념은 동성애자와 배교자, 심지어 신앙심이 부족한 무슬림까지도 죽여야 한다고 강조한다. 펀자브 주지사가 신성모독 혐의를 받은 기독교도 여성을 보호하려 했을 때 주지사를 살해한 사람은 다름 아닌 그의 경호원이었다. 나중에 성직자를 포함한 수많은 파키스탄인이 그 경호원에게 꽃잎을 퍼부으며 환호했고 그의 견고한 신앙심과 용기를 칭찬했다. 한편 BBC 월드서비스의 다우드 아자미는 아프가니스탄에서 배교가 얼마나 위험한 일인지 이렇게 설명했다.

아프가니스탄에서 무슬림으로 태어난 사람이 이슬람 신앙을 실천하지 않거나 '배교자' 혹은 '개종자'가 되어 살아갈 수는 있다. 다만 그가 안전하게 살아가려면 그 일에 대해 철저히 침묵을 지켜야만 한다. 무슬림이 이슬람 신앙의 원칙을 믿지 않는다는 사실이 공개되는 순간 위험이 닥친다. 다른 종교로 개종하거나 유일신과 예언자 무함마드에 대한 믿음을 저버린 무슬림은 주변의 동정심을 기대할 수 없다. 아프가니스탄의 이슬람 율법 아래에서 개종과 배교는 죽음에 처해질 수 있는 범죄에 해당한다. 어떤 경우에는 사람들이 독자적으로 제재를 가하는데, 아무런 법적 절차 없이 배교자를 몰매질해 죽음에 이르게 하기도 한다.[8]

이런 두드러진 경우 외에도 선악을 강요하는 관습은 사회 전반에 퍼져 있으며 평범한 서민의 삶을 세세하게 관리하고 있다. 2013년 작가 제프리 골드버그는 요르단 국왕 압둘라와 함께 가난한 나라에서도 가장 가난한 도시인 카라크를 방문한 일에 대해 이야기한 적이 있다(그때 국왕은 전용 헬리콥터를 타고 갔다). 그곳에서 국왕은 요르단에서 가장 대표적인 종족들의 지도자들과 점심 식사를 함께 하기로 되어 있었다. 골드버그의 표현에 따르면 그 지도자들은 요르단의 군사와 정치 분야에서 중추를 이루는 핵심 인물들이었다. 이 같은 만남은 요르단 국왕과 왕국의 여러 종족 지도자들 사이에 형성된 오랜 공생관계를 보여 준다. 종족 지도자들은 국왕이 자신들의 세력과 특권을 보호해 주리라 기대했으며 그 대가로 국왕이 권력을 유지할 수 있도록 도왔다.

사실 이 특별한 방문에는 압둘라 국왕이 다가오는 의회 선거를 앞두고 지도자들에게 정당을 만들어 보라고 권유하려는 목적도 포함 돼 있었다. 이웃 국가들이 혼란에 휩싸여 있는 모습을 목격하고 이집트, 리비아, 튀니지에서 기존 통치자들이 전복되는 모습을 지켜보면서 국왕은 종족 지도자들을 동원해서라도 요르단에서 무슬림형제단의 발흥을 저지하고 이슬람이라는 이름으로 민주적 개혁의 명분을 없애려는 움직임을 막아 보고자 했다. 그렇지만 국왕은 그리 큰 기대를 하지 않았다. 골드버그에 따르면 국왕이 늙은 공룡들과 같이 앉아 있는 느낌이었다고 한숨을 쉬듯 말했다고 한다.

식사는 전통적인 베두인 식이었지만 길고 높은 공동 식탁에서 포크를 사용하는 등 비교적 현대적인 방식으로 이루어졌다. 의례적인 오찬이 끝나고 차를 마시며 담화가 이어졌다. 골드버그는 이렇게 전했다.

국왕은 종족 지도자들에게 경제 개혁과 정치 참여 확대에 대한 계획을 간략하게 설명했다. 하지만 그들은(대부분 나이가 지긋했고, 일부는 너무 늙었다) 하나같이 편협한 문제들을 제기하며 불만을 토로했다. 그중 한 사람은 국왕의 제안에 이런 의견을 내놓았다.

"옛날에는 야간 경비원들이 막대기를 들고 도시를 순찰하고 다녔죠. 정부에서 그런 제도를 다시 도입하면 좋겠습니다. 안보에도 도움이 될 뿐만 아니라 젊은 남자들에게 일자리도 만들어 줄 겁니다."[9]

이에 대해 골드버그는 이렇게 덧붙였다.

나는 그때 국왕의 맞은편 자리에 앉아 있었다. 국왕을 보고 있는데, 그가 잠깐 휘둥그레진 눈으로 나를 바라보았다. 당시 국왕이 관심을 두고 있는 분야는 첨단기술 혁신, 여성의 교육, 넘쳐나는 정부 인력을 적절하게 줄이는 문제였다. 막대기를 들고 도시를 순찰하는 일자리 계획은 효과적인 경제 개혁을 위해 고심하는 국왕의 생각과는 거리가 먼 것이었다. 모든 일정을 마치고 카라크를 떠나오면서 내가 도시 순찰 계획에 대해 묻자 국왕은 피곤한 목소리로 이렇게 대답했다.

"갈 길이 너무 멀고 할 일이 태산이오."[10]

바로 여기에 문제가 있다. 막대기를 손에 쥐고 한밤중에 도시를 순찰하는 남자들을 고용하는 것은 사라진 과거의 이야기가 아니다. 그것은 여전히 이슬람의 핵심 요소라고 할 수 있다. 옳은 일을 강요하고 그른 일을 금지하는 관습은 지금도 계속 이슬람 사회 전반에서 막대기를 휘두르며 옳은 행동을 강요하는 남성으로 재현되고 있다.

▪ 사각지대가 되어 버린 사생활

옳은 일을 강요하고 그른 일을 금지하는 관습이 더욱 위협적으로 느껴지는 것은 '성전'이라는 용어와 달리 듣기에는 매우 도덕적인 느낌을 주기 때문이다. 말만 들으면 도덕적으로 올바른 삶을 살라는 것 같은데 무엇이 문제란 말인가? 이는 모든 종교적 가르침이 강조하는 최고의 덕목이 아닌가? 외부인들보다는 가족들이 요구하는 행동 규범을 따르는 일이 더 바람직하지 않은가?

문제는 이런 일반적인 질문들 이면에 도사리고 있는 이슬람 세계의 현실이 매우 가혹하다는 점이다. 예를 들어, 서구 자유사상의 핵심을 꼽자면 개인은 자신이 속한 환경에서 무엇을 믿고 어떻게 살지를 스스로 결정할 수 있어야 한다는 것이다. 이슬람 사상의 핵심은 정확히 그 반대를 가리킨다. 개인이 어떻게 살아야 하는지에 대해 매우 확실하고 제한적인 규칙을 제시하며 모든 무슬림들이 그 규칙들을 이행해야 한다고 요구한다. 더구나 옳은 일을 강요한다는 개념은 이제 이슬람 사상을 조직적으로 선전하는 수단이 됐다.[11] 다우드 아자미의 말대로 이슬람 신앙이 요구하는 기본적인 규칙에서 벗어나고 싶더라도 가족들의 제재를 당하지 않고 아무 탈 없이 살아가려면 침묵을 지키고 잠자코 있을 수밖에 없다.

하지만 항상 이런 식은 아니었다. 중세 시대에는 어디까지 명령하고 금지해야 하는지에 대한 의견 대립이 있었다. 사생활 안에서, 혹은 아무도 보지 않는 비밀스러운 자리에서는 좀 더 자유롭게 의견을 나눌 수도 있었다. 패트리샤 크론이 말했듯, "일부 사상가들은 생각이 비슷한 사람들과 사적인 장소나 학술 모임에서 각자의 견해를 토론할 수도 있었고 책이나 시 등에 자신의 생각을 표현하기도 했다." 심지어 이슬람 고유의 문학 양식도 존재했다. 문학 작품을 통해 작가들은 사회에서 용인된 영역을 넘어 경계를 확장했고 금방이라도 신성모독적이고 외설적이고 악의적인 영역으로 치달을 듯한 상태를 즐겼다. 크론은 이런 결론을 내렸다.

"사생활에는 본질적으로 자유가 존재했다. 대신에 공적인 영역에서는 지켜야 할 공공규범이 있었고, 옳은 일을 강요하고 그른 일을 금지하는 의무를 수행하는 검열관이나 민간인들이 있었다. 그들은 악기를 부수거나 술을 쏟거나 결혼도 하지 않고 그다지 친밀하지도 않은 커플들을 떼어 놓고 다녔다. 하지만 남의 집에 함부로 들어갈 수 있는 권한은 엄격히 제한됐다."[12]

심지어 그때에는 꾸란의 명령을 강요하려고 애쓰는 사람들에게 "당신 일에나 신경 쓰세요"라고 말할 수도 있었다.

사적인 영역과 '네 일에나 신경 써'라는 생각은 우리 시대에 와서 급속히 약화됐다. 현대의 이슬람 공동체들이 급진적으로 변해 가면서 옳은 일을 강요하고 그른 일을 금지하는 개념은 군비 경쟁이라도 벌이듯 더욱 진화했다. 그 결과 숨어 있던 무신론자들의 정체가 드러나는 것은 시간문제였다. 그들은 하루 다섯 번 예배를 올리지 않아서, 라마단 기간에 금식을 하지 않아서, 끊임없이 알라를 찬양하지 않아서, 수시로 "인샬라"를 외치지 않아서 사람들 눈에 띄어 잡혀갔다. 자본주의 사회에서 신용카드 회사, 웹사이트 쿠키, SNS, 검색 엔진 등에 우리의 개인 정보가 노출되거나 넘어갔다면 이슬람 사회에서는 사적인 영역이 다른 수단들 때문에 점차 사라지고 말았다.

፨ 원칙은 어떻게 뿌리내리는가

보편적인 인권은 선악을 강요하는 이런 원칙과 아무런 관련이 없을까? 오로지 이슬람 신앙의 규칙만이 중요한 것일까? 이런 현상은 칼리프 체제에서 살아가는 사람이라면 누구나 이슬람 최고의 관습과 규칙을 지켜야 한다고 주장하는 IS와 마찬가지로 지극히 극단적인 경우다. IS 전사들이 이라크 북부 도시 모술로 차를 몰고 가는 장면이 비디오 영상에 잡힌 적이 있다. 그들은 차창 밖으로 몸을 내밀거나 트럭 짐칸에 몸을 기댄 채 달리고 있었는데, 그중 한 전사가 거리를 지나가는 여성들에게 마구 삿대질을 하는 모습이 보였다. 그는 여성들에게 몸과 얼굴을 제대로 가리라고 손가락질하더니 집에 들어가라고 큰 소리로 지시했다. 한편 비디오 영상에 찍힌 도시의 옷가게는 온통 이슬람 의상으로 가득 차 있었고 마네킹조차 두건과 천으로 온몸이 가려져 있었다.

과거에는 발전을 지향하던 도시들과 지역들이 어떻게 그렇게 시계를 거꾸로 돌린 듯 극단적인 지경으로 향할 수 있었을까? 해답은 이슬람 정치 체제 안에 이미 희미하게나마 근본주의의 핵심 요소가 내재되어 있었다는 점에서 찾을 수 있다. IS의 강령은 여러 가지 면에서 무슬림형제단의 강령이나 사우디아라비아가 지원하는 와하브파의 가르침과 크게 다르지 않다. 단지 후자의 방법론이 좀 더 많이 세상에 노출되어 있을 뿐이다.

특히 사담 후세인을 축출하기 위해 미국이 이라크를 침공한 이후 후세인의 바트당 정권이 몰락하면서 정치적 파벌이 형성되고 민간 무장 단체가 우후죽순처럼 생겨났다. 나중에야 명확해진 사실이지만 바트당 역시 선악을 강요하는 원칙을 근절하지 못했다. 단지 보이지 않는 지하로 밀어 넣었을 뿐이다. 일단 고삐가 풀리자 각종 파벌을 이룬 성직자들이 여성의 행실을 규제하고 단속하는 적법한 종교

수단으로 명예살인을 다시 받아들여야 한다고 주장했다. 바스라의 이슬람교도들이 휘갈겨 쓴 낙서 가운데에는 이런 글귀가 있다.

화장을 하거나 머리에 두른 스카프를 벗어 버리겠다고 결정한다면 당신은 죽음에 처해질 것이다.

이로써 이미 오래전에 근본주의의 씨앗이 그곳에 존재했다는 사실을 알 수 있다.

서구에는 샤리아가 상대적으로 세속적이라는 인식이 널리 퍼져 있다. 하지만 세속화 현상은 내전이 한창일 때 점차 사라져 버리고 말았다. IS의 중심지인 시리아의 도시 라카에서 반란군들은 '탈리반 2.0'이라는 새로운 종류의 여성 억압을 실험했다. 남성 인솔자 없이 밖에 나가거나 충분히 몸을 가리지 않고 다니는 여성들이 잡혀가서 매질을 당한다는 점에서는 다른 근본주의자들이 있는 지역과 다르지 않지만, 라카에서는 이런 체포와 매질을 여성들이 주도한다는 점이 달랐다. IS는 선악을 강요하는 관습의 새로운 형태를 고안했다. 즉, 여성으로만 구성된 도덕경찰 알 칸사 단체를 도입한 것이다. 이 단체를 뒷받침하는 철학은 단순하다. 라카의 IS 관계자 아부 아마드는 한 인터뷰에서 이렇게 말했다.

"우리는 여성들의 종교에 대한 인식을 높이고 율법을 지키지 않는 여성들을 처벌하기 위해 이 단체를 만들었습니다. 성전은 남성만의 의무가 아닙니다. 여성도 그들의 역할을 수행해야 합니다."[13]

현대의 성전주의자들은 선악을 강요하는 이 같은 원칙을 적극 활용해 그들의 지위를 확대하고 투사와는 전혀 무관했던 개인들을 끌어들일 기회를 만들고 있다. 그 결과 알라를 위해 싸우겠다는 군인이 더욱 많이 늘어났고, 알 칸사는 전통적인 전쟁에 나갈 수 없는 여성들을 관리하는 새로운 방법을 만들어냈다. 아직은 아니지만 노르웨이 출신의 이슬람 테러 전문가 토머스 헤그해머는 앞으로 지하드 활동에서 여성이 점차 중요한 역할을 맡게 될 것이라고 예측하면서 이렇게 설명했다.

"성전 운동 과정에서 여성 해방이 매우 제한적이나마 점진적으로 일어날 것이다."

라카에 사는 한 십대 소녀는 일간지 〈시리아 디플리Syria Deeply〉를 통해 IS의 여성 부대가 실제로 어떤 활동을 하고 있는지 상세히 설명했다. 소녀는 길을 걷다가 무장한 여성들에게 붙잡혔다고 했다. 그러고는 기자에게 이렇게 말했다.

"처음에는 아무도 나를 붙잡은 이유를 말해 주지 않았어요. 그러다가 그중 한 여성이 다가와서 내게 총을 겨눈 채 기도와 단식과 히잡에 대한 기본적인 지식을 묻기 시작했어요."

이 소녀가 지은 '죄'는 남성 인솔자를 대동하지 않은 데다 머리에 스카프를 제대로 두르지 않은 채 거리를 나다닌 것이었다.

사소한 위반을 저지를까 봐 두려워하며 하루하루 살아가는 상황에서 좀 더 원대한 문제를 생각할 겨를이 어디 있겠는가. 머리에 스카프를 제대로 두르지 않았다는 이유로 한 여성이 매를 맞았다. 이는 사소한 죄가 더 크고 심각한 폭력 범죄로 이어지는 것을 예방하기 위해 부서진 유리창을 수리하고 거리에서 구걸하는 걸인을 쫓아낸다는 미국의 단속 논리와 다를 바 없으며 그것의 종교적 양상이라고 할 수 있다. 옳은 일을 강요하고 그른 일을 금지한다는 논리 역시 작은 행동, 사소한 위반 하나하나가 심각한 종교 범죄로 발전할 수 있다는 것이다. 별것 아닌 의복 착용 과실이 그토록 엄청난 결과를 초래하는 환경에서 과연 누가 권리나 교육이나 경제에 대해 사고할 수 있겠는가.

이라크에서도 최근 정치적 혼란이 심각해지면서 종교적 단속으로 옷을 갖춰 입은 자경주의가 기승을 부리고 있다. 이라크에 사는 남성 동성애자들은 사담 후세인 정권 때보다 훨씬 더 크게 신변의 위협을 느끼며 살아간다. 〈이코노미스트〉가 주목한 대로 "조금이라도 성적 성향이 의심되는 남자는 납치와 폭행, 고문, 무차별 살인의 위험에 직면한다." 이같이 선악을 강요하는 원칙을 집행하고 다니는 사람들은 스스로 자신을 샤리아 심판관 및 단속반이라고 부른다. 납치당했던 한 남성 동성애자는 납치범들에게 자신의 성적 성향을 가족에게 알리지 말아 달라고 부탁했다. 그렇게 불명예스러운 일이 알려진다면 다시는 가족을 볼 수 없게 될 것이기 때문이었다. 안타까운 현실은 이 남자 말고도 수백 명에 달하는 사람들이 훨씬 나쁜 운명에 처해 있다는 것이다. 그들을 규제하는 종교단속반은 지금도 '여자 같은 남자'를 찾아 이라크 주요 도시들을 순찰하고 다닌다.

독일의 시사 주간지 〈슈피겔〉에 따르면 "올해 초부터 바그다드에서 동성애자로 의심되는 남성들에 대한 살인 사건이 연이어 벌어지고 있다. 그들은 대개 성폭행을 당한 흔적이 있었으며 생식기가 잘리고 항문이 접착제로 봉해져 있었다. 그들의 시체는 쓰레기 매립지에서 발견되거나 거리에 그대로 버려져 있기도 했다." 이라크의 유력한 레즈비언, 게이, 양성애자, 트랜스젠더 조직의 대표는 전 세계에서 이라크만큼 성 소수자에게 위험한 나라는 없다고 밝혔다. 동성애가 불법이 아니어서 이라크와 이란의 성 소수자들의 주된 도피처인 터키에서조차 남성 동성애자에 대한 명예살인이 일어났다. 놀랍게도 살인을 자행한 사람은 다름 아닌 피해자의 아버지였다(그런데 여기에는 모순적인 상황이 존재한다. 이슬람 국가들에는 게이와 레즈비언이 상당히 많다. 현실적으로 남녀 간의 성관계가 이루어지기 매우 어려운 상황에서 아랍 남성들은 성적 욕구를 충족시키기 위해 오랫동안 다른 남성에게 의존해 왔다. 마찬가지로 아프가니스탄에서도 부유한 종족의 남자들은 개인적인 쾌락을 위해 어린 소년들을 매매하는 것으로 알려져 있다).

말할 필요도 없이 어떤 종교든 동성애를 받아들이는 일은 쉽지 않다. 최근 몇 년 동안 아프리카의 몇몇 주요 기독교 국가는 동성애에 대한 혐오감을 노골적으로 드러내기도 했다. 하지만 그렇다고 해서 남성 동성애자들에게 사형선고를 내리지는 않는다.

● 미국의 명예범죄

선악을 강요하는 관습은 무슬림 다수 국가들만의 문제가 아니다. 이는 서구의 무슬림 이민자 공동체 내에서도 심각한 문제로 대두되고 있다.

미국 시민들이 자국 내에서도 명예살인이 벌어지고 있다는 사실을 좀처럼 믿지 않는 점에서 나는 매번 당혹감을 느낀다. 2009년 10월, 애리조나 피닉스 교외에 살던 스무 살 여성 누르 알 말레키는 아버지에게 살해당했다. 그녀의 아버지는 주차장에 있던 지프를 몰고 그대로 딸에게 달려들었다. 딸은 즉사하지 않고 바닥에 쓰러진 채 입에서 피를 흘리며 숨을 가쁘게 몰아쉬었다. 도대체 그녀가 무슨 짓을 했기에 아버지가 딸을 그렇게 죽인단 말인가? 놀랍게도 그녀는 단지 화장하는 것과 남자와 서구 음악을 즐겼고 독립하기를 원했을 뿐이다. 또한 아버지가 주선한 결혼을 거부했다. 그녀는 영주권이 필요한 이라크 남자와 결혼하도록 되어 있었지만 자신의 운명을 스스로 선택하고 싶어 했다. 어이없게도 해당 지역의 이라크 공동체 주민들은 누르 아버지의 행동에 지지를 보냈다. 지역의 사원에서 기도를 올리고 있던 서른 살가량의 한 어머니는 미국의 시사 주간지 〈타임〉 기자에게 이렇게 말했다.

"나는 그 아버지가 한 행동이 옳다고 생각합니다. 우리의 종교는 누르의 행동을 용납할 수 없습니다."[14]

애리조나 법원의 배심원단은 누르의 아버지에게 2급 살인죄를 선언한 뒤 징역 34년형을 선고했다.

다음으로, 텍사스 댈러스에 살고 있는 이집트 출신 택시 운전사의 경우를 살펴보자. 그는 비무슬림 남자들과 사귄다는 이유로 두 딸 사라(열일곱 살)와 아미나(열여덟 살)에게 모두 합쳐 열한 발의 총을 쏘았다. 두 소녀를 추모하는 자리에서 그들의 오빠는 마이크를 잡고 이렇게 말했다.

"방아쇠를 당긴 건 동생들이지 아버지가 아닙니다."[15]

뉴욕 북부에 살고 있는 파우지아 무함마드는 오빠의 칼에 열한 번이나 찔렸는데, 옷차림이 정숙하지 못하고 행실이 부적절하다는 게 이유였다. 애리조나에 살고 있는 아이야 알타미미는 집 근처에 사는 소년과 얘기를 나누다가 가족에게 들켰다. 그러자 이라크 출신 아버지가 딸을 잡아다 목을 찔렀고 어머니와 여동생은 그녀를 침대에 묶은 뒤 마구 매질을 했다. 몇 개월 전에도 아이야의 어머니는 뜨겁게 달군 숟가락으로 딸의 얼굴을 지진 적이 있는데, 딸이 자신보다 나이가 두 배나 많은 남자와 결혼하라는 것을 거부했기 때문이다. 파우지아와 아이야는 다행히 죽지 않고 살아남았지만 평생 지울 수 없는 상처를 안고 살아가야 한다.

캐나다에서도 유사한 범죄가 발생했다. 아프가니스탄의 억만장자 이민자인 무함마드 사피아는 첫 번째 부인과 세 딸을 죽인 뒤 그들을 차에 가둔 채 수로에 밀어 넣었다. 딸들이 너무 서구화됐다는 게 이유였다. 패션 디자이너의 꿈을 품고 토론토에 살던 열여섯 살 소녀 아크사 파르베즈는 히잡을 두르지 않았다는 이유로 아버지와 오빠에게 목 졸려 죽었다.

이런 잔혹한 행동들에 대해서는 변명의 여지가 있을 수 없다. 문화적 옹호를 용납해서도 안 된다. '가족의 명예'라는 시대에 뒤떨어진 악습을 지키기 위해 가족의 손에 죽는 것이 여성과 소녀의 운명이 될 순 없다. 어떤 공동체도 종교적 혹은 문화적 전통이라는 이름으로 이런 범죄를 은폐하도록 내버려 두어서는 안 된다.

그런데도 서구에서는 명예폭력을 가정폭력과 혼동하는 경우가 너무 많다. 사법 당국과 지역 언론은 명예폭력 사건을 자기검열 충동에서 비롯된 행동쯤으로 보도하기도 한다. 이 같은 불충분한 보도 때문에 사람들은 명예폭력이 '내 주변에서 일어나는 일은 아닐 거야'라고 치부해 버리거나 술에 취해 아내의 눈을 때리고 총으로 아들을 위협하는 것과 별반 다르지 않다고 생각해 버린다.

여성이나 아이들이(드물게는 남성이) 대개는 다른 사람이 없는 곳에서 잔인하게 다루어지는 가정폭력이나 학대와 달리, 명예폭력은 비밀리에 이루어질 필요가 없다. 심지어 가해자들은 다른 가족과 공동체의 공개적인 지지를 받는 경우가 많다. 가해자가 옳은 일을 했다는 믿음 때문에 오명이 따라붙는 일도 없으며, 눈에 띄지 않는 부위에만 상처가 남게 하려고 신경 쓸 필요도 없다. 명예폭력에 대해서는 오히려 사회적 지지가 이어진다. 심지어 훼손된 신체와 흘린 피에 대한 보상이 따라오기도 한다. 소름 끼치는 죽음을 피하려면 피해를 입을 것으로 예상되는 사람은 하루 빨리 가해자 주변에서 떠나야 한다. 필요한 경우에는 가정이나 문화공동체 자체에서 벗어나야 한다.

명예폭력을 옹호하는 사람들이 "이런 게 우리 종교야"라고 말할 때마다 다음과 같이 단호하고 비타협적인 대답을 해야 한다.

"살인, 특히 유아 살해는 어떤 종교나 믿음, 어떤 신이라도 허락할 수 있는 게 아니다."

이어서 브루클린에 살고 있는 파키스탄 남성의 사례를 살펴보자. 그는 부인을 막대기로 때려서 죽였다. 부인이 자신이 요청한 염소 고기가 아닌 렌틸콩으로 식사를 준비했기 때문이었다. 그는 일흔다섯 살이었고 부인은 예순여섯 살이었는데, 그는 부인을 피투성이 만신창이로 만들어 놓았다. 변호사는 '그가 부인을 때리고 훈육할 권리가 있다고 생각했으므로' 그의 행동은 문화적으로 적절했다는 진술로 변호를 시작했다. 판결이 나기 전에도 변호사는 남자가 파키스탄 음식을 먹지 못하게 될 것이므로 감옥형은 너무 가혹한 처사라고 주장했다. 하지만 뉴욕 법원 판사는 그에게 징역 18년형을 선고했다.[16] 만약 그곳이 샤리아에 의해 통치되는 지역이었다면 그 사건이 재판에 회부되기는커녕 언론에 보도라도 될 수 있었을까?

⁝ 그른 일 강요하기

2010년 영국 더비에서 카비르 아메드와 다른 무슬림 4명이 "사형?"이라는 제목의 전단을 사람들에게 나눠 주거나 지역 우편물 투입구에 넣으며 돌아다녔다. 전단에는 올가미에 매달려 있는 마네킹의 삽화가 들어 있었는데, 이는 동성애자들을 사형에 처해야 한다는 메시지를 표현한 것이었다. 전단에는 이렇게 적혀 있었다.

사형선고는 비도덕적인 범죄를 사회에서 근절할 수 있는 유일한 방법이며, 이와 유사하게 기형적인 방식으로 사회와 동떨어지려고 하는 병든 사람이 더 이상 나오지 않도록 도와줄 것이다. 관계 당국에서 벌어진 유일한 논쟁도 형법을 시행하는 과정에서 어떤 방법을 사용할지에 관한 것이었다.

다음에 이어지는 내용은 적절한 처형 방법에 대한 것인데, 예를 들면 불에 태우거나 높은 산이나 건물에서 내동댕이치거나 돌팔매질을 해서 죽이는 방법 등을 꼽았다. 그 밖에도 그들은 "바꾸거나 태워라"와 "신은 당신을 혐오한다"라는 제목이 붙은 다른 두 가지 전단도 함께 나누어 주었다.

2012년 아메드는 성적 성향을 구실로 증오심을 불러일으킨 혐의로 구속됐다. 그는 법정에서 이렇게 주장했다.

"나는 이슬람과 무함마드를 통해 계시된 신의 말씀을 전하고 다녔을 뿐입니다. 무슬림으로서 사람들에게 알라의 말씀을 전하는 의무를 수행하고 동성애를 어떻게 다루어야 하는지에 대한 알라의 메시지를 전달했을 뿐입니다."

BBC 방송의 보도에 따르면 그는 재판 중에 이런 말도 했다.

"무슬림으로서 죄를 범한 사람들에게 죄를 일깨워 주고 조언을 아끼지 않는 것이 나의 의무입니다. 만약 그러지 않는다면 의무를 태만히 하는 것이라고 생각합니다. 내가 더 잘사는 것뿐만 아니라 내가 속한 사회를 개선하려고 노력하는 것이야말로 나의 책임입니다. 우리는 누군가가 죄를 저지르는 것을 가만히 지켜보고만 있어서는 안 됩니다. 그들이 죄에서 벗어날 수 있게 적극 도와야 합니다."[17]

아메드는 결국 징역 15개월형을 선고받았다. 감옥에서 석방된 후 그는 아내와 세 아이를 떠나 IS에 가담했다. 그리고 2014년 7월, 폭발물을 가득 실은 트럭을 몰고 바그다드 북부의 이라크 경찰 수송대에 그대로 달려들었다. 그 자살폭탄 테러로 자신은 물론 이라크 장군 1명과 경찰 7명이 목숨을 잃었고 그 외에 15명이 부상을 입었다.[18] 테러를 감행하기 몇 개월 전에 그는 〈뉴스위크〉 기자에게 이렇게 말한 적이 있다.

"그것은 종교와 명예를 위한 것입니다. 우리는 현세가 아닌 내세를 위해 존재합니다."[19]

바로 이것이 옳은 일을 강요하고 그른 일을 금지하는 원칙이 지구상에서 실현되고 있는 본모습이다.

사실 아메드의 경우는 그다지 특별한 사례가 아니다. 2011년 잉글랜드 리즈에 있는 한 무슬림 라디오 방송사에서 라마단 기간 동안 내보낸 방송 프로그램을 예로 들어 보자. 그 프로그램에서 루비나 나시르는 청취자들에게 우르드어로 이렇게 말했다.

"누군가가 동성애를 나누고 있다면 어떻게 해야 할까요? 여러분 가운데 이렇게 사악하고 수치스러운 행동을 하는 두 사람이 있다면 여러분은 무엇을 해야 할까요? 그들을 고문하고 벌하거나 매질을 가하고 정신적 고통을 안겨 주어야 합니다. 알라는 이렇게 말씀하셨습니다. '그런 행동을 하는 자들이 있다면 그들을 신체적으로, 정신적으로 모두 벌하라.' 정신적 처벌은 그들을 질책하고 모욕하고 저주하고 마구 두들겨 패는 것을 의미합니다. 이는 사형이 언도되기 전, 초기에 내려지는 명령입니다."[20]

다음 날 다시 방송을 시작한 나시르는 무슬림 남자 혹은 여자가 이교도와 결혼하면 어떻게 되는지에 대해 이야기했다.

"청취자 여러분! 무슬림과 이교도의 결혼은 지옥으로 떨어지는 지름길입니다. 사악하고 이질적인 종교를 가진 사람들과 함께 사는 우리의 형제자매들이여, 그들과 맺은 인연으로 낳은 아이들과 그다음 세대들의 미래가 어디로 향할지 생각해 보았습니까? 쉬르크(다른 종교를 따르는 죄)가 있는 타락하고 불결한 곳, 부도덕한 마음이 가득한 불순하고 더러운 곳, 그 많은 쓰레기를 어떻게 없앨 겁니까? 이교도들은 청결함과 불결함에 대해 전혀 이해하지 못합니다."[21]

방송에서 이런 발언을 한 대가로 해당 라디오 방송사는 대략 6,000달러의 벌금을 물었다. 하지만 그 같은 방송을 규제하거나 금지하는 조치는 전혀 없었다. 자유로운 사회는 언론의 자유를 남용하면서 종교적 편협함을 노골적으로 드러내는 행위에 맞서 그에 합당한 조치를 취할 수 있어야 한다. 이교도에 대한 편협함은 자유로운 사회라면 결코 용납해서는 안 되는 불순한 행위이기 때문이다.

무슬림들이, 특히 서구 사회에 살고 있는 무슬림들이 자신이 원하는 것을 자유롭게 말하고 기도하며 무슬림으로 남을지, 개종할지, 아니면 아무런 신앙도 갖지 않을지를 자유롭게 결정할 수 있을 때, 그리고 무슬림 여성들이 자유롭게 원하는 옷을 입고 아무 때나 혼자서 밖을 다니고 자신이 원하는 결혼 상대를 고를 수 있을 때 비로소 우리는 21세기에 합당한 진정으로 옳고 그른 일이 무엇인지 찾아서 그 길을 향해 나아갈 수 있을 것이다. 옳은 일을 강요하고 그른 일을 금지한다는 원칙은 개인의 자유를 중시하는 견해와 본질적으로 불화할 수밖에 없다. 이 원칙은 최대한 빨리 이슬람의 핵심 교리에서 사라져야 한다.

7

지하드

성전에 대한 호소가
어떻게 테러 선언문이
되는가

우리는 그 추운 캐나다의 수도 오타와에서까지 이슬람 성전이 일어나리라고는 예상하지 못했다. 하지만 2014년 10월 마이클 제하프 비보라는 무슬림이 오타와 팔러먼트 힐에 있는 국립전쟁기념관에서 근무를 서던 경비병을 쏜 다음 부근의 국회의사당 건물로 난입해 경찰과 총격전을 벌이다 사망한 사건이 발생했다. 사건이 일어나자마자 〈워싱턴 포스트〉 기자는 온라인 신문에 즉각 다음과 같은 기사를 올렸다.

IS는 뛰어난 인터넷 마케팅과 신병 모집, 홍보 운동을 통해 서구인들의 반향을 불러일으킬 만한 메시지를 전달하고 있다. 서구 정부는 IS가 전하는 죽음의 메시지가 어떤 이유와 경로로 자국민들의 의식과 삶 속으로 파고드는지 면밀히 검토해 볼 필요가 있다.

　잔혹한 사건이 발생하고 나면 늘 여러 가지 형태로 이와 같은 문제
가 제기된다. 미국의 오클라호마시티나 오스트레일리아의 시드니에
서 총격이나 칼부림이 일어난 후에도 그랬고, 밝은 대낮에 런던 거리
에서 무슬림 개종자 2명이 영국 군인 리 릭비를 참수한 후에도 그랬
다. 마이클 아데볼라요라는 개종자는 범행을 저지르고 나서 충격에
빠져 있는 목격자에게 다음과 같은 내용의 쪽지를 건네기도 했다.

　알라의 적들과 싸우는 게 우리의 의무임을 내 아이들도 알 것이다. 알
라의 적들이 존재한다는 증거가 여기저기서 드러나고 있다. 우리는 위선
자의 사악한 혀를 베어낼 것이다.
　겁쟁이나 어리석은 자들과 끊임없이 논쟁하느라 시간을 낭비하지 마
라. 그것은 알라의 적들과 맞서는 시간을 지연시킬 뿐이다.
　때로는 겁쟁이나 어리석은 자들이 내 주변의 소중한 사람들일 수도 있
다. 그러니 언제든 그들에게 등을 돌릴 준비를 하라.
　이 길을 가는 자는 좌우를 두리번거리지 말아야 한다. 오로지 샤히달
라만을 추구하며 앞으로 나아가라.[1]

'샤히달라shaheedala'는 알라를 위한 순교, 다시 말해서 이슬람 원리
주의자들의 궁극적인 책임인 성전과 그에 따른 보상을 가리킨다.
　지하드를 수행하라는 명령은 꾸란만큼이나 오래된 것이다. 무함마
드 시대에는 자동화기나 로켓 추진식 수류탄도, 사제 폭발물이나 자

살폭탄 테러용 조끼도 없었다. 가방 속에 넣어 둔 폭발물을 레이스의 결승선 부근에 놔두는 일도 불가능했다.

2013년 4월 15일 보스턴 마라톤 결승선에서 50미터 정도 떨어진 곳에서 학살이 벌어졌다. 학살을 자행한 범인은 타메를란과 조하르 차르나예프 형제였다. 소비에트 연방 시절에 태어나 체첸공화국에서 살던 두 형제의 아버지는 2002년에 미국으로 망명했고, 그때부터 두 형제는 미국의 다양한 기관들로부터 무상으로 교육과 주거와 의료 서비스의 혜택을 받았다. 범행을 계획할 즈음, 동생 조하르는 미국 시민권을 획득한 상태였고 타메를란 역시 마지막 서류 작업이 끝나기만을 기다리고 있었다. 형제는 수개월에 걸쳐 애국기념일에 벌일 폭탄 테러를 준비했다. 그날은 미국 독립혁명의 영웅들을 기념하는 날이었다. 그들을 키워 준 제2의 조국을 목표로 한 이 충격적인 배은망덕을 어떻게 설명해야 할까? 조하르는 체포되기 직전 작성한 쪽지에 이런 말을 남겼다.

지금 나는 나보다 앞서 천국의 특권을 따낸 형이 부러울 따름이다. 형의 영혼이 아주 잘살 것이므로 나는 애도하지 않는다. 신은 모든 인간을 위해 계획을 세워 두셨다. 나를 위한 계획은 이 배에 숨어서 우리 행동에 빛을 비춰 주는 것이다. 나는 알라께 나를 순교자로 만들어 주기를 간청한다. 그래서 알라가 계신 숭고한 천국으로 돌아가 올바른 사람들과 함께 있을 수 있기를 기원한다. 알라를 따르는 사람은 결코 잘못된 길로 인도하지 않는다. 알라후 아크바르![2]

그는 또한 자신과 형이 하려는 일에 대해 이런 설명을 남겼다.

이곳에서 서서히 활동을 시작한 움마가 이슬람 전사들을 일깨웠다. 이제 나는 알라를 위해 싸우는 전사임을 알게 됐고, 총신을 들여다보면서 어떻게 천국을 완성할지를 알게 됐다.[3]

서구에서 성전의 주문에 걸려 넋을 빼앗긴 젊은이는 비단 조하르 뿐만이 아니다. 파키스탄 국민이었다가 미국에 귀화한 파이살 샤자드도 전형적인 미국인의 삶을 살았다. 그는 학생 비자로 미국에 왔다가 미국 여성과 결혼했고, 대학을 졸업한 뒤에는 직장 생활을 하면서 승승장구해 코네티컷에 있는 화장품 회사의 재정분석가가 됐다. 서른 살이 됐을 때에는 미국 시민권도 받았다. 하지만 2010년에 샤자드는 뉴욕의 타임스 광장에서 미국 시민들의 목숨을 앗아 가기 위해 차량 폭탄 테러를 시도했다. 선고를 앞두고 판사가 그에게 귀화할 때 미국에 대한 충성 서언을 했는지 물었다. 새로 시민권을 받는 사람은 누구나 그때까지 속해 있던 나라의 시민권을 포함해 통치자에 대한 충성을 완전히 단념할 것을 맹세해야 한다. 샤자드는 맹세는 했지만 진심으로 그럴 의사는 없었다고 대답했다. 그런 다음 계획이 실패로 돌아간 데 애석함을 표현하며 알라를 위해 복무하는 수천 명을 대신해 기꺼이 희생하겠노라고 선언했다. 마지막으로 그는 제2의 조국인 미국의 멸망을 예견하며 변론을 마쳤다.

급진적 무슬림들의 폭력 행사를 설명하기 위해 서구 논평가들은 사건의 원인을 가혹한 경제 환경과 결손 가정의 폐해, 혼란스러운 정체성, 젊은 남성들의 일반적인 소외감, 더 큰 사회에 흡수되지 못한데 대한 피해의식, 정신적 불안 등에 돌리려고 하는 경향이 있다. 게다가 일부 좌파 성향을 가진 사람들은 근본적인 이유가 미국의 잘못된 외교 정책에 있다고 주장한다.

하지만 어떤 주장도 설득력이 있어 보이진 않는다. 21세기의 이슬람 지하드는 가난이나 부족한 교육, 조건이 다른 사회에서 발생한 문제가 결코 아니다(예를 들어, 마이클 제하프 비보는 캐나다 브리티시컬럼비아에 있는 석유 시추 회사에서 일하며 1년에 9만 달러 이상을 벌었고, 탈레반 지원을 선언했다고도 알려져 있으며, 자살폭탄 조끼에 대해 아무 파급력이 없다는 농담을 하기도 했다). 이제는 그런 안이하고 손쉬운 설명에서 벗어나야 한다. 성전에 대한 요구나 명령은 이슬람 신앙 자체에서 비롯된 것이다. 그것은 다름 아닌 종교적 의무로 이해해야 한다.

또한 그것은 전 세계 지하드 세력의 전략적 의식을 보여 주는 것이기도 하다. 특히 《길가의 이정표Milestones》의 저자 사이드 쿠틉은 이슬람은 종교일 뿐만 아니라 혁명적인 정치운동이라고 단호하게 주장했다. 오사마 빈 라덴의 스승 압둘라 아잠은 지하드와 관련해 개인주의적인 '고독한 늑대' 이론을 표명했다. 파키스탄의 장군 말리크는 《꾸란에 나타난 전쟁 개념The Quranic Conception of War》이라는 책에서 전쟁을 수행할 때 역점을 두어야 할 사항은 상대의 정신이며, 그런 의미에서 테러는 최고의 무기라고 역설했다.[4]

영국의 급진주의 이슬람 성직자 아니엠 코우다리는 이렇게 선언했다.

"우리는 이슬람이 전 세계를 지배할 것이라고 믿는다. 그런 지배는 지하드를 수행함으로써 이루어질 수 있다."

그는 자신이 수백 명에 달하는 유럽인들을 이라크와 시리아의 전장으로 나가도록 도왔을 뿐만 아니라 영국에도 지하드 공격의 씨앗을 뿌렸노라고 주장했다. 또한 IS가 미국인과 영국인을 참수하는 일을 지원했으며 〈워싱턴 포스트〉 기자에게 희생자들이 죽어 마땅하다는 말을 거리낌 없이 하고 다녔다. 이런 메시지는 매우 기이하고 이질적으로 들리겠지만 전 세계를 위기로 몰고 가겠다는 그들의 주장을 더 이상 과소평가해서는 안 된다.

● 성전을 촉구하다

케냐에서 지내던 열여섯, 열일곱 살 때, 나 역시 지하드를 믿었다. 평화봉사단에 참여하려는 미국 젊은이들의 이상과 비슷한 열정을 품고 나는 성전을 준비했다. 내게 지하드는 어머니와 할머니가 시키는 집안일이나 지겨운 수학 시간과는 차원이 다른 무엇이었다. 성전이라는 이상을 실현하기 위해 나는 집에서 나와 궁핍한 사람들을 돕는 일에 참여했다. 그 경험은 내 안에 잠재해 있던 투쟁 의식을 일깨워 주었고, 나는 더 나은 무슬림이 되고자 열심히 노력했다. 하루 다섯 번 올리는 기도는 물론 알라에 대한 신앙 증언과 단식을 철저하게 준수했고 어디를 가든 머리에 스카프를 두르는 일을 잊지 않았다. 그런 모습은 내가 더 나은 사람이 됐거나 최소한 더 나은 사람이 되고 있다는 것을 의미한다고 믿었다. 나이로비에서 내가 겪고 있는 가난과 역경은 영원한 것이 아니며 지금의 고통은 내세에 가면 모두 보상받게 될 것이라고 생각했다.

이처럼 대다수의 젊은 무슬림들에게 처음으로 각인되는 성전의 의미는 훌륭한 무슬림이 되고자 하는 내적 투쟁을 드러내는 것이었다. 그것은 정신적 투쟁이었고 밝은 빛을 향해 나아가는 길이기도 했다. 하지만 시간이 흐르면서 상황은 달라졌다. 지하드는 점차 내적 투쟁의 길에서 벗어났고, 그 대신 이슬람이라는 기치 아래 결집된 영광스러운 군대 '형제단'이 알라의 적들과 이단자를 대상으로 외적 투쟁을 벌이기 시작했다. 그리고 이런 호전적인 지하드는 훨씬 큰 호소력을 발휘하는 듯했다.

지하드의 기원은 이슬람의 기본적인 텍스트인 꾸란과 하디스에서 추적해 볼 수 있다.[5] 꾸란의 중요 구절들과 하디스의 많은 구절들이 성전을 촉구하는데, 여기서 말하는 성전은 알라의 율법이 지배하는 땅을 확장하라는 종교전쟁을 뜻한다. 몇몇 구절을 예로 들어 보자.

금지된 기간이 지나면 어디서든 이교도들을 찾아 싸우고 그들을 죽일 수 있다. 혹은 모든 책략을 동원해 숨어서 기다리다가 그들을 잡아서 포위공격할 수도 있다. 하지만 그들이 회개하고 기도를 드린다면 그들에게 자선을 베풀고 길을 열어 줄지니라. 알라는 자비로우시며 자주 용서하시기 때문이니라(9장 5절).

적들에게 맞서기 위해 전쟁에 나가는 말을 포함해 너희들의 힘을 가장 강하게 키워 적들의 가슴을 서늘하게 하라. 알라를 위해 무엇을 하든 너희는 보상받을 것이며 결코 부당한 취급을 받지 않을 것이니라(8장 60절).

소요와 억압이 끊일 때까지 쉬지 않고 싸워라. 그러면 그곳이 어디든 정의와 알라에 대한 믿음이 퍼질 것이니라(8장 39절).

예언자여! 신자들을 일깨워 싸움에 나서게 하라. 너희 가운데 불굴의 의지를 가진 전사가 20명 있다면 200명이 되는 적도 무찌를 수 있느니라(8장 65절).

오늘날에도 이런 구절들은 무슬림들에게 전혀 호소력을 잃지 않고 있다. 오히려 쿠틉, 아잠, 말리크 같은 현대의 성전주의자들은 이런 구절들을 더욱 교묘하게 포장해 무함마드의 전사들이 이룩한 업적을 젊은 무슬림들이 끊임없이 되풀이하도록 자극하고 있다.

• 지하드의 명성

내가 십대였던 30여 년 전만 해도 새로운 성전주의자들을 모집하는 방법은 한정적이었다. 모스크와 마드라사를 일일이 찾아다니며 적절한 신참자들을 찾아내야 했다. 그것은 유권자 하나하나와 접촉해야 하는 풀뿌리 선거운동처럼 한 사람 한 사람을 세심하게 고르고 육성하고 이끄는 지루한 과정이 필요했다. 하지만 오늘날 이 과정은 훨씬 수월해졌다. 스마트폰만 제대로 활용하면 지원자들이 줄을 서서 대기한다. 트위터, 텀블러, 인스타그램, 페이스북 등은 실질적이고 전 세계적인 파급력을 지닌 신병 모집 기반이 되었다. 현재의 상황과 조건에서 명성을 얻을 가능성이 매우 희박한 젊은이들에게도 지하드는 매우 큰 위력을 발휘한다. 갑자기 늘어난 트위터 팔로어와 비디오 뷰어 덕분에 그들은 소셜 미디어의 유명인사가 된다.

이집트 학생 이슬람 야켄이 그 좋은 예다. 그는 기술을 공부한 뒤 법학 학위를 땄으며 프랑스어와 아랍어도 유창한 실력자다. 또한 한때 헬스 애호가여서 운동 관련 정보와 탄탄한 상반신을 찍은 사진을 페이스북에 올리기도 했다. 그러던 그가 이집트를 떠나 IS에 가담했다. 이제 그의 사진은 체육관을 배경으로 한 모습에서 말을 타거나 검을 들고 있는 모습으로 바뀌었다. 이 같은 소식은 이집트 소셜 미디어를 통해 빠르게 확산됐고 그는 어느새 유명인사가 됐다.[6]

성전주의자들은 순교를 통해 명성을 얻을 때까지 기다릴 필요가 없다. 전자 매체 덕분에 그들은 곧 불멸의 존재가 된다. 현재 시리아와 이라크에서 올라온 140여 명의 사진과 프로필이 인터넷상에 유포되고 있다. 그들은 총과 전리품 등을 든 채 편안하게 웃고 있는 성전주의자의 모습을 보여 준다. 터키 가정에서 성장하고 네덜란드 국적을 가진 청년 일마즈는 귀여운 시리아 아이를 안고 있는 자신의 사진을 인터넷상에 올렸다. 플로리다 사람인 모네르 무하마드 아부 살라가 시리아에서 자살폭탄 테러를 벌인 후에는 고양이를 안은 채 활짝 웃고 있는 그의 사진이 인터넷상에 등장했다.

악명을 얻은 또 다른 인물로 지하디 존이라는 별명을 가진 사람이 있다. 영상에 보이는 그는 얼굴을 가리고 있지만 또렷하게 들리는 억

양으로 판단할 때 과거 미국인 기자 2명과 영국인 국제구호원 1명을 참수한 인물이 분명해 보인다. 킹스칼리지런던 국제급진주의 연구센터 연구원인 시라즈 마허의 말처럼 이런 영상들은 "여기 와서 인생의 황금기를 맞이하십시오. 이곳은 지하드 여름 캠프장입니다"라는 메시지를 담고 있는 것처럼 보인다.

지하드는 불만을 품은 젊은이들에게 멋있는 삶을 살아갈 수 있는 방법으로 인식된 듯하다. 인터넷 동영상에서는 '지하드 랩'이 흘러나온다. 성전주의자 특유의 외모는 이미 우리 머릿속에 뚜렷이 각인되어 있다. 다양한 사진이나 영상에서 그들은 모두 똑같은 모습을 하고 있다. 검은 옷을 입고 콧수염을 기른 남성들이 트럭 짐칸에 매달린 채 총을 하늘 높이 흔든다. 바그다드로 진군하는 IS 전사든, 나이지리아 북부의 기독교도 마을을 침입하는 보코 하람 조직원이든, 파키스탄 페샤와르에 있는 학교를 공격하는 탈레반 전사든 그들은 거의 비슷한 외양을 하고 있다.

하지만 우리는 지하드 단체들이 주장하는 내용의 본질을 혼동해서는 안 된다. 현대 기술을 활용해 자신의 활동을 미화하고 있지만 그들이 추구하는 목표는 지하드의 세계화다. 그들은 이슬람 전통과 이론을 기반으로 한 반란 세력으로, 무함마드 군대가 쿠라이시 부족에 대항할 때와 같은 과거의 영광을 재현하고 싶은 열망으로 가득 차 있다. 당시 무함마드와 그의 추종자들은 수적으로 매우 불리한 상황에서도 승리를 거두었다. 이는 순교자들에게 보상이 있으리라는 알라의 약속을 굳게 믿은 덕분이었다.

사우디아라비아의 꾸란학교에서 예언자의 군대 이야기를 처음으로 들었을 때, 나는 여덟 살 무렵이었다(선생님들은 우리에게 당시의 전투를 재현한 영상을 보여 주었다). 오늘날 지하드 전사들이 이 같은 이야기들을 토대로 교육받고 있다는 사실을 잊어서는 안 된다. 과거의 역사를 되풀이할 순 없다. 이라크에서 IS가 공격에 나섰을 때 정부군은 더 뛰어난 무기로 무장하고 있었는데도 진지에서 달아나 버렸다. 또한 나이지리아 당국은 서구의 지원을 크게 받았는데도 보코 하람의 손아귀에서 연약한 소녀들을 구출하는 데 실패했다.

리비아 벵가지에서 미국 영사관이 공격당하고 파키스탄의 카라치 공항이 습격당했을 때에도 성전주의자들은 웹사이트를 통해 알라가 적들을 무력화하고 승리를 허락하셨다며 일제히 흡족한 소식을 전했다. 이는 1994년 소말리아에서 내가 들었던 이야기와 정확히 일치한다. 그때 모가디슈에서는 미군 병사 18명이 목숨을 잃거나 팔다리를 잃은 사건이 벌어졌다. 심지어 아프가니스탄 전쟁 최후의 미군 포로인 보 버그달 병장과 탈레반 출신 테러 용의자 5명이 맞교환된 사건조차 알라의 전사들은 또 한 번 승리를 거둔 것이라며 자축했다.

성전주의자들은 단순히 궁핍한 환경에서 자라 사회에 불만을 품고 질 나쁜 사이트를 찾아 이리저리 인터넷 서핑을 하는 젊은이들이 아니다. 그들은 신성한 의무감을 가진 젊은 남녀들이다. 팔레스타인의 열 살짜리 소년이 자기 아버지를 살해한 후에 한 말은 내가 의미하는 바를 정확하게 표현해 준다.

알라의 이름으로 나는 내 영혼보다 아버지를 더 사랑합니다. 하지만 나의 종교와 대의, 나의 알 아크샤(예루살렘에 있는 사원)에 비하면 이 또한 아무것도 아닙니다. 아버지여, 나는 눈물을 흘리지 않을 겁니다. 나는 방아쇠를 당길 것이고 영원히 기억할 겁니다. 나는 사랑하는 당신과 당신이 내게 지하드에 대한 사랑을 가르쳐 주던 시간을 결코 잊지 않을 겁니다. 당신은 내게 무기에 대한 애정도 가르쳐 주었습니다. 그래서 나는 알라의 뜻대로 무사가 되어 당신이 밟은 길을 따르고 전장에서 적들과 싸울 겁니다. 당신의 순결한 몸에서 흘러나온 핏방울은 적들의 가슴을 뚫을 수십 발의 총알과 맞먹는 가치가 있습니다. 내일 나는 더욱 성장할 것이고 내일 나는 복수할 것입니다. 전장에서 사람들은 순교자이자 사령관인 아슈라프 무슈타하의 아들이 누군지 알게 될 것입니다. 마지막으로 아버지여, 우리는 작별인사를 나누지 않아도 됩니다. 나 역시 순교자가 되어 천국에서 당신을 만날 것이기 때문입니다. 당신의 아들로서 당신을 다시 만날 날을 기원합니다.

— 어린 무사이자 아슈라프 무슈타하의 아들 나임[7]

"당신은 내게 지하드에 대한 사랑을 가르쳐 주었다"는 말은 오늘날에도 전 세계 곳곳에서 들려오는 메시지다. 수천 명이 그 메시지에 귀를 기울이고 있다.

● 지하드의 세계화

성전주의자들이 일으키는 문제는 해마다 빠르게 규모가 커지고 있다. 미국 테러 연구기관인 스타트START 산하의 글로벌 테러리즘 데이

터베이스는 전 세계에 벌어진 테러 공격을 추적 조사한다. 스타트의 책임자이자 메릴랜드대학교 범죄학 및 형사행정학 교수인 게리 라프리는 최근 들어 전 세계적으로 지금까지 유례없는 정도와 규모로 파괴 행위와 테러가 발생하고 있다고 발표했다. 2012년 스타트는 가장 파괴적인 지하드 테러 조직으로 탈레반(테러가 초래한 연간 사망자 수 2,500명 이상)과 보코 하람(1,200명 이상), 아라비아 반도 알 카에다(960명 이상), 파키스탄 탈레반(950명 이상), 이라크 알 카에다(930명 이상), 알 샤바브(700명 이상) 등 6개를 꼽았다.

2013년과 2014년의 수치는 훨씬 높을 것이다. 물론 이라크와 시리아 같은 나라는 미국에서 매우 멀리 떨어져 있다. 뉴욕에서 시리아의 수도 다마스쿠스까지의 거리는 대략 9,000킬로미터에 달한다. 심지어 유럽인들은 런던에서 다마스쿠스까지를 거의 5,000킬로미터나 떨어진 먼 거리로 착각하는 경향이 있다.

우리는 시리아가 최근 10년 동안의 보스니아나 르완다처럼 다음 10년 동안의 분쟁지대가 될 것으로 보고 있다. 그럼에도 불구하고 대부분 이성적으로는 성전주의자들에 대한 우려를 표명하면서도 감정적으로는 여전히 자신과는 무관한 먼 지역의 갈등으로밖에 생각하지 않는다.

하지만 서구에서도 성전주의자들이 등장하고 있어서 상황이 예전과 같을 수 없다. 이제 미국이나 캐나다, 오스트레일리아, 유럽에서 살아가는 누구도 영국 태생 테러리스트가 무고한 미국인과 영국인을 참수하는 식의 끔찍한 비극에서 자유로울 수 없게 됐다.

네덜란드 정보부는 한 보고서에서 국내뿐만 아니라 서유럽 전체에서 발견되는 한 가지 공통된 양상에 주목했다. 젊은 무슬림들이 지하드 운동의 가벼운 동조자 수준에서 열렬한 전사로 빠르게 변화하고 있었다. 하루하루 두려움 속에서 살아가야 하는 사람은 나 같은 이단자만이 아니다. 그 보고서를 살펴보면 심지어 온건한 무슬림들도 여러 가지 위협에 시달리고 있다. 시리아 내전에 가담하는 것을 공개적으로 거부하고 매우 편협하고 비민주적인 성전주의 교리에 도전하는 네덜란드 무슬림들은 물리적이고 실질적인 위협으로 점점 더 고통받고 있다.[8] 지하드에 반대하며 세간의 주목을 받는 무슬림들은 보호받지 않으면 밖에 나갈 수조차 없다. 한편 과거에 급진적인 무슬림이었다가 폭력적인 이념에 등을 돌린 사람들 역시 실제로 심각한 위협을 받으며 살아가고 있다.[9] 게다가 네덜란드 정보부의 보고서에 따르면 현재 여러 가지 형식과 언어로 성전에 대한 촉구가 이루어지고 있으며 그 자료 또한 지하드 운동을 상세하게 설명한 글부터 일선에서 이뤄진 각종 강연 녹음과 기록물까지 다양하다.[10]

성전주의자들은 유럽에서 우위를 점하고 있고 그들도 그 사실을 알고 있다. 2014년 4월 한 네덜란드 성전주의자가 네덜란드 정보부에 다음과 같은 트위터 글을 보냈다.

시리아에서 전하는 인사! 수년 동안 집중 감시, 네 배 돌려주고 지금 시리아에서 펩시 마시는 중? 뭐가 잘못됐을까?

네덜란드 정보부는 전 유럽에 걸쳐 정부, 유대교, 온건한 무슬림에 대한 공격이 있을 것이라는 우울한 예상을 했으며 협박의 강도가 어

느 때보다 강하다고 결론지었다.[11]

서유럽 국가들보다 상대적으로 무슬림 인구 비율이 낮은 미국도 상황이 별반 좋지 않은 이유는 무엇일까? 2007년에 발표된 퓨리서치센터의 여론조사 결과에 따르면 미국에서 서른 살 이하의 무슬림은 그 수가 서른 살 이상의 무슬림보다 두 배 정도 많으며 이슬람교를 수호하기 위한 자살폭탄 테러가 정당하다고 믿고 있었다. 또한 열여덟 살부터 스물아홉 살까지의 무슬림 가운데 7퍼센트가 알 카에다에 대해 우호적인 생각을 갖고 있었다.[12]

비록 인구 비율은 낮지만 미국인 무슬림의 압도적인 다수가 정치이슬람에 전념하고 있으며 목표를 앞당기기 위해서라면 기꺼이 폭력도 고려한다는 점이 문제였다. 2011년에 발표된 퓨리서치센터의 또 다른 보고서에서도 대략 18만 명에 이르는 미국인 무슬림들이 자살폭탄 테러를 정당하다고 여기고 있는 것으로 드러났다.[13] IS 지도자 아부 바크르 알 바그다디는 이라크에 있는 캠프 부카에서 4년간의 감금 생활을 마치고 걸어 나오며 미 육군 경비병에게 이렇게 말했다.

"뉴욕에서 만납시다."

나는 IS가 맨해튼에 모습을 드러내는 것은 정말로 시간문제라고 생각한다.

이슬람은 언제나 초국가적이었다. 이슬람은 민족국가나 민족 정체성이 기껏해야 시작 단계이거나 거의 존재하지 않을 때 결성되고 확립되어 전 세계로 퍼져 나갔다. 당시 사람들은 종족이나 도시국가, 제국, 종교 집단에 속해 있었다. 기독교가 구상 단계에서부터 (국가나 제국이 기독교를 용인한다면) 국가나 제국과 공존하기를 희망한 데 비해 이슬람은 시작부터 사원이나 국가, 제국이 되기를 열망했다. 자존심 있는 무슬림이라면 반드시 국경을 넘어 지역의 권력을 확보하려고 할 것이다. 결국 이슬람의 궁극적인 목표는 전 세계를 지배하는 것이다. 오늘날에는 페이스북, 트위터, 다른 어디에서든 그 목표에 대해 공개적으로 쓰고 말할 수 있게 됐다.

IS의 소셜 미디어를 주도하고 있는 사람은 미국과 시리아의 이중 국적을 소유한 아마드 아부삼라로 알려져 있다. 그는 쾌적한 보스턴 교외에서 자랐고, 그의 아버지는 매사추세츠 종합병원에서 내분비학 자로 일했다. 매사추세츠 웨스트우드에 있는 자베리오회 가톨릭 사립 고등학교와 스토턴고등학교를 다니는 동안 그는 늘 우등생이었고 노스이스턴대학교에 다닐 때에도 우등생 명단에 있었다. 아부삼라 는 확실히 양질의 교육을 받는 특권을 누렸다. 그런데도 FBI 요원의 증언에 따르면 그는 9·11 테러를 찬양했고, 2000년대 초 대학에 다 닐 때에는 미국인들이 정부를 위해 세금을 내는 '쿠파르kufar(이교도)' 이기 때문에 그들을 죽여야 한다고 말했으며, 차르나예프 형제와 다 른 테러리스트 5명을 숭배했다. 그중 MIT 과학자였다가 여성 알 카 에다 요원이 된 아피아 시디키는 뉴욕에서 화학무기 공격을 계획한 혐의로 징역 86년형을 선고받았다.

노스이스턴대학교의 우등생과 MIT 과학자. 이 두 성전주의자는 교육을 못 받은 사람도 아니고 기술이 없는 사람도 아니며 빈곤한 사람도 아니다. 오히려 미국 최고의 교육을 받는 혜택을 누렸다. 그런 그들이 서구를 상대로 한 성전에 전념했다는 사실은 우리 모두를 당혹시키기에 충분하다. 우리가 지금 그들의 행위에 대한 설명을 절박하게 찾고 있는 것은 바로 이런 이유에서다.

● 지하드의 뿌리

2013년 보스턴 마라톤 폭탄 사건이 터진 후 미국 정부와 언론은 차르나예프 형제가 종교적 급진주의의 영향을 받아 범행을 저지른 것이 아니라고 성급히 결론지었다. 오바마 대통령 역시 테러 사건 이후에 발표한 성명에서 이슬람에 대한 언급을 피하기 위해 특별히 애쓰는 것처럼 보였다. 하지만 범인들이 팔레스타인 교사이자 오사마 빈라덴의 스승인 압둘라 아잠의 온라인 연설문을 탐독했다는 사실을 더 이상 부인할 수 없게 되자 보스턴 이슬람 사회는 다음과 같은 단조로운 진술을 내놓았다.

"용의자들은 온건한 미국 이슬람 신학과는 의견을 달리한다."

그 후 한 달이 지나 5월 22일에 리 릭비가 영국 울리치에서 난도질당해 죽었을 때에도 똑같은 이야기들이 이어졌다. 사건이 발생하고 몇 시간 지나지 않아 영국 이슬람 사회를 대표하는 줄리 시디키는 마이크 앞에 서서 이렇게 말했다.

"모든 선량한 무슬림들은 다른 사람들과 마찬가지로 이번 공격에 대해 충격과 역겨움을 금치 못했다."

영국 일간지 〈가디언〉은 런던인 무슬림의 말을 인용해 머리기사를 장식했다.

"형편없는 멍청이들은 이슬람과 아무 관련이 없다."

"알라후 아크바르"를 외치며 릭비를 살해한 범인에게 직접 그 말을 건네 보는 건 어떨까?

한편 오마르 바크리는 울리치 살해 사건 이후 진정한 신앙에 대해 대변하고자 했다. 물론 그는 자신이 설립한 이슬람 단체 알 무하지룬이 2010년에 금지당했기 때문에 영국 방송에는 나올 수 없어 레바논 북부의 트리폴리에서 입장을 밝혔다. 그는 현재 30년 동안 레바논을 떠날 수 없도록 한 정부 간 합의에 따라 그곳에 살고 있다. 10년 전 바크리는 런던에서 울리치 살해 사건의 용의자 마이클 아데볼라요를 가르쳤다. 바크리는 자신의 제자인 테러범을 이렇게 회상했다.

"조용하고 숫기 없었지만 이슬람에 대해 질문을 많이 하던 친구였죠."

스승은 리 릭비를 살해하는 장면이 녹화된 영상을 본 다음 숫기 없던 제자가 그렇게까지 멀리 나아간 사실에 깊은 인상을 받았는지 다음과 같이 덧붙였다.

"그랬던 친구가 단호하게 용기를 발휘했군요. 달아나지 않고……. 예언자는 이단자와 그를 죽인 사람은 결코 지옥에서 만나지 않을 것이라고 말했습니다. 그건 정말 멋진 말이죠. 신은 그의 행동에 보상을 내리실 겁니다. 이슬람과 관련되어 있는 한 나는 그의 행동을 범죄라고 보지 않습니다."[14]

바크리는 무함마드의 말을 지어낸 게 아니다. 꾸란이나 하디스가 신자들에게 이단자를 죽이라고("어디서든 그들을 붙잡으면 죽일지어다", 꾸란 2장 191절), 혹은 그들의 목을 베라고("믿지 않는 자들을 만나면 그들의 목을 내리칠지어다", 꾸란 47장 4절), 혹은 간음한 자는 매질하고 돌팔매질해서 죽이라고(《무슬림 사히흐》 17장 4,192절) 부추기는 상황에서 근본주의자들이 그 명령을 정확히 수행하고 있다고 해서 경악할 일은 아니지 않은가. IS의 잔인한 학살자들이 이런 구절들을 잘못 이해했다고 말하는 사람들이야말로 문제가 있는 것이다. 꾸란 자체가 명백하게 무자비함을 조장하고 있기 때문이다.

보코 하람의 사례를 살펴보자. 이 조직은 2014년에 나이지리아 여학생 276명을 납치함으로써 미국 대중의 시선을 단숨에 사로잡았다. 하우사 민족어인 보코 하람을 번역하면 '서구 교육을 금지한다'는 뜻이지만, 좀 더 정확히 표현하면 '비무슬림 교육을 금지한다'는 뜻이 될 것이다. 개인적인 테러리스트와 마찬가지로 보코 하람 같은 조직들은 아무런 근거 없이 불쑥 튀어나온 게 아니다. 아프리카나 아시아, 심지어 유럽 어디든 상관없이 그런 조직을 설립한 사람들은 오랫동안 존속해 온 이슬람 공동체의 구성원들이다. 성전주의자들이 어떻게 세력을 키우고 활약하게 됐는지 이해하기 위해서는 이슬람 공동체 내에서 작동하는 역학을 이해할 필요가 있다.

먼저 이슬람 공동체가 순나를 실천하는 것은 헌신적인 남성들이 유대관계를 확립하면서 시작된다. 이때 자연스럽게 무리를 이끌어 갈 설교자가 필요해진다. 그는 내가 소녀였을 때 나이로비에서 만난 무슬림형제단 이맘 보콜 삼과는 다른 유형의 인물일 것이다. 아무튼 설교자가 강조하는 내용은 대부분 여성의 역할과 지위에 대한 것이다. 그는 소녀를 포함한 여자들은 집 안에서 생활해야 하며 밖에 나갈 때에는 머리에서 발끝까지 가려야 한다고 권고한다. 또한 자유방

임적인 서구 사회를 비난하고 규탄한다.

이렇게 할 경우 설교자는 어떤 반응을 접하게 될까? 미국과 유럽이라면 일부 온건한 무슬림들이 조용히 당국의 관심을 유도할지도 모른다. 여성들이 자신의 자유를 위협하는 언행에 대해 우려를 드러낼 수도 있다. 하지만 법과 질서가 취약한 곳이라면 극단적인 메시지가 영향력을 발휘할 수도 있다. 특히 정부 자체가 허약하고 부패하거나 아예 존재하지 않을 경우, 보코 하람과 유사 조직들의 메시지는 쉽게 설득력을 얻는다. 그들은 그럴듯하게 빈곤의 원인을 관료의 부패로 돌리면서 예언자의 원칙을 해결책으로 제시할 것이다.

그런데 그토록 많은 젊은이들이 이런 메시지들을 폭력으로 전환하게 되는 계기는 무엇일까? 먼저 그들은 이슬람 공동체가 제시하는 근본주의적인 메시지에 지나치게 감탄하고 찬양하는 경향이 있다. 기존 무슬림 지도자들조차 위협을 느끼고 반대할 정도다. 그런데도 새로운 설교자와 그의 지지자들은 인내하며 멈추지 않는다. 순나에서도 인내는 천국으로 향하는 핵심적인 가르침 가운데 하나이기 때문이다. 차츰 시간이 흐르면서 그들의 세력은 커져 기존 무슬림 공동체 지도자들을 넘보기 시작한다. 바로 그때 최후의 대결이 벌어지며 성전을 촉구하는 주장이 어느새 갑자기 기존 지도자와 차세대 모두에게 호소력을 발휘하게 된다.

보코 하람의 역사는 정확히 이런 순서로 전개됐다. 이 조직은 2002년에 젊은 무슬림 무함마드 유수프가 설립했다. 그는 나이지리아 보르노 주에 있는 한 이슬람 공동체에서 설교하기 시작했다. 그러다가 사원과 이슬람 학교를 포함한 교육 복합 단지를 건립했고, 7

지하드

년 동안 주로 빈곤한 사람들이 그의 메시지를 듣기 위해 몰려들었다. 2009년 나이지리아 정부는 보코 하람을 조사했고 유수프를 포함해 조직원 7명을 체포했다. 정부의 강경한 탄압은 폭력을 유발했고, 이 폭동으로 700명 정도가 목숨을 잃었다.

보코 하람이나 IS 같은 과격 단체들이 이슬람과 아무 상관이 없다고 주장하는 것은 더 이상 타당해 보이지 않는다. 실체가 불분명한 '극단주의'가 이념적 근거 없이 죽음을 유발한다는 주장은 더 이상 설득력이 없다. 또한 오직 군사적 방법으로, 그것도 집중 공격으로 해결할 문제도 아니다. 우리는 이슬람 교리의 핵심을 이루면서 전 세계를 괴롭히고 있는 이 폭력에 대해 근원적인 문제가 무엇인지 세세하게 살펴보아야 한다.

⦂ 기독교도에 대한 전 세계적 전쟁

오늘날 지하드가 보이는 대단히 파괴적인 징후 가운데 하나는 전 세계 무슬림 다수 국가에서 소수 기독교도들을 폭력적으로 억압하고 있는 현실이다. 이슬람 역사에서 이슬람이 통치하는 지역은 다르 알 이슬람(이슬람의 땅)이라고 불리며, 비이슬람이 통치하는 지역은 다르 알 하르브(전쟁의 땅)라고 불린다.[15] 역사적으로 이슬람교보다 앞선 아브라함의 종교를 믿는 자들(유대교인, 기독교인, 조로아스터교인)은 무슬림들에게 정복당한 굴욕의 징표로서 특별한 세금인 지즈야를 내야 했다. 세금을 내면 그들의 종교를 지킬 수 있었다(꾸란 9장 29절). 그렇지만 대체로 이슬람 역사에서는 늘 강압적인 '제거주의'가 존재했다. 예언자 자신도 이런 약속을 했다.

아라비아 반도에서 유대교인과 기독교인을 추방하고 (중략) 무슬림이 아닌 누구도 살게 하지 않을 것이다(《무슬림 사히흐》 19장 4,363~4,367절).

또한 꾸란은 무슬림들에게 이렇게 경고했다.

친구와 보호자로 유대교인과 기독교인을 취하지 말지어다(5장 51절).

무슬림 남성은 유대교도나 기독교도 여성과 결혼할 수 있지만, 무슬림 여성은 비무슬림 남성과 결혼할 수 없다. 이슬람 율법에 따라 아이들의 종교적 정체성은 아버지에게서 물려받기 때문이다(5장 5절).

현대에 들어서면서 상황은 더욱 심각한 수준으로 발전했다. 일부 국가에서는 정부와 여러 기관들이 교회를 불태우거나 독실한 기독교인들을 감금하는 등 반기독교 폭력 행위를 공개적으로 지원하고 있다. 또 어떤 국가에서는 반군 세력과 자칭 자경단원들이 독자적으로 처벌을 수행하고 있는데, 기독교도들을 죽이거나 수세기 동안 뿌리내리고 살아온 터전에서 몰아내기도 했다. 이에 대해 지역 정부와 지도자들은 폭력을 막기 위한 아무런 조치도 취하지 않고 못 본 척 지나치기 일쑤였다.

이 같은 기독교 증오 현상은 서구 언론 매체에서 거의 다뤄지지 않았는데(이에 비해 이슬람 혐오증은 훨씬 많이 논의되고 있다), 그 한 가지 이유로 추가적인 폭력을 자극하지 않을까 하는 두려움을 꼽을 수 있다. 다른 한편으로는 이슬람협력기구와 미국이슬람관계위원회 같은 단체들에 영향력을 행사하는 등 매우 효과적으로 노력을 기울인 결과로 볼 수 있다. 이런 단체들은 서구 언론과 출판계가 반무슬림 차별의식을 뿌리깊은 이슬람 혐오증의 표현으로 이해하도록 만드는 데 큰 역할을 수행했다. 그 결과 기독교도에 대한 무슬림의 폭력을 제대로 보도하지 못하는 불합리와 폐해가 벌어졌다. 하지만 최근 발생한 여러 사건에 대해 공정한 평가가 이루어지면서 이슬람 혐오증의 규모와 강도는 전 세계 무슬림 다수 국가에서 뚜렷하게 드러난 기독교 증오 현상에 비하면 별거 아니라는 결론에 도달하게 됐다.

나이지리아를 예로 들어 보자. 인구가 거의 균등하게 기독교도와 무슬림으로 양분된 나이지리아에서는 수년 동안 내전의 위기가 이어졌다. 그런데 보코 하람이 전세를 장악하면서 위기는 극에 달했다. 보코 하람은 나이지리아의 기독교인들을 모두 죽일 것이라고 공개적으로 선언했다. 그리고 현재 그 약속을 이행하고 있는 중이다. 2014년 상반기에만 보코 하람은 95차례의 공격을 감행해 적어도 2,053명의 시민을 학살했다.[16] 그들은 큰 칼과 총, 화염병을 들고 "알라후 아크바르"를 외치며 공격을 시작했다. 한번은 크리스마스를 맞아 한곳에 모여 있던 가톨릭 신자 42명을 몰살하기도 했다. 그들은 술집, 미용실, 은행 등을 목표로 삼았고 기독교 성직자를 비롯해 정치인과 학생, 경찰, 군인을 마구잡이로 살해했다.

수단에서는 북부의 수니파 무슬림 독재 정부가 수십 년 동안 남부의 소수 기독교도들을(정령 신앙자들을 포함해) 학대했다. 내전으로 자주 묘사되곤 했던 혼란은 사실 수단 정부의 지속적인 기독교 박해 정책에 불과했다. 이는 결국 2003년 다르푸르 집단 학살이라는 오명으로 끝났다. 수단의 무슬림 대통령 오마르 알 바쉬르가 집단 학살 혐의로 수차례 헤이그에 있는 국제형사재판소에 기소되고 2012년에 드디어 남부 수단이 독립하는 기쁨이 있었지만 폭력은 아직도 끝나지 않고 있다. 예를 들어, 남부 코르도판에서 기독교인들은 여전히 공습과 암살, 어린이 납치, 기타 잔혹 행위에 시달리고 있다. UN이 발표한 보고서에 따르면 현재 남부 수단에 거주하는 국내 실향민은 100만 명에 달한다.[17]

아랍의 봄 이후 이집트 국민은 국가 기관을 비롯해 비정부 단체의 박해에 시달렸다. 2012년 10월 9일 카이로 마스페로 지역에서 콥트 기독교도(이집트 인구 8,100만 명 가운데 대략 5퍼센트를 차지한다[18])들은 방화, 강간, 절단, 살해 등 이슬람교도들의 끊임없는 학대와 공격에 저항해 진군을 시작했고, 이는 나중에 호스니 무바라크 독재 정권의 전복으로 이어졌다. 저항 기간 동안 이집트 치안 부대는 차량을 몰아 군중에게 돌진했고 시위대를 향해 발포했다. 그 결과 최소한 24명이 사망하고 300명 이상이 부상을 당했다.[19] 저항이 시작된 지 2개월도 되기 전에 더 격렬한 공격이 이뤄질 것으로 예상한 콥트 기독교도 수만 명이 집을 떠나 달아났다.[20]

이집트에서만 소수 기독교도들이 무참한 공격을 당한 것은 아니다. IS가 등장하기 전에도 이라크에서 기독교도로 사는 것은 매우 위험한 일이었다. 아시리아 국제뉴스 에이전시AINA에 따르면 2003년 이후 바그다드에서만 900명이 넘는 이라크 기독교인(대부분 아시리아인이다)이 죽고 70개의 교회가 전소됐다. 당시 그들에게 자행된 폭력의 여파로 수천 명이 나라를 떠나 이라크의 기독교도 수는 2003년 이전 100만 명 이상에서 현재 절반 이하로 대폭 감소했다. 아시리아 국제뉴스 에이전시가 이런 현상을 "집단 학살의 시작 혹은 이라크 내 아시리아 인종 청소"라고 묘사한 것도 이해할 만하다. IS 군대가 모술에서 2,000년 이상 살아온 기독교도들을 대량 살상한 사태는 기독교 박해 가운데 가장 최근에 발생한 일이다(이 기독교도들은 죽음이나 강제 개종의 위협 아래 달아나야 했고 재산을 약탈당했으며, 자신의 집에 나사렛 사람을 의미하는 'N'자 낙인이 찍히고 교회가 훼손되는 모습을 지켜보아야 했다).

모술 주민인 바샤르 나시흐 베남은 두 아이와 함께 그곳을 탈출하며 이렇게 말했다.

"이제 모술에는 기독교도 가정이 하나도 남아 있지 않아요. 마지막 남은 기독교도는 장애를 가진 여자였어요. 그들이 그 여자에게 가서 말했습니다. 나가지 않으면 칼로 목을 베어 버리겠다고. 그게 마지막 기독교도 가정의 모습이었죠."

달아나던 사람들은 도중에 강탈당하기 일쑤였다. IS 전사들은 그들의 돈과 금을 갈취하고 여자들의 귀에 걸린 귀고리를 잡아채 갔으며 휴대전화도 몰수했다.

게다가 이교도나 이민족에 대한 편협함이 법전의 중요한 부분을 구성하고 있는 국가도 많다. 파키스탄의 기독교도들은 1억 8,000만 명이 넘는 전체 인구에서 고작 1.6퍼센트를 차지할 정도로 수가 지극히 적지만 심한 분리와 차별을 당했다. 물품 종류가 몇 안 되는 상점만 이용해야 했고 무슬림들에게 배정된 우물에서 물을 길어 갈 수 없었으며 죽은 자들의 시신을 매장할 수조차 없었다. 다른 신앙을 가진 자를 무슬림과 같이 매장하는 것을 금지했기 때문에 작은 묘지에 따로 켜켜이 쌓여 버려져야 했다.

이들은 또한 파키스탄의 가혹한 신성모독법 때문에 고통을 당했다. 그 법은 기독교 삼위일체에 대한 믿음을 선언하는 행위를 불법으로 간주했다. 신성모독법을 어겼다는 혐의를 받은 기독교인들은 매우 잔혹한 대우를 받았다. 2010년 봄, 국제 기독교 구호 단체인 월드비전 사무실은 무장 괴한 10명의 습격을 당해 6명이 숨지고 4명이 부상을 입었다. 한 무슬림 군사 조직이 자기들의 소행이라고 밝히며 월드비전이 이슬람을 전복하기 위해 일하고 있어서 습격했다고 설명했다(당시 월드비전은 대규모 지진 피해자들을 돕고 있었다).

무슬림 다수 국가들 중에서도 관대하고 민주적이며 현대적인 나라로 거론되는 인도네시아조차 기독교 혐오증에서 크게 벗어나지 못하고 있다. 〈크리스천 포스트〉가 수집한 자료에 따르면 2010년과 2011년 사이에 종교적 소수자들을(전체 인구 가운데 8퍼센트를 차지하는 기독교인들은 인도네시아에서 가장 규모가 큰 소수자 집단이다) 대상으로 자행된 폭력 사건 수는 198건에서 276건으로 40퍼센트 정도 늘어났다.

사우디아라비아에서 외국인 노동자로 살아가는 100만 명이 넘는 기독교도들 역시 사적인 기도 행위를 금지당했다. 이런 전체주의적 규제를 실시하기 위해 종교경찰들은 정기적으로 기독교인들의 집을 불시 단속하고 신성모독 혐의로 기독교인들을 법정으로 끌고 갔다. 법정에서 기독교인들의 증언은 무슬림들의 증언과 동등한 무게를 갖지 못했다. 사우디아라비아는 교회 건설도 금지했다. 또한 교과서에 반기독교와 반유대교 교리를 포함시켰다. 6학년 학생들은 "유대교인과 기독교인은 이슬람 신자들의 적"이라고 배우고 있으며 8학년 교과서에는 심지어 이런 구절도 들어 있다.

안식일을 쉬는 유대교인들은 예수 단체인 기독교인들을 흉내 내는 얼간이들이다.[21]

기독교도들이 인구의 다수를 차지하는 에티오피아에서조차 무슬림 소수자들이 주도한 교회 방화가 커다란 사회 문제가 됐다.

반기독교 폭력은 국제이슬람기구가 중심이 되어 계획하고 조직화한 활동이 아니다. 그것은 오히려 문화와 지역과 민족을 초월한 반기독교적 적대감의 표현일 뿐이다. 허드슨연구소 종교자유센터 소장 나나 셰어는 〈뉴스위크〉와의 인터뷰에서 무슬림 다수 국가에 살고 있는 기독교 소수자들이 사회의 보호를 전혀 받지 못하고 있다는 사실을 지적했다.

물론 다른 신앙에 대한 편협함은 이슬람교에서만 볼 수 있는 특징이 아니다. 로마제국은 처음에 기독교인들을 박해하다가 기독교가 제국의 공식 종교로 채택된 후에는 반기독교인들을 박해했다. 중세 기독교 세계에서는 오늘날 우리가 알고 있듯 '종교적 자유'가 없었다. 그래서 이단자들은 잔인하게 처형당했고 유대교도들은 박해를 당했다. 교황 우르바노 2세가 1095년 1차 십자군 원정을 촉구했을 때 그는 예루살렘으로 떠나는 기사들에게 성전을 수행하는 동안 믿지 않는 자들을 죽인다면 과거의 죄를 모두 용서받게 될 것이라고 말했다.

유럽의 기독교도들이 전 세계 곳곳을 정복하며 식민화할 때에도 이 교도들을 다룬 방식은 잔혹했고 집단 학살이 벌어지기도 했다.

하지만 패트리샤 크론은 무슬림의 지하드 구상만큼 독특한 것은 없다고 주장했다. 즉, '전능하신 신이 한 민족을 선택해 전 지구를 정복하라고 명령했다는 믿음' 말이다. 몇 가지 예외적인 경우를 제외하면 오늘날 기독교인들은 과거의 편협함을 거부하고 있다. 20세기 유럽 역사에 존재했던 홀로코스트의 공포는 기독교 사상가들이 반유대주의의 파괴적인 역할에 맞서게 했다. 이는 무슬림들과는 확연히 다른 점이다. 이슬람 세계에서는 편협함이 여전히 유지되고 있거나 오히려 증가하고 있으며 지하드 임무 수행의 대상이 모든 비신자들로 확대되고 있다.

● 성전주의자들이 승리하는 이유는 우리가 허용하고 있기 때문이다

2014년 7월 샤하다를 기록한 깃발이 다우닝 거리에 휘날릴 거라는 소문이 퍼지자 영국에 거주하는 이슬람 이맘 100명이 경각심을 느끼고 다음과 같은 사항을 촉구하는 서한에 서명했다.

영국의 무슬림 공동체는 종파 분열이나 사회 불화의 희생양이 되어서는 안 된다. 시리아 위기로 고통받는 사람들과 이라크에서 전개되고 있는 사건들에 대해 안전하고 책임을 다하는 방식으로 지원을 계속할 것이다.

리즈에 있는 마카 모스크의 이맘이자 이 서한에 함께 서명한 카리 무함마드 아심은 BBC 라디오 방송에서 이렇게 말했다.

"다양한 종교적 배경을 가진 이맘들이 시리아나 이라크로 싸우러 가고 싶어 하는 영국의 젊은 무슬림들에게 강력한 메시지를 전달하기 위해 한자리에 모였습니다. 우리는 그들에게 촉구합니다. 자신을 위험에 노출시키지 말라고, 자신과 주변 사람들의 생명을 위태롭게 하지 말라고 말입니다."

나아가 또 다른 질문에 그는 이렇게 대답했다.

"이슬람 자체가 납치당했고 일부 사람들이 (중략) 완전히 세뇌당했습니다. 함께 살아가야 할 동료들을 적이라고 말하는 것은, 그래서 그들을 폭파시켜야 한다고 주장하는 것은 정말 우습기 짝이 없습니다. 누군가를 세뇌하고 과격해지게 하는 데 각종 매체와 인터넷이 분명 엄청난 역할을 수행하고 있습니다."[22]

현재 100명이 넘는 이맘들이 다양한 사회 매체와 트위터 같은 SNS에 진심 어린 호소를 펼치려는 계획을 준비하고 있다. 그들은 imamsonline.com이라는 웹사이트도 만들었다. 그들 중 한 사람인 아심은 이렇게 말했다.

"아직 할 일이 많습니다. 하지만 이는 무슬림 공동체와 이맘들의 책임만은 아닙니다. 사법 당국과 정보 기관도 책임을 나누어야 합니다. 우리 모두가 협력해서 영국의 젊은 무슬림들이 정치적 이득을 추구하려는 사람들에게 이용당하고 버려지는 일이 없도록 각자 책임을 다해야 합니다."

물론 서구 성전주의자들이 단지 온라인 세뇌의 희생자들이고 몇

몇 온건한 웹사이트가 문제를 바로잡을 수 있다면 얼마나 좋겠는가. 하지만 현실은 아주 다르다. 1990년대 이후 타국 출신의 이맘들은 런던과 유럽의 다른 대도시 부근에 자리 잡고 설교하거나 반복적으로 지하드를 촉구하는 음성 녹음을 배포하고 다녔다.

영국 정부는 물론 좋은 뜻에서 이 이맘들에게 여러 가지 기회의 문을 열어 주었다. 그들을 정당한 망명 신청자로 간주하고 박해를 피해 온 사람들에게 필요한 복지 혜택을 제공한 것이다. 한 가지 예를 들어 보자. 이집트인 이맘과 얼마 전 유죄 판결을 받은 테러리스트 아부 함자 알 마스리가 주도한 '핀스버리 파크 모스크'라는 단체에는 '신발 폭탄 테러범' 리처드 리드와 9·11 테러의 '스무 번째 납치범'으로 불리는 자카리아스 모사위, 로스엔젤레스공항에 폭탄 테러를 시도하려 했던 아메드 레삼, 〈월스트리트 저널〉 기자 다니엘 펄을 살해한 아메드 오마르 사이드 셰이크 등이 포함돼 있었다.

이런 위협에 대해 영국 정부는 '예방 전략'이라고 부르는 대응책을 개발했다. 구체적인 내용을 살펴보면, 영국인과 국내 거주자들이 테러 활동과 관계망에 휘말리지 않도록 교육에서 사법 당국에 이르는 모든 정부 부처가 협력하는 것이다. 예를 들면, 출입국 관리 당국은 극단적인 이맘들에게는 비자를 내주지 않는다. 하지만 예방의 임무와 범위는 너무 광범위하다. 우익 극단주의에서 그 의미가 애매모호한 비폭력 극단주의에 이르기까지 모든 형태의 테러리즘을 추적 관리하는 일은 결코 쉽지 않다.

대응책의 잠재적 취약성은 지역 관리자인 파루크 시디퀴의 말에서도 확인할 수 있다. 그는 2014년 알 아사드 정권에 맞서 싸우기 위해 시리아로 떠나려는 영국인들에게 비자 승인을 내주면서 신념을 실제 행동으로 보여 준 용감한 자들이라고 페이스북을 통해 칭찬했다. 게다가 그들을 이스라엘 방위군에 참여했다가 돌아오는 영국인 유대교도들과 비교하면서 그런 원칙대로라면 시리아에서 돌아오는 성전주의자들이 자동으로 구속되는 것은 불합리하다고 주장했다. 그러면서 이렇게 덧붙였다.

"누군가가 죽을 위험을 각오하고 억압받는 자들을 도와주려 한다면 그는 순교자다."[23]

영국이 당면한 문제에 대한 진지한 논의는 차치하더라도 시디쿼 같은 사람이 무엇을 예방할 수 있다는 건지 걱정이 앞설 뿐이다.

영국의 대테러 싱크탱크 퀼리엄의 관리 책임자인 가파르 후세인에 따르면, 지하드가 호소력을 갖는 것은 복잡한 문제들에 통용되는 한 가지 해결책이 있기 때문이다. 자기성찰은 필요하지 않다. 모든 책임을 외부의 적과 '반무슬림 음모 이론'으로 돌리면 된다. 지하드에 대한 이야기는 연대와 결속을 표현하거나 대담하고 새로운 정체성을 주장하는 방법이 되는가 하면 긍지와 존엄성을 회복하는 수단이 되고 있다. 이에 비해 비무슬림은 물론이고 주류 무슬림 논평가들조차 무슬림들이 희생자라는 생각을 거부한다는 이야기를 적극적으로 표현하지 못하고 있다. 요컨대 후세인의 주장은 성전주의자들의 이야기가 훨씬 설득력을 지닌다는 것이다. 그 이야기의 힘을 이해하기 위해서는 젊고 학식 있는 서구 무슬림들을 지하드에 가담하도록 하는 동기가 무엇인지 좀 더 면밀하게 살펴볼 필요가 있다.

2013년 캐나다의 스무 살 여성 움 하리타는 IS에 동참하기 위해 터키를 경유해 시리아로 들어갔다. 일주일도 안 되어서 움은 팔레스타인 국적을 가지고 스웨덴에서 살다 온 IS 전사와 결혼했다. 5개월 후 남편은 죽었고 미망인이 된 움은 블로그를 운영하며 시리아로 들어와 성전주의자와 결혼해 가정을 꾸리고 싶어 하는 사람들에게 여러 가지 조언을 해주며 지내고 있다. 움의 이야기는 흥미롭다. 캐나다 CBC 방송과 문자 메시지로 주고받은 인터뷰에서 움은 자신을 중산층이라고 소개했고 이교도의 법이 아닌 이슬람 율법 아래 명예로운 삶을 살고자 지하드에 참여하게 됐다고 말했다. 지하드를 향한 그녀의 여정은 캐나다에서 시작됐다. 그녀는 캐나다에서도 눈을 제외한 온몸을 덮는 니캅을 두르고 다녔고 그 때문에 캐나다 친구들의 조롱과 멸시를 받았다. 움은 당시의 심경을 이렇게 밝혔다.

"삶의 질이 떨어져 갔고 종교와 표현의 자유를 모두 빼앗긴 기분이 들었습니다. 시리아의 몇몇 도시에서 IS가 샤리아를 철저하게 지키고 있다는 얘기를 들었을 때 그것은 자연스럽게 나의 의무로 다가왔죠. 그래서 이곳에 오게 됐습니다."[24]

움이 올린 자료들은 IS가 20만 명의 조직원을 통치하는 터키 국경 부근의 도시 만비츠의 삶과 더불어, 확성기를 매단 하얀색 차량이 도시의 거리를 순찰하면서 기도 시간을 알리는 모습 등을 생생하게 보여 준다. 움은 최근에 한 남자가 도둑질을 하고 여성을 강간한 죄로 십자가에 매달려 참수된 사실을 시인하듯 전했다. 또한 그 도시에 온 사람들은 대부분 자신의 여권을 갈기갈기 찢어 버린다고도 했다. IS의 지도자 아부 바크르 알 바그다디는 전 세계 무슬림들에게 칼리프가 통치하는 곳으로 오라고 촉구하며 이렇게 말했다.

"IS가 통치하는 곳으로 오고 싶은 사람들은 주저하지 마라. 그것은 의무다."

영국의 한 급진주의자에 따르면 지하드 조직원을 조달하는 사람들은 새로운 구성원들이 무엇을 갈망하는지 잘 알고 있다. 그들은 신병들이 정체성과 존중, 권한 이임을 원한다는 것을 알고 있으며 신병들의 욕구를 충족시키기 위해 최선을 다한다. 일단 그 무리에 들어가면 가족 같은 분위기로 서로를 챙겨 준다는 점도 매력으로 작용한다.

이번에는 2014년에 BBC 방송사가 인터뷰한 한 남자를 살펴보자. 자신을 아부 오사마라고 소개한 그는 잉글랜드 북부 출신으로 시리아에 있는 알 누스라 전선에서 훈련을 받고 있다고 말했다. 이 조직의 궁극적인 목표는 이슬람 세계에 칼리프 체제를 확립하는 것이었다. 오사마는 인터뷰에서 이렇게 밝혔다.

"나는 영국으로 돌아갈 생각이 없습니다. 이슬람 칼리프를 부활시키기 위해 이곳에 왔기 때문입니다. 내가 떠나온 곳으로 돌아가는 일은 없을 겁니다. 영국에는 아무것도 존재하지 않습니다. 영국은 사악함 그 자체입니다. 내가 영국으로 돌아가는 경우는 오로지 칼리프가 영국을 정복하러 갈 때뿐일 겁니다. 그때 다우닝 거리와 버킹엄 궁전, 타워 브리지와 빅 벤에는 이슬람의 검은 깃발이 휘날릴 겁니다."[25]

아니엠 코우다리도 비슷한 말을 했다. 그는 지금도 여전히 진행 중인 위대한 전쟁을 마치면 다우닝 거리와 백악관에 IS의 검은 깃발을 꽂을 것이라고 했다.

이런 과격한 이야기는 모두 이슬람 텍스트들에서 가르쳐 온 그대로다. 오사마는 "이슬람 역사를 살펴보면 예언자는 늘 자신과 반대 편에 선 자들과 대결했다. 그는 이슬람 국가와 대적하지 않는자들과 는 결코 싸운 적이 없다. 내가 존재할 곳은 우리 무자헤딘과 전사를 사랑하는 사람들이 있는 곳이다"라고 말했다. 오사마의 가족들은 처음에는 이를 받아들이기 어려워했지만 그는 자신의 '훌륭한 대의'를 설득하는 데 성공했다. 그는 이렇게 덧붙였다.

"식구들이 다소 두려워했지만 나는 내세에 우리가 다시 만날 거라고 말했습니다. 잠시 이별하는 것뿐이라고요. 그러자 모두 이제는 내 일을 이해한다고 말했습니다. 어머니는 알라에게 나를 넘겼다고, 이 세상에서는 다시 만나고 싶지 않다고까지 말했습니다."[26]

⁞ 성전주의는 치유 가능한가

하버드 케네디스쿨의 제시카 스턴 교수는 수년 동안 테러 방지책을 연구하며 특히 지하드의 확산을 막기 위해 많은 노력을 기울였다. 스턴 교수는 10년 전 네덜란드에서 테오 반 고흐가 무참하게 살해된 후 반지하드 운동의 발달에 관해 상담을 하기도 했다. 최근 한 기사에서 스턴 교수는 사우디아라비아의 성전주의자 사회 복귀 프로그램에 대해 상세히 설명했다. 이어서 프로그램을 수료한 사람들이 다른 평범한 범죄자들보다 훨씬 성공적으로 주류 사회에 재편입했다고 주장했다.[27]

스턴 교수는 이 프로그램이 신나치주의자에서 마약왕에 이르는 사람들을 재교육하는 다른 정부들의 노력에 영향을 받았다고 밝혔다. 프로그램의 목적은 성전주의자들이 급진적인 이념을 포기하고 폭력적인 수단을 단념하도록 만드는 것이다. 구체적인 실천 방법으로 24시간 함께 거주하며 심리 상담, 직업 훈련, 미술 치료, 운동, 종교 재교육 등을 수행하고 당사자와 가족을 위한 취업 알선 서비스를 병행한다. 해당 과정을 마친 수료자들(이들 중 일부는 예전에 관타나모 미 해군 수용소에 감금된 전력이 있다)에게는 주택과 자동차, 결혼 자금을 제공하고 심지어 배우자를 물색해 주기도 한다.

프로그램 과정은 거기서 끝이 아니다. 수료 후에도 포괄적인 관리 감독이 이어지는 후속 프로그램이 있다. 서구에서 유죄 판결을 받은 성범죄자를 관리하듯, 성전주의자들은 죽을 때까지는 아니더라도 매우 오랫동안 추적 관찰 대상이 된다. 그 밖에도 스턴 교수는 프로그램의 지도 이념에 대해 설명했는데, 성전주의자들은 결국 희생자이지 나쁜 사람이 아니라며 그들에게는 맞춤 지원이 필요하다고 했다. 이런 맥락에서 프로그램의 참가자들에게 '수혜자'라는 특별한 용어를 붙이기도 했다.

스턴 교수의 주장에 따르면 테러 활동은 실제든 가상이든 어떤 부당함에 대한 대응으로 발생하는 경우가 많으므로 테러 지지자들의 생각을 바로잡아 주어야 한다. 일반적으로 이념은 누군가가 테러에 참여하려는 결정을 내릴 때 제한적인 기능으로만 작용한다. 스턴 교수는 이렇게 썼다.

사람들이 테러리스트가 되는 이유는 직업을 고르는 이유만큼이나 다양하다. 시장의 조건, 사회 연결망, 교육의 정도, 개인의 선호도에 따라 선택하는 직업이 달라지는 것과 마찬가지다. 또한 처음에 변호사를 사로잡았던 법과 정의에 대한 열정이 세월의 흐름에 따라 변하듯, 테러리스트가 그 일을 계속할지 떠날지를 결정하는 동기는 시간이 지나면서 변할 수밖에 없다.

스턴 교수는 종교적 이념에 따라 움직인다고 주장하는 테러리스트들이 오히려 이슬람에 무지한 경우가 많다고 설명하며, 프로그램 수혜자들을 보더라도 정식 이슬람 교육을 받은 적이 없고 제한된 지식만 가진 경우가 많다고 덧붙였다. 하지만 나는 두 가지 이유에서 스턴 교수의 주장에 깊은 회의를 느낀다.

첫째, 사우디아라비아의 프로그램에 성직자들이 투입됐는데, 그들은 수혜자들에게 오사마 빈 라덴 같은 개인이 아닌 이슬람 국가들의 적법한 통치자만이 성전을 선언할 수 있다고 가르쳤다. 또한 그들은 폭력을 정당화하기 위해 종교 텍스트를 선택적으로 읽는 행위와 타크피르takfir(무슬림들을 배교죄로 기소하는 것)의 해악에 대해 설교했다. 한 참가자는 이렇게 말했다.

"나는 이제 한 구절만 읽고 결정 내리지 않으려고 노력합니다. 전체를 다 읽기 전에 섣부르게 결정을 내려선 안 되죠."

이런 접근법이 아무리 좋은 의도를 갖고 있더라도 나는 이 프로그램이 지하드의 본질적인 개념을 다루고 있지 못한다고 생각한다.

둘째, 테러리스트 조직들로 흘러 들어간 페르시아만 연안 국가들의 수많은 자금은 말할 것도 없고, 사우디아라비아의 지원 자금이 없었더라면 성전주의자들의 전 세계적 연결망이 오늘날 같은 규모로 존재할 수 없었을 거라는 사실을 우리는 기억해야 한다. 진보적 성향을 가진 쿠웨이트 의회 의원인 나빌 알 파델은 이렇게 말했다.

"쿠웨이트의 재정 지원이 없었더라면 시리아 내 어디에서도 폭탄이 터질 일은 없었을 것이다."

지금도 수많은 쿠웨이트인이 성전주의자의 활동에 기부하고 있다는 사실을 언급하면서 그는 이렇게 덧붙였다.

"그들은 기부를 통해 알라에게 좀 더 가까이 다가가고 있다고 생각하겠지만, 그들이 나아가고 있는 곳은 결코 그들이 꿈꾸는 곳이 아니다."[28]

우리는 이와 같은 국가의 통치자들이 지하드에 대항하는 효과적인 세력과 대책을 개발할 것이라고 기대해서는 안 된다. 그들이야말로 지난 30여 년 동안 지하드의 가장 열렬한 지지자인 메디나 무슬림들에게 자금을 지원하는 데 가장 큰 역할을 했기 때문이다.

● 지하드의 무장해제

인터넷상에서 볼 수 있는 수많은 IS 관련 동영상 중에 자신을 아부 무타나라고 밝힌 영국인이 지하드의 미덕을 극찬하는 영상이 있다. 그는 해외의 무슬림들에게 알라와 그 예언자의 부름에 응답해야 한다고 촉구하며 알라의 말씀대로 지하드는 우리에게 새로운 생명을 안겨 줄 거라고 주장했다.[29] 단언컨대 이는 그들의 공허한 미사여구가 아니다. 우리는 이런 주장과 믿음에 대응할 수 있어야 한다. 단순히 맞서는 차원을 넘어 이론적으로 무장해서 대응해야 한다.

냉전 시대에 불안을 조장한 핵무기 경쟁은 일방적 군축을 지지한 사람들의 승리로 끝나지 않았다. 런던이나 본에서 열린 핵무기 반대 시위에 수많은 사람들이 모여들었지만 미사일은 여전히 북대서양조약기구 가입국들에 배치되어 바르샤바조약기구 국가들을 겨냥했고, 바르샤바조약기구 가입국들 역시 서구를 겨냥한 미사일을 거두지 않았다. 이런 무기 경쟁을 종식시킨 것은 소비에트 사회주의 이념과 정치의 붕괴였다. 그 후에야 비로소 핵무기가 (완전히는 아니더라도) 대규모로 철수되었다. 이와 마찬가지로 지하드 개념 자체가 폐기되기 전에는 이념 분쟁을 청산할 수 없다는 사실을 깨달아야 한다. 또한 성전주의자들의 핵심 원칙은 수세기를 이어 온 이슬람 교리를 바탕으로 한다는 사실을 인정해야 한다.

최근에 IS 대변인 아부 무함마드 알 아드나니는 무슬림들에게 모든 수단을 강구해 이슬람을 불신하는 미국인이나 유럽인(특히 악의적이고 추악한 프랑스인), 오스트레일리아인, 캐나다인을 없애라고 촉구했다.[30] '그러지 마세요'라는 온건한 부탁은 더 이상 적절한 대응이 될 수 없다. 무슬림이었다가 개종한 가파르 후세인의 말처럼 "우리는 일어나 그들에게 도전하고 그들의 이념을 적극적으로 비난해야 한다."

확실히 지하드라는 말을 재정립하는 것은 거의 불가능하다.[31] 꾸란과 하디스에는 성전주의자들이 자신의 활동을 정당화하기 위해 인용할 수 있는 사례들이 너무 많다. 그러므로 최선의 선택은 지하드를 아예 테이블에서 내려 버리는 것이다. 성직자와 이맘, 학자와 국가 지도자들이 지하드를 하람haram•으로 선언하고 금지한다면 뚜렷한 경계가 생길 것이다. 영국에 거주하는 이맘 중 이슬람을 개선하자는 서한에 서명한 사람들이 지하드의 모든 개념을 명확하게 포기했더라면 그 영향력이 어땠을지 상상해 보라. 이슬람 성지가 있는 사우디아라비아가 성전주의자들을 재활 프로그램의 수혜자로 이끄는 대신 지하드 자체를 단념한다면 어떨지 상상해 보라.

이것이 너무 지나친 기대라면(무슬림들이 지하드를 완전히 포기할 리 없으므로) 차선책은 이슬람교가 평화의 종교라는 점을 입증하도록 요청하는 것이다. 실제로 수피파• 무슬림들이 그러한데, 이슬람 안에 지하드를 순전히 정신적 활동으로 해석하는 전통이 존재한다면 다른 무슬림들도 그 전통을 수용하도록 자극할 필요가 있다. 기독교 역시 십자군 전쟁을 수행하던 시기가 있었다. 하지만 오랜 시간이 흐르는 동안 차츰 그 호전성을 포기했다. 이슬람교가 진정 평화의 종교라면 무슬림들도 기독교인들처럼 호전성을 단념하는 날이 올까? 그렇지 않다면 그 이유는 무엇일까?

하람 종교적이고 도덕적인 금기 사항을 말한다.
수피파 이슬람교의 신비주의적 분파다.

8

관용의 황혼기

2001년 9·11 테러 사태가 일어나고 얼마 지나지 않아 나는 공식석상에서 첫 번째 발언을 하기 위해 일어섰다. 그날 나는 네덜란드에서 비교적 자주 있었던 공개 토론회에 참석했다. 당시 규모는 작지만 꽤 인정받는 사회민주주의 싱크탱크에서 일하고 있었는데, 상사가 나더러 그 자리에 참석해 보라고 권유한 것이다.

토론회는 종교적인 성향으로 시작됐다가 차츰 세속적인 경향을 보이고 있는 한 신문사가 주관했다. 그날 주제는 '볼테르는 누구에게 필요한가, 서구인가 이슬람인가'였다. 객석은 만원을 이루었다. 자리를 찾지 못한 사람들은 벽 쪽에 붙어 서 있었다. 토론회는 여러모로 흥미롭고 특이한 자리가 아닐 수 없었다. 그토록 많은 무슬림들이 청중으로 참석한 것은 처음이었기 때문이다. 대개는 거의 백인들만

참석했다. 토론 주제가 주로 '유럽연합에 통제권을 어느 정도 양도해야 하는가' 혹은 '왜 우리가 길더guilder*를 포기해야 하는가'와 같은 것들이었기 때문이다. 하지만 그날 밤에는 암스테르담의 평범한 지식층이 터키와 모로코 및 다른 나라들에서 온 무슬림들과 어깨를 나란히 하고 있었다. 그 무슬림들은 대체로 네덜란드 이민자이거나 이민자 2세였다.

토론회에는 6명의 연사가 대기하고 있었다. 그중 5명은 서구야말로 개혁이 가장 시급한 곳이므로 볼테르가 필요한 쪽은 본질적으로 서구라고 주장했다. 그들의 설명에 따르면 서구는 오랫동안 착취와 제국주의라는 사악한 역사를 써 왔고 나머지 세계에서 일어난 일들에 귀를 기울이지 않았다. 따라서 서구에는 그 모든 현상을 설명해 줄 또 다른 볼테르가 긴급히 필요하다고 덧붙였다.

나는 그때 하얗고 노랗고 검은 여러 인종이 모여 있는 객석 한가운데에 앉아 연사들의 얘기를 들으며 나의 내면에서 그게 아니라고 외치는 소리가 점점 커지는 것을 느꼈다. 마지막으로 이란 출신 망명자이자 변호사인 여섯 번째 연사가 단상에 올라 이렇게 말했다.

"여기 이 자리에 계신 분들을 보십시오. 서구에는 볼테르 같은 사람이 단 한 명이 아니라 수천 명이 존재합니다. 서구는 비판과 자기비판에 익숙합니다. 서구가 저지른 모든 죄는 이제 과거의 일입니다. 그러니 볼테르가 필요한 쪽은 이슬람 세계입니다."

그런 다음 그는 이슬람의 미심쩍거나 잘못된 부분을 하나하나 들

길더 네덜란드의 이전 화폐단위다.

어 얘기했다. 나는 그의 말에 크게 공감했다. 하지만 곧 야유가 터졌고, 그의 말은 야유 소리에 묻혀 버리고 말았다(역설적이게도 그 후 10년이 지나 강력한 이슬람 개혁 옹호자인 이르샤드 만지가 바로 같은 장소에서 연설을 하게 됐다. 객석에는 드문드문 빈자리가 보였다. 청중은 대부분 강경한 이슬람 근본주의자들이었다. 그날 밤 청중은 금방이라도 싸움을 벌일 것 같은 기세여서 이르샤드는 경호원의 도움을 받고서야 겨우 물러날 수 있었다).

이란 변호사의 이야기가 끝나고 잠시 휴식 시간을 가진 다음 청중에게 질문할 기회가 주어졌다. 나는 손을 높이 들었다. 마이크를 들고 있던 사람은 내 검은색 피부를 보고 '다양성을 위해'라고 생각하는 듯했다. 사실 토론회를 준비한 백인 관계자들은 이민자 가정과 공동체 내에서 벌어지는 일들에 대해 꽤나 듣고 싶어 하는 눈치였다. 그는 내게 마이크를 건넸다. 나는 일어나서 이란 변호사의 의견에 동의를 표하며 이렇게 말했다.

"저기 계신 여섯 분을 보십시오. 여러분은 연사 여섯 분을 초빙했고, 그중 한 분은 이슬람의 볼테르입니다. 여러분에게는 이미 다섯 분의 볼테르가 있습니다. 그러니 우리 무슬림들에게 한 분을 허락해 주시기 바랍니다."

이 발언이 있은 후에 나는 일간지 기자에게 기사 청탁을 받았다. 나중에 "우리에게 볼테르 한 분을"이라는 제목의 기사가 실렸다.

토론회 이후 나는 수년 동안 폭넓게 독서했다. 이슬람과 무슬림 문화에 대한 서구인들의 견해를 읽었고 서구의 진보적 사상가들에 대해서도 많이 읽었다. 무슬림 개혁가들에 대해서도 찾아보았다. 이슬람 세계에 볼테르 같은 사람이 필요하다는 생각은 지금도 변함이 없다. 이제는 존 로크 같은 사람도 절실히 필요하다고 믿게 됐다. 개인의 삶과 자유, 재산 같은 기본적인 요소들에 대한 자연권 개념을 환기시켜 준 사람이 바로 로크다. 하지만 그가 종교적 관용에 대해 강력한 옹호론을 펼쳤다는 사실은 덜 알려져 있다. 비록 확립되기까지 오랜 시간이 필요했지만 종교적 관용은 서구 사회가 이룩한 가장 위대한 업적 가운데 하나다.

정치학자 애덤 울프슨은 종교적 믿음이 견해의 문제이며 우리 모두 종교적 견해를 가질 권리가 있다고 말했다.[1] 로크도 같은 주장을 했다. 그는 학대로부터 사람들을 보호하는 것이 정부와 통치자가 수행해야 할 가장 숭고한 책임 가운데 하나라고 설명했다. 또한 타인의 생각과 이념을 바꾸도록 강요하고 학대하는 사회는 인간을 희생한 대가로만 작동하며 그 결과 무자비함과 위선이 횡행하게 될 거라고 강조했다. 그는 누구도 구원의 사상이나 견해를 타인에게 강요할 수 없다고 말했다. 그가 이상으로 여기는 관용의 사회는 모든 개인이 자신의 뜻에 따라 자유롭게 종교를 선택하고 타인이 선택한 종교 역시 존중하는 곳이다. 로크는 이렇게 썼다.

종교를 구실로 타인의 시민권과 재산을 침해하고 강탈할 자격을 가진 자는 이 세상에 없다.[2]

메디나에서 전한 무함마드의 가르침을 자국에 대한 충성심 이상으로 간주하는 무슬림들이 존재하는 한, 이슬람에 대한 관용은 오히려 그 나라의 안보를 위협할 수도 있다. 서구 문명이 핵심으로 삼는 문제는 로크의 시대와 크게 다르지 않다. 우리는 정확히 무엇을 견딜 수 없을까? 인류 절반에 대한 억압부터 생각해 보자.

⦂ 후퇴하는 권리

볼테르가 떠난 지 200년이 넘었고 로크가 떠난 지 300년이 넘었지만, 오늘날 이슬람 세계에서 여성의 권리는 오히려 후퇴하고 있다. 무슬림 여성에게 허용된 의복이라는 간단한 예를 통해 이 문제를 살펴보자. 의복이 인권을 대표한다고 할 순 없지만, 여성들에게는 자유와 깊이 연관된 중요한 주제다.

1970년대에 이슬람 세계의 도시를 찍은 사진을 찾아보라. 예를 들면 바그다드, 카이로, 다마스쿠스, 카불, 모가디슈, 테헤란 등 어느 곳이든 좋다. 그때만 해도 온몸을 거의 가리고 다니는 여성은 찾아보기 어려웠다. 거리나 사무실, 시장, 극장, 음식점, 집 어디를 보든 유럽이나 미국의 여성들과 크게 다르지 않은 옷차림을 하고 다녔다. 심지어 무릎 위로 올라간 치마를 입기도 했고 얼굴도 내놓고 다녔다.

그런데 오늘날에는 무릎길이 치마를 입은 여성의 사진이 인터넷상에 나돌기만 해도 무슨 큰일이라도 난 듯 '수치스러운', '반나체'라는 수식어와 함께 대대적인 비난이 들끓고 정부는 '잠을 자고' 있었느냐는 질책을 당한다. 내가 나이로비에서 초등학교를 다닐 때에도 머리에 스카프를 두르고 다니는 여자애들이 전체 아이들 중 반도 되지 않았다. 그런데 몇 년 전에 내가 다닌 초등학교를 구글에서 검색해 보니 거의 모든 여자애들이 머리에 무언가를 두르고 있었다.

여성의 권리는 단순히 복장 문제 하나로 끝나지 않는다. 사우디아라비아 여성은 남성의 보호 없이 집 밖에 나갈 수 없으며 돈이 있어도 집 안에 있거나 남성을 대동하고 쇼핑하는 것 외엔 달리 할 수 있는 일이 없다. 이집트 여성들은 점점 늘어나는 성추행으로 고통받고 있다. 99퍼센트의 여성이 성추행을 당한 적이 있다고 호소했다, 성폭행은 하루에 최대 80건까지 발생하고 있다.[3]

더욱 심각한 문제는 이류시민으로 전락한 여성의 지위가 법적으로 공고화되고 있다는 사실이다. 이라크에서는 현재 여자아이를 결혼시킬 수 있는 법적 연령을 아홉 살까지 낮추는 법안을 추진 중이다. 아프가니스탄과 파키스탄에서는 여성이 학교에 다니는 것을 범죄로 취급해 총살형에 처하기도 한다. 또한 북아프리카 전역을 비롯한 많은 지역에서 아직도 어린아이들이 여성 할례의 공포에 시달리고 있다. 할례는 이슬람 이전의 부족적 관습이지만 현재 이슬람 공동체 곳곳에 퍼져 있다. 유니세프의 추산에 따르면 아프리카와 아랍 국가들에서 1억 2,500만 명의 여성 및 소녀가 할례를 당했다. 그중 다수가 무슬림이었다.[4] 이런 관습이 유럽과 북아메리카의 무슬림 이민자 공동체에서도 확산되고 있는 것은 놀랍기만 하다.

그 밖에 이슬람 세계에서는 여성의 권리 외에도 너무 많은 기본권이 제한당하고 있다. 동성애는 용인되지 않는다. 다른 종교는 당연히 금지 대상이다. 무엇보다도 이슬람을 주제로 자유롭게 토론하는 것은 결코 용납될 수 없는 행동이다.

이슬람교에도 분파가 존재하지만 개혁은 결코 없었다. 초기 이슬람 논쟁은 피를 부르는 극심한 파벌주의를 낳기도 했지만 대개 기술적인 문제를 둘러싼 다툼이 있었을 뿐이다. 가장 큰 분열은 누가 움마의 지도자로서 예언자를 계승하느냐 하는 문제를 두고 일어났다. 수니파는 업적에 따라 칼리프를 정하고자 했다. 반면에 시아파는 예언자의 혈통이나 친척이 지도자가 되어야 한다고 주장했다. 꾸란을 계시할 때 알라가 말을 했느냐 안 했느냐 하는 문제를 두고도 작은 분열이 일었다(이슬람의 한 분파인 무으타질라파의 주장에 따르면 알라에게는 인간의 후두가 없기 때문에 꾸란은 알라의 '말'을 기술한 것이 아니다[5]).

이슬람에서 '개혁'이라는 의미는 주로 앞서 언급한 편협한 문제들의 해결에 집중하는 것이다. 개혁과 뜻이 가장 가까운 아랍어인 '이즈티하드'는 몇 가지 새로운 문제에 대해 신의 뜻을 알아내 결정하는 것을 의미한다. 예를 들어 보자. 무슬림은 비행 중 기도를 해야 할까? 만약 해야 한다면 메카를 향한 방향이 어느 쪽인지가 문제다. 이슬람의 핵심 원칙에 근본적인 의문을 제기하는 좀 더 큰 의미의 개혁은 아예 없다는 사실이 특징이라면 특징이다. 심지어 이슬람에는 '신학적 사고뭉치'라는 경멸이 담긴 용어가 존재한다. 이 말은 '혁신에 탐닉하고 열정을 좇는 사람들'을 의미한다.[6]

● 종교적 편협함을 참아내기

미국인과 유럽인은 대체로 이슬람과 그들의 세계관이 부딪히는 근본적인 갈등과 대립을 애써 무시하려 든다. 종교는 선을 중시하는 힘이고 관대한 사회라면 어떤 종교적 믿음도 용인해야 한다는 생각 때문일 것이다. 나 역시 그 같은 생각에 공감한다. 그렇지만 미국은 높은 이상과 목표로도 더 이상 종교와 인종에 대한 관용을 현실화하는 일이 쉽지 않다는 것을 확인하기 시작했다.

관용을 베푼다는 것은 서구의 법률과 전통과 가치를 적대시하는 신앙을 수용하는 일이 어떤 영향을 미칠지를 고려하지 않아도 된다는 의미는 아닐 것이다. 우리가 다루어야 할 문제는 종교가 전부가 아니기 때문이다. 거기에는 이슬람의 근본 교리가 서구의 생활방식과 양립할 수 없을 정도로 적대적인 양상을 보인다는 정치적 문제도 포함되어 있다. 우리가 무슬림들의 민감한 부분들을 봐줄 게 아니라 무슬림들이 서구의 진보적 사상을 따라야 한다고 주장할 필요가 있다. 그렇지만 안타깝게도 모든 사람들이 이런 주장을 받아들이지는 않는다.

2014년 가을에 HBO 토크쇼에서 진행자 빌 마허가 이슬람을 주제로 토론을 열었다. 참가자로는 베스트셀러 작가 샘 해리스, 영화배우 벤 애플렉, 〈뉴욕 타임스〉 칼럼니스트 니컬러스 크리스토프가 나왔다. 먼저 해리스와 마허는 여성을 학대하고 지하드를 촉구하며 샤리아를 근거로 돌팔매질과 배교자 처벌을 일삼는 이슬람에 맞서지 않음으로써 서구 진보주의자들이 자신의 원칙을 포기하는 것은 아니냐며 문제를 제기했다. 그러자 애플렉은 그런 발언이 이슬람 혐오증을 드러낸다고 판단했는지 몹시 흥분해서 해리스와 마허를 "역겨운 인종주의자"라고 비난했고, 그런 표현은 "당신은 교활한 유대인이다"라는 말과 다름없다고 분개했다. 때맞춰 크리스토프 역시 애플렉을 편들며 용감한 무슬림들이 목숨을 걸고 무슬림 세계에서 인권을 증진하기 위해 노력하고 있다고 주장했다.

녹화가 끝난 뒤 대기실에서 이어진 논쟁에서 해리스는 애플렉과 크리스토프에게 이렇게 물었다.

"오늘밤 프로그램에서 우리가 꾸란 한 권을 불태운다면 무슨 일이 벌어질 거라고 생각합니까?"

해리스는 대답을 기다리지 않고 말했다.

"수십 개가 넘는 국가에서 대사관이 무너지고 폭동이 일어나겠죠. 우리가 신성한 책을 무례하게 다룬 것을 응징하기 위해 수백만 무슬림이 거리로 뛰쳐나오겠죠. 우리는 남은 생을 살해 위협에 시달리며 살게 될 테고요. 하지만 IS가 이슬람이라는 이름으로 사람들을 십자가에 매달아 죽이고 아이들을 산 채로 묻고 수천 명이나 되는 여성을 강간하거나 고문하고 있는데도 유럽에서는 고작 작은 시위 몇 번 일어나는 게 전부인 현실을 어떻게 이해해야 할까요?"

프로그램이 방송된 후 동성애 인권운동가이자 파키스탄 출신의 캐나다인 무슬림 여성 에이나가 애플렉에게 공개서한을 보냈다. 그중 발췌한 다음 내용은 내가 하려는 말을 정확하게 짚어내고 있다.

무슬림들은 왜 아직도 수세기 전의 타임캡슐에 갇혀 있는 것일까요? 우리 여성들이 언제 먹힐지 모를 사탕이나 다름없는 신세로 살아도 좋다는 말인가요? 지구상의 다른 여성들이 자유와 평등을 위해 싸우고 있는 상황에서 우리는 고작 부끄러운 몸을 가리라는 소리나 들으며 살아야 한다는 말인가요? 21세기 최정예 그룹에서 끊임없이 밀려나는 우리 모습을 그냥 지켜보고만 있어야 할까요?

당신 같은 고상한 자유주의자들은 항상 왜곡된 무슬림들을 옹호하면서 이슬람 혐오증에 반대해 왔죠. 그렇다면 누가 우리 편에 서 주고 종교라는 이름으로 억압당하는 사람들을 지켜줄까요? 우리가 목소리를 높일 때마다 우리 가운데 누군가는 죽거나 위협을 당했습니다.

당신이 "인종차별주의자"라고 소리칠 때마다 우리가 그토록 기다려 왔던 대화는 길을 잃고 맙니다. 당신은 문제가 있다는 사실을 부인하는 사람들을 도왔을 뿐입니다.

동시대의 삶 속으로 발을 들여 놓고 싶은 게 뭐 그리 대단한 잘못인가요? 수치스러움을 느껴야 할 이유는 전혀 없습니다. 모든 종교 텍스트에 여성과 동성애 혐오, 폭력적 요소가 존재한다는 사실을 부인하려는 게 아닙니다. 하지만 이슬람은 그 모든 내용을 지나치게 글자 그대로 변함없이 고수해 온 유일한 종교입니다.

당신의 문화는 그런 직역주의자들을 '미치광이'라고 부를 수 있는 호사를 누리고 있죠. (중략) 우리 문화에서는 우리가 생각하는 것보다 훨씬 많은 사람들이 직역주의의 가치를 지지하고 있습니다. 하지만 앞으로는 그런 가치를 거부하려는 사람이 늘어날 겁니다. 그러니 제발 다른 비주류 가치들도 존재한다는 제 말에 귀를 기울여 주십시오. 이제는 낡아버린 샤리아에 반대하는 뜻을 공개적으로 밝히려는 무슬림은 아직 많지 않습니다. 여전히 신성모독과 배교 등에 대한 처벌이 억압의 도구로 작용하고 있습니다. 하루에 다섯 번 기도하며 끼니를 거르지 않기를 원하는 평범하고 평화로운 사람들이 왜 그런 처벌을 문제 삼지 않는 것일까요? 신성모독법과 배교죄에 저항하는 무슬림 시위자들은 어디에 있는 것일

관용의 황혼기

까요? 샤리아의 무자비한 해석에 항거하는 무슬림들은 도대체 어디에 있는 것일까요?[7]

제2의 반아파르트헤이트 운동을 위해

초기 여성 참정권 운동가들 가운데 한 사람인 알바 벨몬트는 미국 여성들이 개인적인 성과를 나누고 남성과 동등하면서도 자유로운 시민이 되려는 투지를 지속적으로 보임으로써 전 세계 여성들에게 등불을 밝혀 주어야 한다고 말했다. 이와 달리 이슬람 세계에서는 저명한 사상가들과 여론 주도자들이 여성 및 인간의 권리를 증진하는 활동을 전면 중단했다고 보아도 과언이 아니다.

나는 그들의 침묵과 아파르트헤이트*를 종식시키려는 운동을 비교하지 않을 수 없다. 1960년대에 일어난 이 운동은 피부색을 떠나 전 세계 모든 사람들을 하나로 뭉치게 해 주었다. 마침내 서구가 남아프리카공화국의 아파르트헤이트에 맞서 일어섰을 때 운동의 전선은 광범위했다. 반아파르트헤이트 물결은 학교 교실과 스포츠 경기장까지 밀어닥쳤고, 종교계에서는 교회와 유대교 회당이 단결된 모습으로 저항의 물결에 합류했다. 남아프리카공화국이 사회와 정치 체제를 바꾸도록 종용하기 위해 전 세계가 스포츠 국가대표팀을 거부하고 경제적 제재를 부과했으며 강도 높은 국제적 압박을 가했다. 미국 대

아파르트헤이트 남아프리카공화국의 극단적인 인종차별 정책과 제도를 일컫는다.

학생들은 궁핍하고 붕괴된 삶으로 고통받는 남아프리카공화국 흑인들과 함께한다는 뜻으로 대학 구내에 상징적으로 빈민가를 세우기도 했다.

오늘날 우리는 급진적 이슬람과 관련해 아파르트헤이트보다 더 폭력적인 체제와 마주하고 있다. 다만 표적의 대상이 피부색이 아니라 성별, 성적 성향, 종교에 따라 결정된다는 사실이 다를 뿐이다.

나는 지금까지 10년이 넘도록 여성의 기본권을 위해 싸워 왔다. 그 과정에서 종교의 역할에 대해 어려운 질문을 제기하는 일을 결코 두려워하지 않았다. 누누이 얘기했듯, 이슬람과 폭력의 관계는 너무도 명백해서 절대로 간과해서는 안 된다. 이 관계를 모른 척하고 반성하기보다는 변명을 둘러댈 때 우리는 무슬림들에게 아무 도움도 줄 수 없을 것이다. 우리는 질문을 던져야 한다. 성전이라는 개념은 정말 종교적 관용이라는 이상과 양립할 수 없는가? 7세기에 유용했던 교리들을 오늘날 적용하는 것이 타당한가 하는 질문이 죽음에 처할 만한 신성모독인가? 내가 이런 주장을 할 때 그토록 인색한 지지와 맹렬한 비난을 받아야 하는 이유는 무엇인가? 그것도 자신을 페미니스트와 진보주의자라고 부르는 사람들에게 말이다.

내게는 불공평한 정치이슬람에 앞장서서 도전할 만한 정치적 지도력이 없다. 냉전 시기 동안 서구 지도자들의 특징이었던 이념적 자신감은 허약한 상대주의로 변하고 말았다. 여성과 동성애자를 포함한 소수자들의 권리를 되찾는 운동은 이제 색다른 통로를 통해 이루어질 필요가 있다. 예를 들면, 실리콘밸리에 사회 연결망을 구성하는 내면 깊숙이 자유로운 사람들, 엔터테인먼트의 수도이자 여전히 블랙리스트와 마녀 사냥의 시대를 기억하는 할리우드 사람들, 시민 사회, 인권운동가, 페미니스트, 동성애자와 양성애자와 트랜스젠더 공동체 등이 앞장서야 한다. 이 모든 사람들은 알바 벨몬트의 말을 기억하고 자신의 등불을 밝혀야 한다.

⋮ 서구가 맡아야 할 특별한 역할

내가 이슬람 세계의 개혁을 주장할 때마다 누군가는 꼭 이런 말을 한다.

"그건 우리가 간섭할 문제가 아니야. 무슬림들이 해결할 문제야. 우린 관여하지 않는 게 좋아."

나는 지금 수년 동안 서구를 곤란에 빠뜨릴 수 있는 군사적 개입에 대해 얘기하고 있는 것이 아니다.

수년 동안 우리는 '테러' 및 '극단주의'에 대응하는 전쟁을 벌이는 데 엄청난 자금을 소비했다. 마찬가지로 테러를 주도하는 쪽 역시 테러분자들을 보호하고 이슬람 센터와 마드라사, 모스크 등 광범위한 연결망을 지원하느라 많은 자금을 소비했을 것이다. 실제로 그 연결망은 가장 유해한 이슬람 근본주의를 확산시키는 데 주도적인 역할을 담당했다. 또한 우리는 수년 동안 거대한 연결 조직에 자금을 지원해 온 사람들을 여러 각도에서 조사하고 검토했다. 이렇듯 감시와 치안 유지, 군사 행동에 노력을 아끼지 않았지만 정작 효과적인 대항 서사를 개발하는 데에는 많은 신경을 쓰지 못했다. 애초부터 이슬람 극단주의가 어떤 식으로든 이슬람교와 연관이 깊다는 사실을 제대로 받아들이지 못했기 때문이다. 우리는 폭력에 초점을 맞추었을 뿐, 폭력을 야기하는 이념에는 집중하지 못했다.

부족한 부분을 보완하는 과정에서 우리가 면밀히 검토해 보아야 할 대상은 2차 세계대전 이후 오랫동안 지속됐던 냉전이다. 물론 이슬람교는 공산주의와 다르지만 인권을 업신여기고 자국민들을 잔혹하게 다룬다는 점에서는 과거 소비에트 연방과 유사한 측면이 있다. 그런데도 우리는 근본주의 설교자들을 거리낌 없이 받아들이고, 불만을 품은 수많은 젊은이들이 그들의 열광적인 설교에 급진적으로 물들어 갈 때 수수방관한 채 손을 놓고 있었다. 게다가 우리는 젊은이들을 개종시키려는 메디나 무슬림들의 노력을 저지하기 위해 아무런 시도도 하지 않았다. 문화 전쟁에서 이런 불간섭 정책을 계속 펼친다면 우리는 결코 전장에서 벗어날 수 없을 것이다. 공습과 무인항공기와 지상군만으로는 이데올로기 싸움을 할 수 없다. 더 나은 이념, 더 적극적인 이념으로 무장해야 한다. 냉전 시대에 그랬던 것처럼 대안적 비전을 가지고 싸움에 임할 필요가 있다.

서구가 냉전을 승리로 이끌 수 있었던 요인은 단순히 경제 압력과 신무기 체제만이 아니었다. 미국은 처음부터 냉전이 지적 경쟁이 될 것이라고 예상했다. CIA가 직간접적으로 재정을 지원한 여러 가지 문화 사업을 통해 미국은 반공 지식인들이 마르크스주의자들과 좌파 동조자들의 영향력에 대항하도록 장려했다. 세계문화자유회의 The Congress for Cultural Freedom는 전 세계적인 이념 전쟁에서 공산당에 속하지 않은 좌파를 옹호하는 데 전념했고, 1950년 6월 26일에는 베를린에도 문을 열었다. 버트런드 러셀, 칼 야스퍼스, 자크 마르탱 같은 대표적인 지식인들이 지적 경쟁에서 명예회장 역할을 맡았다. 여기에 동참한 사람 중 상당수가 전 공산주의자였는데, 대표적인 인물로 개인의 경험을 바탕으로 전체주의의 위험을 경고한 아서 쾨슬러를 꼽을 수 있다.[8] 유럽과 오스트레일리아의 몇몇 잡지는 미국의 지원을 받았다.[9] 〈자유유럽신문The Free Europe Press〉은 검열을 피해 동유럽에 사는 반체제 인사들에게 많은 책을 전달해 주었다. 냉전이 끝날 무렵에는 "천만 권이 넘는 서양의 도서와 잡지가 도서 우편 서비스를 통해 유럽의 절반에 해당하는 공산주의자들에게 전달됐다."[10]

그렇다면 이런 노력에는 얼마나 많은 비용이 들었을까? 세계문화자유회의의 경우에는 놀랍게도 비용이 거의 들지 않았다. 1951년 예산은 20만 달러 정도로 추정되며 2014년 예산은 대략 1,800만 달러였다.[11] 얼마 안 되는 세계문화자유회의의 예산과 2001년부터 미국이 테러와 극단주의에 대항하며 소비한 엄청난 금액을 비교해 보라. 소위 비밀 예산에 대한 2013년 분석에 따르면 2001년부터 2013년까지 미국은 다양한 정보 기관의 운영과 활동 비용으로 무려 5,000억 달러 이상을 소비했다.[12] 경제학자 조셉 스티글리츠는 이라크에 대한 군사 개입 비용을 3~5조 달러로 추산했다.[13]

이런 전략은 지속 가능하지 않다. 이유는 간단하다. 첫째, 미국은 군사적 수단만으로 이념 전쟁을 계속해 나갈 수 없다. 둘째, 이슬람 폭력을 야기하는 이념 문제를 간과한다면 문제의 근원을 볼 수 없을 것이다. 대신 냉전 시대의 문화운동 전략을 본받아 사람들이 이슬람 근본주의에서 돌아서게 하기 위해 혼신의 노력을 기울여야 한다. 반체제 무슬림들이 유튜브, 트위터, 인스타그램을 통해 의견을 나누는 모습이나 개혁을 지향하는 잡지를 생각해 보라. 우리는 서구의 가치와 관습을 공유하고 진정한 개혁을 위해 투쟁하는 무슬림 개인이나 단체와 연대해야 한다. 그들은 오히려 우리가 현재 동맹자로 포용하고 있는 국가와 지도자, 이맘들에게 중상모략을 당하고 사회적으로도 소외당하고 있다.

냉전 시대에 서구는 알렉산드르 솔제니친, 안드레이 사하로프, 바츨라프 하벨 같은 유명한 반체제 인사들을 환영했다. 이들은 내부에서 소비에트 체제에 도전한 용감한 인물들이었다. 오늘날에도 이슬람에 도전하는 반체제 인물들(전 무슬림을 포함한 개혁가들)이 많다. 하지만 서구 사회는 그들을 못 본 척하거나 '대표성 없는 인물'로 간주해 버린다. 이는 중대한 실수다. 타우피크 하미드, 이르샤드 만지, 아스라 노마니, 마지드 나와즈, 주디 야세르, 살림 아메드, 유니스 칸딜, 세이런 아테스, 바삼 티비를 비롯한 수많은 개혁가들을 지원하고 보호해야 한다. 이들은 1980년대의 솔제니친과 사하로프와 하벨처럼, 자유사상가가 필요했던 시대의 로크와 볼테르처럼 우리 사회에 더 널리 알려져야 한다.

결론

이슬람 개혁에
관하여

현재 이슬람 내부에서는 전쟁이 진행 중이다. 개혁을 원하는 사람들 (온건한 무슬림들 혹은 반체제 인물들)과 예언자의 시대로 되돌아가고자 하는 사람들(메디나 무슬림들) 사이에 전쟁이 한창이다. 싸움에서 이긴 쪽에는 수동적인 메카 무슬림이라는 포상이 주어질 것이다.

네 가지 기준으로 판단할 때, 지금으로선 메디나 무슬림들이 승세를 쥐고 있는 것처럼 보인다. 첫 번째 기준은 메카를 떠나는 사람들과 메디나로 들어오는 사람들의 비율을 들 수 있다(서구에서 급진화라고 부르는 현상이다). 두 번째는 세간의 주목으로, 메디나 무슬림들은 전 세계를 놀라게 하는 폭력적 언행을 통해 언론의 관심을 끄는 데 성공했다. 세 번째는 자원이다. 자카트zakat(자선용 세금)와 범죄, 영토와 재산에 대한 폭력적 점유, 불량 국가들의 지원, 오일 머니를 통해 메디나 무슬림들은 엄청난 자산을 보유하고 있다. 그에 비해 온건한 무슬림들은 사실상 가진 게 아무것도 없다. 그들에게 돈을 벌 것인지, 종교개혁을 위해 노력할 것인지 선택하라고 재촉한다면 대부분 전자를 선택할 것이다. 네 번째는 일관성이다. 여러 측면에서 볼 때 이는 메디나 무슬림이 온건한 무슬림을 압도하는 가장 중요한 요소다. 온건한 무슬림들은 위험하고도 벅찬 업무(이슬람 신앙의 근본적인 요소에 의문을 제기하는 것)를 앞두고 있는 데 비해 메디나 무슬림들은 이슬람 신앙의 옹호자로서 기존 입장을 고수하기만 하면 되기 때문이다.

하지만 나는 이슬람 개혁이 멀지 않았다고 믿는다. 어쩌면 이미 시작됐는지도 모른다. 16세기에 인쇄술이 기독교 세계에 기여했던 것처럼 21세기에는 인터넷이 이슬람 세계에 큰 도움을 줄 것이라고 생각한다. 또한 내가 메디나 무슬림이라고 부르는 폭력적인 무슬림들은 종교개혁 이전의 유럽에서 천년왕국을 주장하던 사람들에 상응한다고 볼 수 있다. 그때와는 많이 다르지만, 개혁운동은 중동과 북아프리카 일부 도시에서 이미 구체화되고 있다. 무엇보다도 나는 우리가 아랍의 봄이라 부른 민중 시위가 급증한 것은 이슬람 개혁의 씨앗이 자라고 있었기 때문이라고 생각한다. 물론 아랍의 봄이 서구의 기대에 부응할 만큼 정치 혁명을 이루지는 못했지만 말이다.

아직은 초기 단계여서 이슬람 개혁이 어떤 양상으로 전개될지는 알 수 없다. 다만 확실한 것은 기독교의 종교개혁과는 다를 것이라는 점이다. 기독교와 이슬람은 조직 구조가 근본적으로 다를 뿐만 아니라 예수와 무함마드의 가르침에도 근본적인 차이가 존재한다. 예를 들어, 중세 기독교가 위계질서를 중시하고 정치와는 거리를 둔

이슬람 개혁에 관하여

반면 이슬람은 비록 권한이 분산되어 있더라도 정치권력에 대한 열망이 강하다.

이슬람 개혁에 대한 책을 쓰기로 처음 구상했을 때, 나는 소설을 써 볼까 생각했다. "개혁가"라는 제목으로, 런던에 사는 젊은 이맘이 현대의 루터로서 이슬람 개혁을 주도하는 이야기를 펼쳐 보고 싶었지만 곧 생각을 접었다. 자칫 상상 속에서나 가능한 이야기라고 치부될 수도 있기 때문이다.

이슬람 개혁은 가상의 이야기로 그쳐서는 안 된다. 그것은 현실에서 이루어져야 한다. 지난 몇 년간 일어난 수십 건의 사건을 지켜보면서 나는 확신했다. 이슬람 문제가 비록 구조적으로 뿌리깊더라도 한 가지 중요한 면에서는 무슬림들도 다른 사람과 다르지 않다. 즉, 그들 역시 자신과 아이들을 위해 더 나은 삶을 살고 싶어 한다. 그리고 메디나 무슬림들이 그런 삶을 실현해 줄 가능성이 희박하다는 사실들이 속속 드러나고 있다.

오늘날 이슬람을 소리 높여 비난하는 사람들 중 일부가 나와 같은 여성이라는 점은 결코 우연이 아니다. 이슬람 율법에서 여성에게 할당된 종속적인 역할을 살펴보면 이슬람과 현대성이 양립하기 어렵다는 사실을 확실하게 알 수 있다. 그 종속적인 역할을 근거로 이슬람 세계는 남성 후견인과 조혼, 부부 강간 등 다양한 여성 학대를 오랫동안 정당화해 왔다. 급증한 성폭행이 이집트 혁명을 촉발시킨 중요한 원인 가운데 하나였던 것처럼, 여성의 권리를 주장하는 단체들의 대응과 활동은 많은 이들의 용기를 북돋워 주었다. 레바논과 요르단에서도 유사한 운동이 벌어지고 있다. 특히 요르단에서는 강간을 저지른 자가 희생자와 결혼함으로써 처벌을 면하는 법 조항에 반대하는 시위가 일고 있다. 이란의 경우는 매우 재미있는데, 이슬람 통치가 30년 동안 이어져 왔지만 현재 여성을 대하는 태도에 엄청난 변화가 일어나고 있다.

하지만 이슬람 개혁을 여성 해방 운동의 관점에서만 생각하는 것은 옳지 않다. 앞장서서 변화를 주도할 사람이 여성이라 해도 이류시민이라는 여성의 지위 외에도 중요한 문제들이 많기 때문이다. 현재 아프리카 일부 지역에서는 이슬람에서 기독교로 개종하는 새로운 바람이 불고 있다. 또 다른 변화의 선구자로는 반종교 선동 혐의로 투옥된 팔레스타인 회의론자 왈리드 후세인을 들 수 있다. 또한 관용을 부르짖는 무슬림도 많다. 예를 들면, 터키 출신 칼럼니스트이자 TV 논평가 에일린 코카만은 유대인에 대한 무슬림의 폭력 행사에 저항했고, 이라크 무슬림 나빌 알 후다이르는 유대인 동포들의 권리를 변호했다.

● 형세를 바꾸는 요인들

현재 진정한 이슬람 개혁을 가능하게 하는 세 가지 요소가 조심스러운 움직임을 보이고 있다.

- 새로운 정보기술의 영향으로 이슬람 세계 전역에서 이제까지 볼 수 없었던 소통의 장이 만들어지고 있다.

- 무슬림들이 정권을 장악하면서 드러낸 근본적인 무능과 무슬림 이민자들에게 영향을 미치는 서구의 규범이 이슬람 개혁을 요구하는 새로운 지지층을 형성하고 있다.
- 중동의 대표적인 국가들에서 이슬람 개혁을 담당할 정치 지지층이 새롭게 등장하고 있다.

나는 이 세 가지 현상이 궁극적으로 무슬림들에게 불리하게 작용할 것이라고 믿는다. 그들의 목표는 결국 예언자가 살던 시대로 되돌아가자는 것으로, 시간의 방향을 되돌리려는 다른 모든 시도만큼이나 실패할 운명을 지니고 있다.

기술은 성전주의자들뿐만 아니라 종교와 상관없이 모든 인간의 권리를 수호하기 위해 그들에게 대항하는 사람들에게도 도움을 준다(예를 들어, 구글의 도움이 없었더라면 이 책을 쓰는 일은 더 어려웠을 것이다). 2014년 11월에는 한 이집트 의사가 '샤리아 시행을 거부하는 이유'라는 의미의 아랍어 해시태그를 만들었는데, 24시간 만에 주로 사우디아라비아와 이집트에서 5,000번이나 사용된 놀라운 결과가 있었다. 한편 이슬람에서 기독교로 개종한 모로코인 브라더 라치드는 오바마 대통령이 IS가 이슬람과 무관하다고 주장한 것을 반박하는 유튜브 동영상을 인터넷에 올렸다.

오바마 대통령님, IS에 대해 당신이 잘못 생각하고 있다는 말씀을 드려야겠습니다. 당신은 IS가 종교를 대변하지 못한다고 말했습니다. 나는 과거에 무슬림이었고 아버지는 이맘입니다. 또한 20년 넘게 이슬람을 공부한 사람입니다. (중략) 나는 자신 있게 말할 수 있습니다. IS는 이슬람을 대변하고 만 명이 넘는 IS 조직원은 모두 무슬림입니다. (중략) 그들은 여러 나라에서 왔지만 모두 이슬람이라는 하나의 공통분모를 가지고 있습니다. 그들은 모든 세세한 면에서 예언자 무함마드를 따르고 있습니다. (중략) 그들은 수니파 이슬람의 핵심 교리인 칼리프의 부활을 요구하고 있습니다.

나는 당신에게 정치적 중립을 지양해 달라고 요청합니다. IS, 알 카에다, 보코 하람, 소말리아의 알 샤바브, 탈레반 등은 모두 이슬람에서 생겨난 조직입니다. 무슬림들이 이슬람을 주제로 논의를 벌이지 못한다면, 정치와 종교를 분리하지 못한다면 우리는 지금의 악순환을 결코 끝낼 수 없을 겁니다. (중략) 이슬람이 문제가 아니라면 중동에 거주하는 수백만 기독교도들은 왜 자살폭탄 테러로 순교자가 되지 않는 걸까요? 똑같은, 아니 훨씬 더 열악한 경제적, 정치적 환경에서 살아가고 있는데도 말입니다. (중략) 진정 테러와 싸우고 싶다면 뿌리부터 근절하기 위해 노력하십시오. 수많은 사우디아라비아 지도자들이 증오를 설교하고 있습니다. 수많은 이슬람 단체가 사람들에게 꾸란과 하디스를 가르치고 거기서 비롯된 폭력성을 주입하고 있습니다. 수많은 이슬람 학교가 지하드와 순교를 믿는 세대를 끊임없이 양산하고 이단자와 싸움을 벌이고 있습니다.[1]

10년 넘게 이런 주장을 해온 나는 〈뉴욕 타임스〉에 실린 이 글을 읽으면서 희망이 샘솟는 것을 느꼈다.

라치드는 이슬람에서 기독교로 개종했으며 현재 이집트에 있는 알 하야트 TV 방송사에서 일하고 있다. 그의 이야기는 북아프리카

이슬람 개혁에 관하여

와 중동의 상황이 얼마나 빠르게 변하고 있는지 잘 보여 준다. 중동과 북아프리카에서는 여성과 동성애자 외에도 종교적 소수자 역시 매우 취약한 환경에 놓여 있다. 하지만 바로 그런 고통 때문에 그들이 이슬람의 종교적 아파르트헤이트에 맞서 단결할 가능성이 높다고 생각한다. 아프가니스탄의 수백만 여성이 탈레반의 위협에 저항하고 투표를 하기 위해 줄을 서는 모습을 보면서, 사우디아라비아 여성들이 터무니없는 여성 운전 금지에 도전하는 모습을 보면서, 튀니지 여성들이 극악무도한 집단 강간을 저지른 경찰들에게 유죄 판결을 공표하는 모습을 지켜보면서 나는 어느 때보다 상황이 호전되고 있다는 느낌을 받았다.

요컨대 나는 파키스탄 소녀 말랄라 유사프자이의 의견에 동의한다. 말랄라는 최연소 노벨 평화상 수상자로, 한때 탈레반에게 살해당할 위험에 처하기도 했다.

극단주의자들은 책과 펜을 두려워합니다. 교육의 힘은 그들을 겁먹게 합니다. 그들은 여성들을 두려워합니다. 여성의 목소리는 그들을 겁먹게 합니다. 그들이 매일 학교를 폭파하는 이유가 바로 여기에 있습니다. 그들은 과거에도 그랬듯 지금도 여전히 변화를 두려워하고 우리가 사회에 가져올 평등을 꺼리기 때문입니다. 그들은 단지 학교에 간다는 이유로 소녀들을 지옥에 보내야 한다고 생각할 만큼 신을 보잘것없고 보수적인 존재로 여기고 있습니다.[2]

바로 여기에 이슬람 개혁을 염원하는 진정한 목소리가 있다.

변화는 또한 서구 무슬림 공동체에서도 진행되고 있다. 물론 계속해서 유럽과 북아메리카로 몰려드는 무슬림 이민자들이 서구인과 무슬림 사이의 갈등을 더욱 증가시킬 수도 있다. 하지만 설령 그렇더라도 2세대, 3세대 무슬림들은 서구의 가치와 자유에 더 많은 영향을 받지 않겠는가? 어떤 이들은 그저 부인하고 참으면서 작은 보호막 안으로 움츠러들 수도 있고, 또 어떤 이들은 자신이 경험한 불합리에 대응하다가 메디나 무슬림으로 돌아설지도 모른다. 하지만 결국 그런 선택은 이슬람 개혁을 선택하는 일보다 설득력을 잃게 될 것이다.

시간이 가면 알 카에다, IS, 보코 하람이 저지르는 잔혹 행위에 무슬림들도 공포와 실망에 빠지게 될 것이다. 실제로 일부 무슬림 정치 지도자들은 극단주의자들의 손에 빼앗긴 이슬람을 되찾기 위해 고심하기 시작했다. 아랍에미리트연방은 이슬람 극단주의가 제기하는 위협을 "초국가적 암세포"라고 부르며 "그런 병적인 요소에 맞서 국제사회가 긴급하고도 지속적인 협력을 기울여 줄 것"을 요청했다.[3] 미국 주재 아랍에미리트연방 대사관은 이렇게 주장했다.

"급진적 이슬람에 대항하는 투쟁은 전장에서 끝나서는 안 됩니다. 극단주의의 원천이 되는 이념적이고 재정적인 기반을 공격의 목표로 삼아야 합니다."[4]

앞에서도 살펴보았듯 이집트 대통령 엘 시시는 이슬람 성직자들 앞에서 '종교적 혁명'을 촉구했다. 그런 지지가 없다면 혁명은 결코 지속되거나 완성될 수 없다.

엘 시시 대통령이 아즈하르에 대한 종교적 혁명을 촉구했다는 사실은 매우 의미심장하다. 아즈하르는 오랫동안 보수적 성직자들의 요새로서 이슬람 개혁에 대한 논의를 가차 없이 짓밟아 왔기 때문이다.[5] 예를 들어, 1992년 6월 이집트 학자이자 인권운동가인 파라그 포다는 연구실을 나서던 길에 총에 맞아 숨졌다. 포다는 수년 동안 세속적인 정책을 옹호하고 샤리아를 비판하며 종교와 정치를 분리해야 한다고 주장했다. 포다가 죽기 2주 전, 아즈하르의 고위층으로 널리 추앙받던 성직자 무함마드 알 가잘리는 포다를 배교자로 선언하며 이슬람 율법에 따라 배교자는 죽음으로 처벌해야 한다고 암시했다.[6] 그 직후, 이슬람 무장 단체 가마 알 이슬라미야Gama'a al Islamiyya 조직원들이 포다를 죽였고, 그 과정에서 행인 몇 명과 포다의 아들이 중상을 입었다.

이 조직은 "아즈하르가 선고를 내렸고 우리가 처형을 수행했다"고 밝혔다.[7] 뒤이어 포다를 배교자로 선언한 알 가잘리는 이슬람 공동체에 배교자가 존재한다면 국가에 위협이 될 거라고 주장하면서 포다를 죽인 사람들을 대변했다.[8] 이제는 고인이 된 알 가잘리는 이슬람 학자들 가운데 여전히 존경받는 인물로 남아 있으며,[9] 아즈하르는 포다의 죽음에 기여한 역할에 대해 아직까지 한 번도 반성의 기미를 보인 적이 없다.

이슬람 개혁에 방해가 되는 세력은 바로 아즈하르 같은 기관들이다. 이집트 정부가 아즈하르와 싸울 각오가 되어 있다면 이슬람 세계는 진정 변화를 맞이할 준비를 해도 좋을 것이다.

• 나는 샤를리다

마지막으로 내가 낙관하는 이유가 또 한 가지 있다. 마침내 서구도 정신이 번쩍 들었을지 모른다고 보는 이유이기도 하다.

지난 20년 동안 문화적으로 둔감해 보이거나 인종차별주의자로 오해받을까 하는 우려 때문에 서구의 여러 나라는 무슬림 시민들의 특별한 요청을 수용하기 위해 많은 노력을 기울여 왔다. 서구는 무슬림 정부 수반을 달래기에 급급했고, 무슬림들은 언론과 대학, 역사책과 교과 과정을 검열하고 영향력을 행사하고 다녔다. 또한 서구는 각 지역의 무슬림 단체 지도자들을 진정시키려 했고, 그 지도자들은 자신에게 공격적이라고 판단한 연사들을 초청하지 말라고 각 대학에 요청했다. 서구 정부들은 반체제 무슬림들을 골칫거리로 취급하고 미국이슬람관계위원회 같은 엉뚱한 단체하고만 협력했다.[10] 심지어 성전주의자들에게 보조금을 지급하기도 했다(테오 반 고흐를 살해한 사람은 네덜란드 복지 혜택으로 생활했다).

나는 2015년 1월 파리에서 발생한 사건이 중요한 전환점이 될지도 모른다는 희망을 품어 본다. 사실 프랑스의 샤를리 에브도에 대한 테러는 엄청난 피를 부른 학살은 아니었다. 2014년 12월에 일어난 파키스탄 페샤와르의 육군공립학교에 대한 탈레반 공격이나, 샤를리 에브도를 향한 공격과 비슷한 시기에 일어난 나이지리아 바가 족에 대한 보코 하람의 공격으로 훨씬 많은 사람들이 죽었다. 샤를리 에브도 테러로 12명이 사망한 사건은 그 잡지사가 무함마드를 풍자하는 만평을 수차례 게재한 사실이 직접적인 원인으로 작용했다.

이슬람 개혁에 관하여

물론 그 잡지의 편집자들이 성가신 무슬림들에 대한 기본적인 상식이 부족했다고 주장한 비겁한 사설도 있었고, 그 폭력 사건은 이슬람과 무관하다고 주장하는 바보 같은 언론의 진술도 있었다. 하지만 "나는 샤를리다"라는 구호를 외치며 거리로 뛰쳐나온 수백만 명의 사람들에게는 아무런 힘과 위안도 되지 못했다.

사건이 발생하자 프랑스 정부는 추가 테러 공격에 대비해 만 명의 병력과 보안 요원들을 프랑스 전역에 배치했다. 사건이 발생하기 일주일 전만 해도 규모와 역사를 자랑하는 서구 민주주의 국가가 도시 한복판에 대규모 경찰과 병력을 배치하리라고는 누구도 상상하지 못했을 것이다. 프랑스 국무총리 마누엘 발스는 테러 공격이 있은 지 3일 만에 프랑스가 급진적 이슬람과 교전 중임을 공식적으로 발표했다. 프랑스는 9·11 테러 이후 미국의 강경 대응에 한때 비판적 입장을 고수했지만 이제는 조지 W. 부시의 뒤를 따르고 있다. 프랑스어를 사용하는 또 다른 민주국가인 캐나다의 스티븐 하퍼 총리는 샤를리 에브도 테러를 '국제 지하드 운동'으로 명백하게 연결 지으며 이렇게 말했다.

"그들은 자신들과 다르게 생각하고 행동하는 누구에게나 전쟁을 선포한다. 그들은 자신이 접촉 중인 나라들 전역에 대규모 전쟁을 선포했거나 이미 전쟁을 수행하고 있다. 또한 우리처럼 자유와 개방과 관용을 중시하는 모든 나라들에도 전쟁을 선언했다. 우리는 그런 결정에 동의할 수 없다. 우리는 전쟁이 사라지기를 기원한다. 하지만 전쟁은 쉽게 사라지지 않을 것이다."

한편 그즈음에도 '극단주의자'와 '평화의 종교'는 아무런 관련이 없다는 주장이 제기돼 다시 한 번 놀라움을 주었다. 적들은 오히려 정확히 그 반대를 외치고 있는데도 말이다. 예를 들어, 알 카에다 정보원 아부 무사브 알 수리가 쓴 《전 세계 이슬람 저항의 촉구The Call to Global Islamic Resistance》를 살펴보자. 알 수리는 이슬람의 적들로 유대교도와 미국, 이스라엘, 프리메이슨, 기독교도, 힌두교도, 배교자, 위선적인 학자, 교육 체계, 위성 TV 채널, 스포츠, 모든 예술과 연예 활동 등을 꼽았다.[11] 이 목록은 조금 우스꽝스럽다. 적으로 삼기에는 구성요소들이 너무 일상적인 것이기 때문이다.

그들의 명백한 위협을 무시해도 좋다고 주장하는 서구 지도자들은 두 가지 위험을 무릅쓰고 있다고 볼 수 있다. 즉, 그런 말들(예를 들면, "무슬림도 독일에 속한다")은 열성분자들에게 용기를 줄 뿐만 아니라 정치적 허점을 만들어낸다. 샤를리 에브도 공격 이전에도 독일의 드레스덴과 베를린, 뮌헨, 라이프치히에서는 우익 보수 단체인 페기다 PEGIDA(서양의 이슬람화에 저항하는 애국적 유럽인들)가 주도하는 시위가 정기적으로 벌어졌다. 또한 유럽 곳곳에서는 인민 정당들이 이민과 이슬람에 반대하는 유권자들을 늘리기 위해 여러 가지 방법을 동원했다. 유럽이 이런 위태로운 정치적 양극화에 빠져드는 것 또한 모두가 원하는 모습은 아닐 것이다.

이보다는 파리의 샤를리 에브도 테러 이후에 펼쳐진 운동처럼 전세계 모두가 단결할 필요가 있다. 우리가 무엇을 위해 힘을 합치고 무엇에 저항하기 위해 힘을 길러야 하는지 그 대상을 명확히 하지 않으면 안 된다.

성경과 꾸란 등 모든 종교 텍스트에는 편협함과 불공평을 시인하는 구절들이 있다. 기독교는 변화를 받아들였다. 그 변화의 과정에서 현상 유지를 하고 싶어 하는 사람들은 현재 무슬림들이 내세우는 것과 같은 주장을 했다. 즉, 자신들은 희생자이며 새로운 사고는 신성모독과 다름없다는 것이다. 사실 기독교와 유대교가 지금의 모습으로 진화하고 발전할 수 있었던 것은 신성모독을 되풀이하는 과정을 통해서였다. 이는 예술과 과학과 불손한 풍자가 수행된 과정과 동일하다.

이슬람 개혁은 아즈하르 같은 기관을 통해서는 이루어지지 않을 것이다. 개혁은 아즈하르가 할 수 없는 신성모독을 통해 달성될 것이기 때문이다. 중요한 것은 신성한 텍스트나 율법이 아니라 인간의 삶과 자유와 존엄성이다. 기독교도와 유대교도는 그런 과정을 겪었다. 이제는 무슬림의 차례다. 그런 의미에서, 다시 말해서 세상을 변화시키는 신성모독의 힘을 열정적으로 믿는다는 의미에서 나는 샤를리다. 하지만 단순히 신성모독에서 그쳐서는 안 된다. 그 이상을, 개혁을 추구해야 한다.

● 다시, 수정해야 할 다섯 가지 개념에 관하여

10~11세기의 이슬람 율법학자 알 마와르디는 이렇게 말했다.

"혁신자가 나타나거나 의심스러운 시각을 가진 자가 잘못된 길로 가고 있다면 이맘은 그에게 올바른 관점을 명확하게 설명해 주어야 하며 그에 합당한 처벌을 받도록 해야 한다. 그래서 종교를 결함으로

부터 보호하고 공동체를 과오로부터 보호해야 한다."[12]

이슬람 개혁을 지지하려면 누구나 위험을 무릅써야 한다. 그렇지만 나는 전쟁을 옹호하지 않는다. 나는 평화로운 개혁, 다시 말해서 원칙의 수정을 목표로 한 문화운동을 주장한다.

앞에서도 주장했듯, 이슬람에는 근본적으로 현대성과 양립하기 어려운 다섯 가지 핵심 개념이 있다.

1. 꾸란의 신성한 지위(바꿀 수 없는 마지막 신의 계시라는 점)와 무함마드의 무오류성(신의 계시를 받은 최후의 전령이라는 점)
2. 현세의 삶보다 내세의 행복을 중시하는 태도
3. 샤리아는 정신적 영역과 현세의 영역을 모두 주관하는 포괄적 법률 체계라는 주장
4. 옳은 일을 강요하고 그른 일을 금지하는 무슬림의 관습
5. 지하드 혹은 성전의 개념

이에 대해 내가 제기하는 바는 간단하다. 무슬림으로 살아가는 삶이 21세기 세계와 좀 더 쉽게 양립할 수 있도록 이 다섯 가지 개념을 수정하는 것이다. 이슬람 성직자들은 꾸란이 진리의 궁극적인 보고가 아니라는 것을 인정할 필요가 있다. 우리가 현세에서 하는 일이 우리가 죽은 뒤에 일어날 그 어떤 일보다 중요하다는 사실을 분명히 해야 한다. 샤리아는 제한된 역할을 담당할 뿐이고, 무슬림들은 자신이 살아가는 민족국가의 법률 체계에 속해 있다는 사실을 분명히 인식할 필요가 있다. 창의성 대신 순응을 강요하는 관행은 끝

내야 한다. 또한 비무슬림들과 이슬람을 떠난 사람들에게 무력을 행사하는 지하드 개념을 완전히 부정해야 한다.

개혁은 여성, 동성애자, 종교적 소수자들뿐만 아니라 이슬람 자체를 위해서도 반드시 해야 할 일이다. 사람들에게 인정받는 구조도 끊임없이 쇄신하지 않으면 몰락을 피하기 어렵다. 단순한 복구나 복원만으로는 무슬림들이 아무리 많은 피를 흘리더라도 진정한 쇄신을 이루기 어렵다. 그들이 더 많은 피를 흘릴수록 오히려 전체 구조가 완전히 붕괴되는 위험에 처하게 될 것이다.

기독교 개혁만큼 이슬람 개혁이 성공하려면 얼마나 기다려야 할까? 국경을 넘어 맹위를 떨친 종파 간 갈등으로 수많은 사람들이 목숨을 잃었고, 수천만에 달하는 성인들과 아이들이 쇠약한 국가와 침체된 경제, 억압된 사회에 발이 묶여 고통받고 있다. 이슬람 개혁은 광범위하게 펼쳐질까, 아니면 국지적인 양상으로 이루어질까? (따지고 보면 개신교 개혁도 모든 기독교 사회에서 이루어진 것은 아니었다.) 이슬람 개혁도 널리 바람직한 효과를 거두려면 종교전쟁을 치러야 할까?

이 질문들의 답은 무슬림들의 선택에 달려 있다. 하지만 어느 정도는 서구의 선택에 따라서도 달라질 수 있다. 우리가 개혁을 도울 수 있을까? 아니, 의식하지 못하는 사이에 개혁을 방해하고 있는 것은 아닐까?

변화를 가져오는 일은 쉽지 않을 것이다. 두 사상가의 말이 우리에게 용기와 힘을 보태 준다. 한 사람은 이슬람을 등진 이단자이고, 또 한 사람은 18세기 계몽주의 시대의 사상가다.

시리아의 시인이자 철학자 아불 알라 알 마아리는 1057년 생을 마감했다. 그는 평생 살아 있는 생명체를 해치고 싶지 않아 육식을 삼가고 채식주의자로 살았다. 그는 종교적 회의주의와 비관주의 색채가 담긴 시와 소설을 써서 이단자로 몰렸다. 대표적인 작품《용서의 편지The Epistle of Forgiveness》에서 그는 천국과 지옥을 방문하는 이야기를 썼다.[13]

서구에는 거의 알려지지 않은 인물이지만 알 마아리의《용서의 편지》는 단테의《신곡》에 비견되는 작품이다. 그의 고향 알레포 남부에는 그를 기리는 동상이 오랫동안 자리를 지켰으나, 2013년 알 누스라 전선을 필두로 한 성전주의자들이 그의 동상을 파괴하는 데 나섰다. 이 공격에 대해서는 여러 가지 설이 나도는데, 그중 아사드 대통령과 관련이 있다는 얘기도 있다. 하지만 그보다는 천 년에 가까운 시간이 지나도 이단의 죄를 지울 수 없다는 말이 좀 더 타당한 설명이 될 것이다.[14]

알 마아리는 도대체 어떤 이단적인 글을 썼을까? 그의 작품 가운데 몇 구절을 예로 들어 보자.

나는 이 하늘 아래 어디로 떠나야 할까? 어디로, 어떻게 도망쳐야 한단 말인가? (중략) 내가 진실을 말할 때 나를 이단자라고 부르는 사람들을 신은 저주한다. (중략) 내가 목소리를 높일 때마다 내 말은 허공을 맴돈다. 나는 진실을 말하고 또다시 침묵을 강요당한다.[15]

나는 이 글을 읽고 가슴이 뭉클해졌다. 이 글이 나온 지 거의 천 년이 지난 지금, 마침내 이단자들이 벌을 받지 않고도 진실을 말할 수 있는 시대가 다가오고 있다는 확신이 든다. 이단자의 말에 어떻게 대응해야 하는지 아직 잘 모르는 사람들을 위해 다시 한 번 자유사상가 볼테르의 말을 들려주고 싶다.

"나는 당신의 의견에 찬성하지 않지만 당신이 말할 권리를 절대 옹호한다."

이슬람 개혁의 여명이 서서히 밝아 오고 있다. 이제 우리는 두려움 없이 자유롭게 생각하고 쓰고 말하는 권리야말로 어떤 종교보다 신성하다는 사실을 절실히 깨닫게 될 것이다.

덧붙이는 글

반체제 무슬림과
이슬람 개혁가

이슬람 개혁이 진행 중이라는 사실은 전 세계적으로 반체제 무슬림과 이슬람 개혁가가 늘어나고 있는 추세를 보면 확실히 알 수 있다. 그들의 존재와 용기 있는 노력을 인정하지 않았다면 나 역시 이 책을 쓰기 어려웠을 것이다. 대체로 그들은 크게 세 부류로 나눌 수 있다. 바로 서구의 반체제 무슬림들, 이슬람 세계의 시민 개혁가들, 개혁적 성향을 지닌 무슬림 성직자들이다.

● 서구의 반체제 무슬림들

최근 서구의 무슬림 시민 공동체에서는 살인이나 처벌 협박에 용감히 맞서며 이슬람 정설에 이의를 제기하고 이슬람 개혁을 촉구하는 사람들이 늘어나고 있다. 그들은 성직자가 아닌 '평범한' 무슬림으로, 일반적인 교육을 받고 책을 많이 읽는 데다 이슬람 위기에 대해 진지하게 걱정하고 있는 사람들이다.

그들 중 몇몇 이름을 들어 보자. 마지드 나와즈(영국)를 비롯해 사미아 라비디(프랑스), 아프신 엘리안(네덜란드), 에산 야미(네덜란드), 나세르 카데르(덴마크), 세이란 아테스(독일), 유니스 칸딜(독일), 바삼 티빌(독일), 라힐 라자(캐나다), 주디 야세르(미국), 살림 아메드(미국), 노니에 다르위시(미국), 와파 술탄(미국), 이븐 와라크(미국), 아스라 노마니(미국), 이르샤드 만지(미국) 등이다.

이들은 성직자가 아니라 견문이 넓고 학식이 풍부한 시민으로, 이성과 양심에 따라 당당하게 목소리를 낼 줄 아는 사람들이다. 이들은 이슬람을 근본적으로 재해석하거나 이슬람의 핵심 교리에 변화를 주어야 한다고 촉구한다. 이들 중에는 이슬람 신앙을 떠나 제3자의 입장에서 개혁을 추진하는 사람들도 있고, 이슬람 신앙을 지키며 내부에서 개혁을 달성하기 위해 노력하는 사람들도 있다.[1] 이들은 꾸란과 하디스를 역사적 맥락에서 검토해야 한다고 주장한다. 또한 인간이 만든 시민법을 적법한 법률 체계로 인정하고 종교적 율법인 샤리아를 폐지해야 한다고 강조한다.

미국계 무슬림 의사인 주디 야세르는 애리조나 피닉스에 '민주주의를 위한 미국 이슬람 포럼American Islamic Forum for Democracy'을 설립했다. 그는 정치와 종교의 분리를 요구하며 현재 이슬람 개혁가들을 억압하기 위해 사용되는 신성모독과 배교 법안을 폐지해야 한다고 강력히 주장했다. 그의 목표는 이슬람을 개혁하고 샤리아 대신 시민법을 도입하는 것이다.

정부가 자연법이나 인간의 법이 아닌 그야말로 신의 법을 제정한다면 그 정부는 신이 되어 종교는 물론 인간이 신과 맺는 관계마저 파기해 버릴 수 있다. 그러므로 정부의 법안은 성서의 해석이 아니라 인간의 이성에 기초해서 논의되어야 한다.[2]

현재 하와이에 살고 있는 무슬림 살림 아메드는 인도에서 태어나 파키스탄에서 성장했다. 아메드는 2013년 호놀룰루에서 '모든 신자 네트워크All Believers Network'를 창설하고 종교와 종파를 초월한 진정한 대화를 촉진하고자 노력했다. 이 단체의 위원회는 불교, 기독교, 도교, 이슬람교 등 다양한 종교를 가진 사람들로 구성되어 있다. 아메드는 정치적이고 폭력적인 꾸란 구절들이 보편타당하게 적용될 수 있는 다른 종교적 구절들로 대체되고 있다고 주장했다.[3] 또한 그는 이슬람 교리의 근본적인 개혁을 주장하는 책을 펴내기도 했다. 주변의 무슬림들은 그를 '카피르kafir(이교도)'라고 불렀고, 그의 지역 이맘은 이슬람교를 약화시키고 있다며 그를 비난했다.[4] 아메드는 자신이 본받고 싶은 인물로 간디를 꼽았다.

현재 독일에 살고 있는 유니스 칸딜은 요르단 암만에서 태어났다. 그는 팔레스타인 난민의 자손이며 청소년 시절부터 5년 동안 살라피 모스크에 깊이 관여했다가 그 후 5년 동안 무슬림형제단에 가담해 활동했다. 1995년 독일로 이주한 후에는 정치와 관련된 세속적인 입장을 영적인 활동과 결합하고자 애썼다.[5] 이제 칸딜은 무슬림형제단 같은 조직에 비판적이다. 유럽의 무슬림들이 독립적인 '병렬 사회'를 형성하는 바람에 개인들이 주류 사회에 충분히 편입되는 데 방해받았다고 생각하기 때문이다.[6] 따라서 무슬림형제단 같은 무슬림들이 단기적으로 폭력에 반대하더라도 다원적이고 평화로운 민주 사회에서 종파를 뛰어넘는 진정한 협력자가 될 수는 없을 거라고 여긴다. 칸딜은 지금도 여전히 정치와 종교의 분리를 위해 애쓰고 있다.

프랑스에 살고 있는 사미아 라비디는 1964년 튀니지에서 태어났다. 사미아는 이슬람 학교에 다녔고 전통적이지만 관대한 가정에서 성장했다.[7] 일곱 살 무렵에 언니가 이슬람 정당 나흐다 창립자들 가운데 한 사람과 결혼했다. 당시 그녀의 가족은 메디나 무슬림이었고 사미아는 머리에 스카프를 두르고 다녔다.[8] 상황이 너무 제한돼 있다고 판단한 그녀의 어머니는 오빠가 있는 프랑스에 가서 살기로 결심하고 튀니지를 떠났다. 사미아 역시 숨이 막히는 생활을 더 이상 견디기 힘들었다.

마음이 뭔가에 살균당하고 있다는 느낌이 들어서 자유롭게 생각하는 일도 쉽지 않았다. (중략) 여자는 계속해서 무능력한 존재로 취급당하며 살아야 했다. 어디를 가든 혼자서는 움직일 수 없었다. 마음 편히 숨을 쉴 수조차 없었다.[9]

사미아는 열여덟 살 때 튀니지를 떠나 파리로 갔고, 파리10대학에서 철학 석사학위를 받았다. 그녀의 남동생은 급진적 이슬람을 지향했다가 나중에 테러리즘을 단념하게 됐다. 사미아는 남동생의 급진화에 대해 언급한 적이 있다.[10] 그녀는 지금 이슬람 개혁을 주장하고 있다.

궁극적인 해결은 정치와 종교의 분리에 달려 있다. 이는 세속적인 힘과 정신적인 힘이 뒤얽힌 사회에서 고통받는 사람들에게는 더욱 절실한 일이다.[11]

사미아는 프랑스 무슬림들에게 발언권을 주려고 애쓰는 단체에서 열정적으로 활동하고 있다.[12]

세이란 아테스는 터키계 독일인 변호사다. 여섯 살이 되던 1969년에 가족과 함께 터키에서 독일로 이주했다. 열여덟 살이 되기 직전에 그녀는 부모의 집을 떠나 독일인 남자와 함께 살며 법학을 공부했다.[13] 가족법을 전공한 변호사로서 세이란은 지금까지 20년 동안 폭력적인 가정, 강제결혼, 이혼 절차와 관련된 소송에서 수많은 여성 무슬림들을 대변해 주었다.

변호사로 일하면서 세이란은 지나치게 관대한 다문화주의의 어두운 이면을 보게 됐다. 강제결혼은 독일에서 태어난 무슬림들을 독립적인 무슬림 거주지 안에 가두는 결과를 낳았다. 수만 명에 달하는 여성들이 독일 사회에서 심지어 앰뷸런스조차 부를 수 없을 정도로 소외된 채 살아가고 있었다. 이처럼 억압적인 이슬람 공동체에 다문화주의 잣대를 적용한다면 지나친 관용이 아닐 수 없다. 세이란은 이 현상을 "다문화 오류"라고 일컬었고 자신의 책 제목으로 사용하기도 했다.

세이란은 이슬람에도 여성을 남성과 동등한 한 사람으로 여기고 해방하는 성 혁명이 필요하다고 주장하며 이렇게 덧붙였다.

그러려면 이슬람 사회에서 성적 취향은 모든 개인이 자율적으로 결정할 수 있는 것으로 인식되어야 한다.[14]

또한 그녀는 수니파 신도와 시아파 신도 모두를 환영하고 여성과 남성을 동등하게 취급하며 여성과 남성이 함께 기도하고 여성도 이맘으로 봉사할 수 있게 하는 모스크를 제안했다.

세이란은 이슬람교가 정치에서 완전히 분리되어야 한다고 주장하며 이렇게 강조했다.

우리가 정치와 종교를 분리할 수 있게 된다면 이슬람은 민주주의와 조화를 이루며 변화하고 발전하게 될 것이다.[15]

● 이슬람 세계의 시민 개혁가들

이슬람 세계에서도 개혁을 요구하는 평범한 시민들이 늘고 있다. 몇몇 이름을 들어 보면 이집트인 카림 아메르, 팔레스타인인 왈리드 후세인, 터키인 에일린 코카만, 이라크인 나빌 알 하이다리, 파키스탄인 루아부트 자히드, 사우디아라비아인 함자 카슈가리와 라이프 바다위, 방글라데시인 타슬리마 나스린 등을 꼽을 수 있다.

카림 아메르(본명은 압델 술레이만)는 이집트인으로 아즈하르에서 공부했다. 2005년 무슬림들이 콥트 교회를 공격한 사건을 접하고 나서 아메드는 무함마드와 그의 7세기 추종자들을 전투에 대한 그들의 가르침을 빗대어 "피를 뿌리는 자들"이라고 불렀다.[16] 아즈하르에 대해서는 이슬람 정통 교리를 위한 단체이자 개혁적인 견해를 용납하지 못하는 편협한 조직이라고 비판했다. 2006년 초 그는 이슬람 교사 및 지도자들의 극단적인 교리를 비난했다는 이유로 추방됐다. 그는 블로그에 "아즈하르의 교수 및 지도자들은 자유롭게 사고하는 모든 이들과 맞선다"고 썼다.[17] 아메르는 또한 당시 이집트 대통령인 호스니 무바라크의 독재정치에 대해서도 비판했다. 그는 2007년에 징역 4년형을 선고받고 2010년에 매질을 당한 뒤 풀려났는데, 젊은 이집트인들은 그를 정치적 권위주의뿐만 아니라 종교적 권위주의에도 문제를 제기한 전형적인 모범 사례로 꼽는다.

30대인 왈리드 후세인은 팔레스타인 회의론자로, 이슬람의 신을 베두인족의 원시적이고 의인화된 신이라고 묘사했다.[18] 그는 페이스북에 꾸란 구절을 풍자하는 글을 여러 차례 올렸다. 여러 면에서 불손한 자유사상가로 보이는데, 서구에서 태어났다면 희극배우나 풍자작가 같은 직업을 골랐을지도 모르겠다. 하여튼 많은 팔레스타인 사람들이 이슬람을 비판하는 그에게 분노하며 이스라엘 비밀 정보 기관인 모사드Mossad를 위해 일하는 게 분명하다고 비난했다. 그의 고향 사람들 가운데 일부는 "다른 사람들에 대한 경고의 의미로" 그를 죽음으로 다스려야 한다고 촉구했다.[19] 후세인은 사람들이 자유롭게 사고하고 스스로 선택하도록 하려 한 뜻이 제대로 전달되지 않았다고 대응했다.[20] 그는 한 달 동안 수감된 뒤 강한 압박에 못 이겨 자신의 언행에 대해 사과했다.[21]

2014년 4월 파키스탄 작가이자 여성 인권 옹호자인 루아부트 자히드는 무슬림들이 자신의 종교에 깊은 변화를 가져와야 하며 이슬람의 위기는 외부 요소에서 비롯된 것이 아니라고 주장했다.

이슬람 국가들과 무슬림들이 사용하는 테러 전략은 대체로 사람들이 그들을 참아 주거나 입 다물고 얌전히 있도록 만든다. 그 속에는 언론의 자유라는 개념이 없다. 더욱이 비판의 자유라는 개념은 상상조차 할 수 없다. (중략) 누군가가 여성 할례를 허용하고 요구하는 파트와를 통과시켰을 때 왜 아무도 저항하지 않았는지에 대해 적절한 질문이 제기되어야 한다. 어린 여자애들에게 할례를 요구하는 것이 진정한 이슬람이 아닐 텐데, 아얀 히르시 알리가 그 점을 강조할 때까지 아무도 나서지 못한 이유는 무엇인가? 그녀의 주장이 극단적으로 들릴 수도 있지만, 잠시 다음과 같은 점을 생각해 보자. 그녀가 무슬림들을 죽이기라도 했단 말인가? 그녀 때문에 무슬림들이 지하로 숨어들어야 했단 말인가? 변화를 위한 책임은 무슬림 자신에게 있다. 이슬람 신앙의 극단적인 해석이 옳지 않다는 점을 입증하려면 한 발 더 나아가 내부에서부터 변화를 시도하고자 노력해야 한다. 단지 자신이 경험한 사실들을 소리 높여 반복적으로 말한다는 이유로 히르시 알리를 이슬람 혐오자라고 부를 순 없으며 그렇게 불러서도 안 된다. 그녀는 주변에서 신의 이름으로 벌어지는 모든 일을 지켜보았을 뿐이다.[22]

방글라데시에서 태어나 이슬람을 등지고 현재 인도에서 살고 있는 타슬리마 나스린은 이렇게 선언했다.

우리에게 필요한 것은 종교적 교리를 토대로 한 샤리아가 아니라 남녀 모두에게 동등하게 적용되는 시민법 체계다.[23]

샤리아가 통치의 바탕이 되는 한, 모든 개인은 종교적 활동과 상관없이 동등하게 취급받을 수 없다. 시민법 체계를 확립하기 위해서는 정치와 종교의 분리가 반드시 필요하다.

⦂ 반체제 무슬림 성직자들

나는 이슬람 개혁이 무슬림 성직자들 내부에서 시작될 것이라고는 보지 않는다. 하지만 이슬람 원칙을 개혁하자는 목소리를 내는 성직자들이 점점 늘어나고 있는 것도 사실이다. 개혁가들은 수니파와 시아파 성직자들 모두에게서 발견되며 서구 세계뿐만 아니라 이슬람 세계에서도 찾아볼 수 있다. 이 같은 성직자들은 '가짜' 개혁가들과 엄밀하게 구별되어야 한다. 가짜 개혁가들은 알 카에다와 IS가 자행하는 폭력을 비난하지만 비폭력적인 수단으로 샤리아를 시행하기 위해 열심히 노력하고 있기 때문이다. 그것은 진정한 개혁이 아니다. 미국을 포함한 서구 정부들은 가짜 개혁가들과 협력을 도모하는 실수를 자주 범하고 있다.[24] 진정한 개혁가는 단기적으로 폭력을 거부할 뿐만 아니라 장기적으로 이슬람의 핵심 원칙을 바꾸기 위해 부단히 노력하는 사람이다.

반체제 성직자들도 구체적인 개혁 내용에 대해서는 서로 의견이 다르다. 일부는 이슬람 원칙의 부분적인 재해석을 주장하면서도 꾸란의 고결함만은 존중해야 한다는 입장을 고수한다. 또 다른 이들은 꾸란 역시 인간이 만들어낸 텍스트이므로 광범위한 재해석이 필요하다고 주장한다.

일부 개혁적인 성직자들의 주장은 분명히 이슬람 개혁을 내부에서부터 불러일으키려는 노력을 보여 준다. 그럼에도 불구하고 나는 이슬람 개혁에서 시민 개혁가들이 변화를 추구하는 성직자들보다 더욱 강한 힘을 발휘할 것이라고 본다.

네덜란드에서 설교하고 있는 수니파 이맘 야신 엘포르카니는 네덜란드를 배경으로 새로운 신학이 형성되고 있다고 주장했다.[25] 엘포르카니는 비록 꾸란을 신성한 텍스트로 간주하지만, 모든 꾸란 구절을 재해석하는 것이 인류가 할 일이라고 강조했다. 네덜란드를 떠나 IS에 가담하는 젊은 무슬림들에 대해 그는 이렇게 말했다.

우리 무슬림들은 그 젊은이들을 외면해서는 안 되며 우리 자신에 대해서도 비판적 사고를 멈춰서는 안 된다. 그들은 분명 높은 이상을 가지고 떠났지만 그들의 이상은 하늘에서 뚝 떨어진 것이 아니다. 그것은 수십 년 동안 배워 온 이슬람 신학의 개념과 일치한다.[26]

엘포르카니는 IS의 활동과 칼리프 이론에 비판적 입장을 밝히며 이렇게 주장했다.

이슬람이 전 세계를 통치한다는 칼리프 이념은 미안하지만 시대착오 적이라고밖에 말할 수 없다. 만약 우리가 이에 대한 대안을 마련하지 못한다면 IS는 더욱더 강력하게 입지를 다지게 될 것이다.

그는 이슬람 사회에서 신학적 개혁을 촉구한 대가로 무수한 살해 위협에 시달려야 했다.

이슬람 세계에도 이슬람 개혁을 공개적으로 촉구하는 성직자가 많다. 1945년 도하에서 태어나 카타르 법학대학 학장을 지낸 바 있는 아브드 알 하미드 알 안사리는 오랫동안 진보적 무슬림들을 옹호해 왔다. 그는 젊은 무슬림들에게 죽음을 사랑하라고 가르치는 성직자들에 반대한다.

나는 종교학자들이 정규 과정을 통해 젊은이들에게 죽음이 아니라 삶을 사랑하라고 가르쳐 주기를 희망한다.[27]

그는 또한 비판적 사고를 장려할 수 있도록 교육 체계를 전면적으로 개편하자고 촉구하고, 아랍의 자유사상가들에게는 선동적인 설교로 사람들에게 피해를 주는 성직자들을 고발할 것을 당부했다.[28]

시아파 성직자 아마드 알 카반지는 이슬람 교리의 핵심을 수정할 것을 제안했다. 그는 1958년 이라크 나자프에서 태어나 1970년대에는 고향의 시아파 신학대학에서 법학을 공부했다. 그는 공개적으로 이렇게 주장했다.

나는 이미 이 종교에서 벗어났으며 모든 교리를 거부한다. 나를 배교
자나 이단자로 불러 달라. 그것은 진실이다. 나는 사람들에게 증오만을
조장하는 이 종교에서 일탈한 배교자다. 나는 아름다움이 없고 사랑이
없고 인류애가 없는 종교를 거부한다.[29]

알 카반지는 의미를 중시하는 법학에 기초해 변경할 수 있는 종교
적 판결을 제안했다.[30] 이 같은 혁신에 따르면 "법학은 현실이나 인
간의 이성을 고려하지 않고 텍스트를 맹목적으로 추구하기보다는
계시가 전달하는 정확한 의미를 다룰 수 있어야 한다."[31] 그는 꾸란
을 신의 영감을 받았으나 인간이 기술한 것으로 이해해야 하며 그
러려면 현재의 정설을 변경해야 한다고 주장했다. 또한 꾸란은 예언
자 무함마드가 만들어낸 것이지 알라가 창조한 게 아니라고 생각했
다.[32] 알 카반지는 이슬람의 구조적 개혁을 강조하며 이렇게 말했다.

이슬람이 영원하기를 바란다면 현실이 변하는 만큼 이슬람도 변화해
야 한다. 그래야 정체를 막을 수 있다. 그런데 종교 기관의 학자들은 이슬
람을 변하지 않는 가르침으로 간주하고 있다.[33]

주목할 만한 또 다른 개혁가로 이라크 성직자 이야드 자말 알 딘
을 들 수 있다. 시아파 교도인데도 알 딘은 성직자들의 정치적 지배에
반대하고 정치와 종교의 엄격한 분리를 역설해 수많은 위협에 시달렸

다. 그는 각 개인에게 양심의 자유를 보장해 주기 위해서는 샤리아의 시행을 거부하고 시민국가의 시민법을 도입해야 한다고 강조했다.

우리는 이라크 의회가 제정한 시민법을 따를지, 이슬람 율법이 판결한 파트와를 따를지 결정해야 한다. 우리는 역사적 상황을 미화하지 말아야 한다. 또한 이슬람이 동정과 평화의 종교라고 말해서도 안 되며 모든 것이 다 잘되고 있다고 안심해서도 안 된다.[34]

알 딘은 이라크가 종교적 다양성을 인정해야 한다고 주장했고, 비신자들에게까지 종교적 견해를 강요하는 IS의 신학적 근거를 비난했다. 그는 거의 모든 이슬람 율법에서 그 나라를 이슬람 국가로 선포하는 첫 번째 조항을 커다란 '재앙'이라고 묘사했다. 또한 종교는 인간을 위해 존재하는 것이지 국가를 위한 것이 아니라고 강조했다.[35]

사우디아라비아 국왕 자문기구인 슈라위원회에서 활동하고 있으며 여러 차례 정부 요직에 앉았던 이브라힘 알 불레이히는 아랍 사회에도 모든 개인에게 독립적인 사고의 권한을 부여하는 문화운동이 펼쳐져야 한다고 공식적으로 발표했다.[36] 그는 독립적인 사고를 제한하는 집단사고와 순응적인 태도를 지양하고 창의적인 사고를 통해 수준 높은 문화를 만들어 가자고 제안했다.

마찬가지로 시아파 성직자이며 사상가이자 작가인 디야 알 무사위는 아랍인들의 정신세계를 잠식하고 있는 미신을 타파하기 위해서라도 아랍 사회에 문화적 반란이 일어나야 한다고 주장했다.[37]

⦂ 이슬람 개혁가들과 서구 사회

냉전 시대에 다양한 배경을 가진 공산주의 비평가들이 많은 측면에서 의견을 달리했던 것처럼 오늘날 이슬람 개혁가들도 여러 문제에 대해 서로 다른 의견으로 상충하고 있다. 예를 들어, 알 카반지는 미국과 이스라엘의 외교 정책에 강한 비판을 제기한 반면, 알 안사리 같은 개혁가들은 대체로 친미 성향을 드러냈다.

개인에게 권한을 부여하기 위해 이슬람 정설을 파기하자고 제안하고 시민법이 규제하는 시민국가를 만들고자 하며 꾸란을 인간이 만든 텍스트로 보고 꾸란과 하디스를 비판적으로 분석해야 한다고 주장하는 이슬람 개혁가들은 모두 궁극적으로 인간의 자유를 지지한다. 물론 공공정책과 관련된 구체적인 문제 앞에서는 서구인들과 의견이 다르지만 말이다. 이들은 이슬람을 내부에서부터 개혁하고 핵심 교리들을 수정하기 위해 투옥은 물론 죽음까지도 불사한다. 이들은 서구 사회를 비롯한 전 세계의 지지를 받아 마땅하다. 비록 외교 정책과 관련된 모든 문제에서 의견을 같이하지는 않겠지만 말이다.

나는 아랍인들이나 아프리카인들이 낙후된 운명을 타고났다고 믿지 않는다. 마찬가지로 이슬람의 정통 교리가 모든 무슬림의 본성에 깊이 배어 있다고도 생각하지 않는다. 또한 이슬람 세계가 폭력의 악순환에서 영원히 헤어 나오지 못할 거라고 믿지 않으며, 이슬람 정설의 수호자인 성직자들이 기존 상황에 대해 고조되는 불만을 잠재울 만큼 능력이 탁월하다고도 생각하지 않는다.

나는 모든 인간의 양심은 물론 이성의 힘을 믿는다. 그 믿음에는 당연히 무슬림도 포함된다. 하지만 오늘날 일부 무슬림은 자신의 양심을 무시한 채 보코 하람이나 IS 같은 조직에 몸담고 텍스트가 지시한 내용과 편협한 종교 교리를 맹목적으로 따르고 있다.

무슬림들이 이슬람과 샤리아의 이름으로 저지른 비양심적이고 반이성적인 범죄는 이미 이슬람 경전과 교리, 율법에 대한 재검토로 이어지고 있다. 잔혹한 폭력이 미래의 개혁가들을 수없이 위협하더라도 그 과정이 중단되어서는 안 된다. 마침내 인간의 이성과 양심이 승리할 것이기 때문이다.

또한 이슬람 개혁이라는 힘겨운 과제를 수행하는 반체제 인사들과 개혁가들에게 서구 사회는 아낌없는 지원을 제공해야 한다. 반체제 인사들과 개혁가들 사이에도 수많은 의견 충돌이 벌어지게 마련이다. 하지만 개혁을 이루지 못한다면 현재의 이슬람은 타당한 윤리적 기반을 마련할 수도 없고, 신과의 관련성에서 아무런 힘을 발휘할 수도 없을 거라는 우려가 그들을 하나로 결집시킨다. 알 딘의 말을 다시 한 번 되풀이하자면 다음과 같다.

우리는 역사적 상황을 미화하지 말아야 한다. 또한 이슬람이 동정과 평화의 종교라고 말해서도 안 되며 모든 것이 다 잘되고 있다고 안심해서도 안 된다.

정말 그렇다. 이런 말을 소리 내서 할 수 있다는 사실이 내가 이슬람 개혁이 시작됐다고 믿는 이유 중 하나다.

서론: 이슬람과 세 부류의 무슬림

1.   Sarah Fahmy, "Petition: Speak Out Against Honoring Ayaan Hirsi Ali at Brandeis' 2014 Commencement." https://www.change.org/p/brandeis-university-administration-speak-out-against-honoring-ayaan-hirsi-ali-at-brandeis-2014-commencement.

2.   같은 글.

3.   브랜다이스대학교 교수진이 히르시 알리와 관련해 로렌스 총장에게 보낸 서한, 2014년 4월 6일. https://docs.google.com/document/d/1M0AvrWuc3V0nMFqRDRTkLGpAN 7IeSZfxo3y1msEyEJM/edit?pli =1.

4.   테오 반 고흐의 몸에서 발견된 편지, 2004년. http://vorige.nrc.nl/krant/article1584 015. ece.

5.   Asra Nomani, "The Honor Brigade," *Washington Post*, January 16, 2015. http://www.washingtonpost.com/opinions/meet-the-honor-brigade-an-organized-campaign-to-silence-critics-of-islam/2015/01/16/0b002e5a-9aaf-11e4-a7ee-

526210d665b4_story.html.

6. Soren Seelow, "It's Charlie, Hurry, They're All Dead," *Le Monde*, January 13, 2015. http://www.lemonde.fr/societe/article/2015/01/13/c-est-charlie-venez-vite-ils-sont-tous-morts_4554839_3224.html.

7. Norman Cohn, *The Pursuit of the Millennium: Revolutionary Millenarians and Mystical Anarchists of the Middle Ages* (New York: Oxford University Press, 1957).

8. Pew Research Center, "The World's Muslims: Religion, Politics and Society," 2013. http://www.pewforum.org/2013/04/30/the-worlds-muslims-eligion-politics-society-overview/.

9. Kevin Sullivan, "Three American Teens, Recruited Online, Are Caught Trying to Join the Islamic State," *Washington Post*, December 8, 2014. http://www.washingtonpost.com/world/national-security/three-american-teens-recruited-online-are-aught-trying-to-join-the-islamic-state/2014/12/08/8022e6c4-7afb-11e4-84d4-7c896b90abdc_story.html.

10. UN안전보장이사회 7316차 회의, 2014년 11월 19일. http://www.un.org/press/en/2014 /sc11656.doc.htm. Spencer Ackerman, "Foreign Jihadists Flocking to Syria on 'Unprecedented Scale'—UN," 참조. *Guardian*, October 30, 2014. http://www.theguardian.com/world/2014/oct/30/foreign-jihadist-iraq-syria-unprecedented-un-isis.

11. "It Ain't Half Hot Here, Mum: Why and How Westerners Go to Fight in Syria and Iraq," *Economist*, August 30, 2014. http://www.economist.com/news/middle-east-and-africa/21614226-why-and-how-westerners-go-fight-syria-and-iraq-it-aint-half-hot-here-mum.

12. Pew Research Center, "The Future of the Global Muslim Population: Projections for 2010–2030," 2011.

13. Pew Research Center, "The World's Muslims: Religion, Politics and Society," 2013.

14. Pew Research Center, "Survey Topline Results" 참조. 배교(Q92b), 신에 대한 믿음(Q16), 개종 의무(Q52), 신의 말씀을 계시한 샤리아(Q66), 종교 지도자의 영향(Q15), 서구의 예술 및 연예(Q26), 일부다처제(84b), 명예살인(Q54), 자살폭탄(Q89), 이혼(Q77), 기독교도와 결혼하는 딸(Q38). http://www.pewforum.org/files/2013/04/worlds-muslims-religion-politics-society-topline1.pdf.

1장: 어느 이단자 이야기

1. Sohrab Ahmari, "Inside the Mind of the Western Jihadist," *Wall Street Journal*, August 30, 2014. http://www.wsj.com/articles/SB20001424052970203977504580115831289875638.
2. 같은 글.
3. Michele McPhee, "Image Shows Dzhokhar Tsarnaev's Last Message Before Arrest," ABC News, April 17, 2014. http://abcnews.go.com/Blotter/image-shows-dzhokhar-tsarnaevs-messagearrest/story?id=23335984&page=2.
4. Ahmari, "Inside the Mind of the Western Jihadist."

2장: 이슬람 세계에 그동안 개혁이 없었던 이유

1. Nonie Darwish, "Qaradawi: If They[Muslims] Had Gotten Rid of the Punishment for Apostasy, There Would Be No Islam Today," February 5, 2013. http://www.gatestoneinstitute.org/3572/islam-apostasy-death. 최초의 영상은 https://www.youtube.com/watch?v=tB9UdXAP82o 참조.
2. Pew Research Center, "In 30 Countries, Heads of State Must Belong to a Certain Religion," 2014. http://www.pewresearch.org/fact-tank/2014/07/22/in-30-countries-heads-of-state-must-belong-to-a-certain-religion/.
3. Daniel Philpott, *Revolutions in Sovereignty: How Ideas Shaped Modern International Relations* (Princeton: Princeton University Press, 2001), p. 81.
4. Albert Hourani, *Arabic Thought in the Liberal Age, 1798–1939* (Cambridge: Cambridge University Press, 1983), p. 247.
5. Roxanne Euben and Muhammad Qasim Zaman이 편찬한 *Princeton Readings in Islamist Thought* 중에서 "Hassan al-Banna" (Princeton: Princeton University Press, 2009), pp. 49–55 참조.
6. Hourani, *Arabic Thought in the Liberal Age*, p. 8.
7. Sahih al-Bukhari, volume 8, book 76, no. 437.
8. Ella Landau-Tasseron, "The 'Cyclical Reform': A Study of the Mujaddid Tradition," *Studia Islamica* 70 (1989), pp. 79–117.
9. David Bonagura, "Faith and Emotion," *The Catholic Thing*, February 6, 2014. http://thecatholicthing.org/2014/02/06/faith-and-emotion/.
10. Elizabeth Flock, "Saudi Blogger's Tweets about Prophet Muhammad Stir

Islamists to Call for His Execution," *Washington Post*, February 9, 2012. http://www.washingtonpost.com/blogs/worldviews/post/saudi-bloggers-tweets-about-prophet-muhammad-stir-islamists-to-call-for-his-execution/2012/02/09/gIQATqbc1Q_blog.html.

11. 같은 글.

12. Pew Research Institute, "Concerns about Islamic Extremism on the Rise in Middle East," 2014. http://www.pewglobal.org/2014/07/01/concerns-about-islamic-extremism-on-the-rise-in-middle-east/.

13. Raymond Ibrahim, "Egypt's Sisi: Islamic 'Thinking' Is 'Antagonizing the Entire World,'" January 1, 2015. http://www.raymondibrahim.com/from-the-arab-world/egypts-sisi-islamic-thinking-is-antagonizing-the-entire-world/.

14. Shmuel Sasoni, "Son's Suicide Is Rohani's Dark Secret," *Ynet Middle East*, June 18, 2013. http://www.ynetnews.com/articles/0,7340,L-4393748,00.html.

3장: 무함마드와 꾸란

1. Ernest Gellner, *Muslim Society* (Cambridge: Cambridge University Press, 1981), p. 1.

2. Sahih Muslim, book 19, nos. 4464, 4465, 4466, 4467.

3. Gerhard Bowering이 편찬한 *The Princeton Encyclopedia of Islamic Political Thought* 중에서 "Muhammad(570–632)" (Princeton: Princeton University Press, 2013), pp. 367–375.

4. Yusufali가 번역한 Qur'an. University of Southern California Center for Muslim-Jewish Engagement. http://www.usc.edu/org/cmje/religious-texts/quran/verses/033-qmt.php.

5. Philip Carl Salzman, "The Middle East's Tribal DNA." *Middle East Quarterly* (2008), pp. 23–33.

6. Philip Carl Salzman, *Culture and Conflict in the Middle East* (Amherst: Humanity Books, 2008).

7. *The Princeton Encyclopedia of Islamic Political Thought* 중에서 "Muhammad (570–632)". 사전 편찬자이자 예일대에서 이슬람을 연구하고 있는 Gerhard Bowering 교수는 아랍 부족에서 무슬림 종족으로 변환되는 전통에 대해 다음과 같이 간추려 말했다. "유목민의 습격이나 부족 간의 유혈충돌에 사용된 아랍 부족의 에너지가 역사상 처음으로 통합된 정치 조직의 건설이라는 공동의 목표에 집중됐다."

8. 같은 책, Patricia Crone, "Traditional Political Thought," p. 559.

9. Sahih Bukhari, book 53(Khumus) and book 59(Al-Maghaazi) 참조. University of Southern California Center for Muslim-Jewish Engagement. http://www.usc.edu/org/cmje/religious-texts/hadith/bukhari/.

10. Antony Black, *The History of Islamic Political Thought* (Edinburgh: Edinburgh University Press, 2001).

11. Patricia Crone, *God's Rule: Government and Islam* (New York: Columbia University Press, 2004), p. 10.

12. 이슬람 역사에서 결정론에 대한 분석을 살펴보려면 Andrew Rippin이 편찬한 *The Islamic World* 중에서 Suleiman Ali Mourad의 "Free Will and Predestination" (New York: Routledge, 2008), p. 179–190을 참조하라.

13. 같은 책.

14. Tawfik Hamid, "Does Moderate Islam Exist?" *Jerusalem Post*, September 14, 2014. http://www.jpost.com/Experts/Does-moderate-Islam-exist-375316.

15. 같은 글.

16. 같은 글.

17. Jane Dammen McAuliffe가 편찬한 *The Cambridge Companion to the Quran* 중에서 Yahya Michot의 "Revelation" (Cambridge: Cambridge University Press, 2006), pp. 180–196. 18 참조.

18. 같은 책, Harald Motzki, "Alternative Accounts of the Quran's Formation," p. 60 참조.

19. John Wansbrough, *Quranic Studies: Sources and Methods of Scriptural Interpretation* (Oxford: Oxford University Press, 1977) and *The Sectarian Milieu: Content and Composition of Islamic Salvation History* (Oxford: Oxford University Press, 1978).

20. Fred Donner, "The Historical Context," in *The Cambridge Companion to the Qur'an*, pp. 23–40.

21. 같은 책, Claude Gilliot, "Creation of a Fixed Text," pp. 41–58.

22. Ibn Warraq가 편찬한 *The Origins of the Quran: Classic Essays on Islam's Holy Book* 중에서 Arthur Jeffery의 "Abu 'Ubaid on the Verses Missing from the Quran" (Amherst: Prometheus Books, 1998, pp. 150–154) 참조.

23. Toby Lester, "What Is the Quran?" *Atlantic*, January 1, 1999. http://www.theatlantic.com/magazine/archive/1999/01/what-is-the-Quran/304024/.

24. Motzki, "Alternative Accounts of the Quran's Formation," pp. 59–75.

25. Michael Cook, "The Collection of the Quran," in *The Quran: A Short Introduction* (Oxford: Oxford University Press, 2000), pp. 119–126.

26. Malise Ruthven, *Islam in the World* (Oxford: Oxford University Press, 2006), p. 81.

27. 같은 책.

28. Ibn Warraq가 편찬한 *Which Quran? Variants, Manuscripts, Linguistics* 중에서 "Introduction" (Amherst: Prometheus Books, 2011), p. 44 참조. Ibn Warraq는 Abul A'la Mawdudi의 *Towards Understanding Islam* (Gary, IN: International Islamic Federation of Student Organizations, 1970)을 참조했다.

29. Raymond Ibrahim, "How Taqiyya Alters Islam's Rules of War," *Middle East Quarterly* (2010), pp. 3–13. http://www.meforum.org/2538/taqiyya-islam-rules-of-war.

30. David Bukay, "Peace or Jihad? Abrogation in Islam," *Middle East Quarterly* (2007), pp. 3–11.

31. Raymond Ibrahim, "Ten Ways Islam and the Mafia Are Similar," 2014. http://www.raymondibrahim.com/islam/ten-ways-the-mafia-and-islam-are-similar/.

32. Bukay, "Peace or Jihad? Abrogation in Islam."

33. Andrew Higgins, "The Lost Archive: Missing for a Half Century, a Cache of Photos Spurs Sensitive Research on Islam's Holy Text," *Wall Street Journal*, January 12, 2008. http://online.wsj.com /articles/SB120008793352784631.

34. 같은 글.

35. Michael Cook, *The Quran: A Short Introduction* (Oxford: Oxford University Press, 2000), pp. 77, 80, 95, 127.

36. 같은 책, p. 79.

37. David Cook, *Understanding Jihad* (Los Angeles: University of California Press, 2005), p. 43.

38. 같은 책, p. 32.

39. 같은 책, p. 42.

40. Mariam Karouny, "Apocalyptic Prophecies Drive Both Sides to Syrian Battle for End of Time," Reuters, April 1, 2014. http://www.reuters.com/article/2014/04/01/us-syria-crisis-prophecy-insight-idUSBREA3013420140401.

41. 같은 글.

42. Ali Khan and Hisham Ramadan, *Contemporary Ijtihad: Limits and Controversies* (Edinburgh: Edinburgh University Press, 2011), p. 36.

43. Christina Phelps Harris, *Nationalism and Revolution in Egypt* (New York: Hyperion Press, 1981 [1964]), p. 111.

44. Jason Burke, "Taliban Prepare for Civilian Rule," *Independent*, August 21, 1998. http://www.independent.co.uk/news/taliban-prepare-for-civilian-rule-1173015.html.

45. Mahmoud Mohamed Taha, *The Second Message of Islam* (Syracuse: Syracuse University Press, 1987).

4장: 죽음을 사랑하는 사람들

1. Kevin Sullivan, "Three American Teens, Recruited Online, Are Caught Trying to Join the Islamic State," *Washington Post*, December 8, 2014. http://www. washingtonpost.com/world/national-security/three-american-teens-recruited-online-are-caught-trying-to-join-the-islamic-state/2014/12/08/8022e6c4-7afb-11e4-84d4-7c896b90abdc_story.html.
2. 같은 글.
3. 같은 글.
4. Asma Afsaruddin, "Martyrdom," in *The Prince ton Encyclopedia of Islamic Political Thought*, p. 329.
5. Imam Al-Ghazzali, *Ihya Ulum-id-Din* (Karachi: Darul-Ishaat), vol. 4, p. 428.
6. Jane Idleman Smith and Yvonne Yazbeck Haddad, "The Special Case of Women and Children in the Afterlife," in *The Islamic Understanding of Death and Resurrection* (Albany: SUNY Press, 1981), pp. 157–182.
7. Sheikh Muhammad Hassan의 설교 동영상, 13분 34초. https://www.youtube.com/watch?v=7i92a3oKkGk.
8. Harold Coward가 편찬한 *Life After Death in World Religions* 중에서 Terence Penelhum, "Christianity" (Maryknoll: Orbis, 1997), pp. 31–47 참조.
9. Thomas Hegghammer, "Suicide," in *The Prince ton Encyclopedia of Islamic Political Thought*, pp. 530–531.
10. Sullivan, "Three American Teens."
11. John Estherbrook, "Salaries for Suicide Bombers," CBS News, April 3, 2002. http://www.cbsnews.com/news/salaries-for-suicide-bombers/.
12. MEMRI, "Gaza Lecturer Subhi Al-Yazji: Suicide Bombers Are Motivated by Islamic Faith, Not Financial Need or Brainwashing," 2014. http://www.memri.org/clip_transcript/en/4318.htm.
13. Itamar Marcus, "Islamic Law and Terror in Palestinian Authority Ideology," Palestinian Media Watch, 2002. http://www.palwatch.org/main.aspx?fi=155&doc_id=2321.
14. Raphael Israeli, *Islamikaze: Manifestations of Islamic Martyrology* (New York:

Routledge, 2003), p. 216.

15. Al-Risala, July 7, 2001.

16. Palestinian Media Watch, January 1, 2006.

17. Palestinian Media Watch, "Success of Shada Promotion," 2006. http://palwatch.org/main.aspx?fi=635&fld_id=635&doc_id=1109.

18. Palestinian Media Watch, "Martyrs Rewarded with 72 Virgins," 2004. http://palwatch.org/main.aspx?fi=565.

19. MEMRI, "Ten-Year-Old Yemeni Recites Poetry about the Liberation of Jerusalem," 2010. http://www.memritv.org/clip_transcript/en/2723.htm.

20. Drew Hinshaw, "Children Enlist in African Religious Battles," *Wall Street Journal*, July 1, 2014.

21. http://www.thedailybeast.com/articles/2014/08/06/the-isis-online-campaign-luring-western-girls-to- jihad.html.

22. Shamim Siddiqi, *Methodology of Dawah Il Allah in American Perspective* (Brentwood: International Graphic, 1989), chapter 3, p. 33.

23. James Burke, *The Day the Universe Changed* (New York: Hachette, 1985), p. 38.

24. Albert Hourani, *Arabic Thought in the Liberal Age*, 1798–1939 (Cambridge: Cambridge University Press, 1983), pp. 41–42.

25. Maribel Fierro, "Heresy and Innovation," in *The Princeton Encyclopedia of Islamic Political Thought*, pp. 218–19.

26. Shahid Masood on ARY Digital 측이 Zakir Naik과 진행한 TV 인터뷰. https://www.youtube.com /watch?v=6jYUL7eBdHg.

27. "Open Letter to Al-Baghdadi and to the Fighters and Followers of the Self-Declared 'Islamic State,'" 2014. http://www.lettertobaghdadi.com/.

28. Timur Kuran, *The Long Divergence: How Islamic Law Held Back the Middle East* (Princeton: Princeton University Press, 2011).

5장: 샤리아의 족쇄

1. Harriet Alexander, "Meriam Ibrahim 'Should Be Executed,' Her Brother Says," Telegraph, June 5, 2014. http://www.telegraph.co.uk/news/worldnews/africaandindianocean/sudan/10877279/Meriam-Ibrahim-should-be-executed-her-rother-says.html.

2. Ernest Gellner, *Muslim Society* (Cabridge: Cambridge University Press, 1988), p. 1.

3. Patricia Crone, *God's Rule: Government and Islam* (New York: Columbia University Press, 2004), p. 287.

4. Ernest Gellner, *Muslim Society*, p. 1.

5. Dan Diner, *Lost in the Sacred: Why the Muslim World Stood Still* (Princeton: Princeton University Press, 2009).

6. 같은 책.

7. http://www.cnn.com/2015/01/21/middleeast/saudi-beheading-video/.

8. BBC, "What Are Pakistan's Blasphemy Laws?" November 6, 2014. http://www.bbc.com/news /world-south-asia-12621225.

9. Nurdin Hasan, "Aceh Government Removes Stoning Sentence from Draft Bylaw," *Jakarta Post*, March 12, 2013. http://thejakartaglobe.beritasatu.com/news/aceh-government-removes-stoning- sentence-from-draft-bylaw/.

10. Richard Edwards, "Sharia Courts Operating in Britain," *Telegraph*, September 14, 2008. http://www.telegraph.co.uk/news/uknews/2957428/Sharia-law-courts-operating-in-Britain.html.

11. Maryam Namazie, "What Isn't Wrong with Shariah Law?" *Guardian*, July 5, 2010. http://www.theguardian.com/law/2010/jul/05/sharia-law-religious-courts.

12. Ruud Koopmans, "Fundamentalism and Out-Group Hostility: Immigrants and Christian Natives in Western Europe," WZB Berlin, 2013. http://www.wzb.eu/sites/default/files/u6/koopmans_englisch _ed.pdf.

13. Alex Schmid, "Violent and Non-violent Extremism: Two Sides of the Same Coin?" ICCT Research Paper, The Hague, 2014, p. 8.

14. Ahmad ibn Nagil al-Misri, *Reliance of the Traveller: A Classical Manual of Islamic Sacred Law* (Beltsville: Amana, 1997), F 5.3.

15. 같은 책, M 10.12, p. 541.

16. 같은 책, M 3.13, M 3.15.

17. Richard Antoun, "On the Modesty of Women in Arab Muslim Villages: A Study in the Accommodation of Traditions," *American Anthropologist* 70 (4): 671–697.

18. Phyllis Chesler, "Are Honor Killings Simply Domestic Violence?" *Middle East Quarterly*, 2009, pp. 61–69.

19. Aymenn Jawad Al-Tamimi, "The Problem of Honor Killings," *Foreign Policy Journal*, September 2010. http://www.foreignpolicyjournal.com/2010/09/13/the-problem-of-honor-killings/.

20. Yotam Feldner, "'Honor' Murders—Why the Perps Get Off Easy," *Middle East Quarterly*, 2000, pp. 41–50. http://www.meforum.org/50/honor-murders-why-

the-perps-get-off-easy 참조.

21. MEMRI, "Egyptian Cleric Sa'd Arafat: Islam Permits Wife Beating Only When She Refuses to Have Sex with Her Husband, 2010." http://www.memritv.org/clip_transcript/en/2600.htm.

22. Brian Whitaker, "From Discrimination to Death—Being Gay in Iran," *Guardian*, December 15, 2010. http://www.theguardian.com/commentisfree/2010/dec/15/gay-iran-mahmoud-ahmadinejad.

23. IRQO, *The Violations of the Economic, Social, and Cultural Rights of Lesbian, Gay, Bisexual, and Transgender (LGBT) Persons in the Islamic Republic of Iran*, 2012. http://www2.ohchr.org/English/ bodies/cescr/docs/ngos/JointHeartlandAlliance_IRQO_IHRC_Iran_CESCR50.pdf. Vanessa Barford, "Iran's 'Diagnosed Transsexuals,'" BBC, February 25, 2008 참조. http://news.bbc.co.uk/2/hi/7259057.stm.

24. Pew Research Forum, "The World's Muslims: Religion, Politics and Society," 2013. http://www.pewforum.org/2013/04/30/the-worlds-muslims-religion-politics-society-overview/.

25. Daniel Howden, "'Don't Kill Me,' She Screamed. Then They Stoned Her to Death," *Independent*, November 9, 2008. http://www.independent.co.uk/news/world/africa/dont-kill-me-she-screamed-then-they-stoned-her-to-death-1003462.html.

26. Betty Friedan, *The Feminine Mystique* (New York: Norton, 1997), p. 144.

6장: 통제는 가정에서 시작된다

1. Michael Cook, *Forbidding Wrong in Islam: A Short Introduction* (Cambridge: Cambridge University Press, 2003), p. 147.

2. Patricia Crone, *God's Rule: Government in Islam* (New York: Columbia University Press, 2004), pp. 300–301.

3. Ben Quinn, "'Muslim Patrol' Vigilante Pleads Guilty to Assaults and Threats," *Guardian*, October 13, 2013. http://www.theguardian.com/uk-news/2013/oct/18/muslim-patrol-vigilante-guilty-assault.

4. "Locals Concerned as 'Sharia Police' Patrol Streets of German City," *Deutsche Welle*, 2014. http://www.dw.de/locals-concerned-as-sharia-police-patrol-streets-of-german-city/a-17904887.

5. Pakistan Human Rights Commission, *State of Human Rights in 2013*. www.hrcp-web.org/hrcpweb/report14/AR2013.pdf.

6. Terrence McCoy, "In Pakistan, 1,000 Women Die in 'Honor Killings' Annually. Why Is This Happening?" *Washington Post*, May 28, 2014. http://www.washingtonpost.com/news/morning-mix/wp/2014/05/28/in-pakistan-honor-killings-claim-1000-women-lives-annually-why-is-this-still-happening/.

7. Aymenn Jawad, Al-Tamimi, "The Problem of Honor Killings," *Foreign Policy Journal*, September 2010. http://www.foreignpolicy.com/2010/09/13/the-problem-of-honor-killings.

8. Dawood Azami, "Controversy of Apostasy in Afghanistan," BBC, January 14, 2014. http://www.bbc.com/news/world-asia-25732919.

9. Jeffrey Goldberg, "The Modern King in the Arab Spring," *Atlantic*, April 2013. http://www.theatlantic.com/magazine/archive/2013/04/monarch-in-the-middle/309270/?single_page =true.

10. 같은 글.

11. Michael Cook, *Forbidding Wrong in Islam*, pp. 114–115, 122.

12. Patricia Crone, "Traditional Political Thought," in *The Prince ton Encyclopedia of Islamic Political Thought*, pp. 554–60.

13. Kathy Gilsinan, "The ISIS Crackdown on Women, by Women," *Atlantic*, July 25, 2014. http://www.theatlantic.com/international/archive/2014/07/the-women-of-isis/375047/.

14. Nadya Labi, "An American Honor Killing: One Victim's Story," *Time*, February 25, 2011. http://content.time.com/time/nation/article/0,8599,2055445,00.html.

15. "Brother of Slain Girls Defends Father at Vigil," NBC News, March 9, 2008. http://www.nbc5i.com/newsarchive/15546408/detail.html.

16. Oren Yaniv, "Pakistani Man Gets 18 Years to Life for Beating Wife to Death After She Made Lentils for Dinner," July 9, 2014. http://www.nydailynews.com/new-york/nyc-crime/pakistani-man-18-years-life-beating-wife-death-made-lentils-dinner-article-1.1860459.

17. "Derby Gay Death Call Leaflet Was 'Muslim Duty,'" BBC, January 12, 2012. http://www.bbc.com/news/uk-england-derbyshire-16581758.

18. Kunal Dutta, "ISIS Suicide Bomber from Derby Thought to Have Killed Eight in Iraq 'Could Have Been Brainwashed,'" *Independent*, November 9, 2014. http://www.independent.co.uk/news /world/middle-east/isis-suicide-bomber-from-derby-kills-eight-in-iraq-9849307.html.

19. James Harkin, "Inside the Mind of a British Suicide Bomber," *Newsweek*, November 21, 2014. http://www.newsweek.com/2014/11/21/inside-frenzied-mind-british-suicide-bomber-283634.html.

20. "Muslim Radio Station Fined for Saying People Should Be Tortured," *Daily Telegraph*, November 23, 2012. http://www.telegraph.co.uk/news/religion/9698967/Muslim-radio-station-fined-for-saying-gay-people-should-be-tortured.html.

21. 같은 글.

7장: 지하드

1. Capital Bay News, "Lee Rigby Trial Updates," 2013. http://www.capitalbay.com/news/432534-live-lee-rigby-trial-updates-as-michael-adebolajo-and-michael-adebowale-stand-accused-of-woolwich-soldier-murder.html.

2. "Text from Dzokhar Tsarnaev's Note Written in Watertown Boat," *Boston Globe*, May 22, 2014. http://www.bostonglobe.com/metro/2014/05/22/text-from-dzhokhar-tsarnaev-note-left-watertown-boat/KnRIeqqr95rJQbAbfnj5EP/story.html.

3. 같은 글.

4. Katherine C. Gorka and Patrick Sookhdeo가 편찬한 *Fighting the Ideological War: Winning Strategies from Communism to Islamism* 중에서 Sebastian L. v. Gorka, "The Enemy Threat Doctrine of Al Qaeda: Taking the War to the Heart of Our Foe" (McLean: Isaac Publishing, 2012), pp. 198–201 참조.

5. David Cook, *Understanding Jihad* (Los Angeles: University of California Press, 2005), pp. 32–33.

6. Rajia Aboulkeir, "Meet Islam Yaken, a Cosmopolitan Egyptian Who Turned into ISIS Fighter," *Al-Arabiya*, August 3, 2014. http://english.alarabiya.net/en/variety/2014/08/03/Meet-Islam-Yaken-a-cosmopolitan-Egyptian-who-turned-into-ISIS-fighter-.html.

7. Hamas, "Boy Vows to Join Father in Martyrs' Paradise," 2009. http://palwatch.org /main.aspx?fi=585&fld_id=633&doc_id=2789.

8. AIVD, *The Transformation of Jihadism in the Netherlands: Swarm Dynamics and New Strength* (The Hague, 2014). https://www.aivd.nl/english/publications-press/@3139/transformation-0/.

9. Bart Olmer, "Threat of Jihadists Greater Than Ever," *De Telegraaf*, June 30, 2014.

10. 같은 글.

11. 같은 글.

12. Pew Research Institute, "Muslim Americans: Middle Class and Mostly Mainstream," 2007, p. 6.

13. Pew Research Institute, "Muslim Americans: No Signs of Growth in Alienation or Support for Extremism," 2011, p. 4.

14. Dominic Evans, "Exiled Cleric Who Taught UK Knifeman Praises Courage," Reuters, May 24, 2013. http://www.reuters.com/article/2013/05/24/us-britain-killing-bakri-idUSBRE94N0D920130524.

15. Patricia Crone, "Traditional Islamic Political Thought," in *The Princeton Encyclopedia of Islamic Political Thought*.

16. Human Rights Watch, "Nigeria: Boko Haram Kills 2,053 Civilians in 6 Months," July 15, 2014. http://www.hrw.org/news/2014/07/15/nigeria-boko-haram-kills-2053-civilians-6-months.

17. UNHCR. 2015 UNHCR Country Operations Profile. http://www.unhcr.org/pages/4e43cb466.html.

18. Pew Research Center, "Global Christianity: A Report on the Size and Distribution of the World's Christian Population," 2011, p. 64.

19. André Aciman, "After Egypt's Revolution, Chris tians Are Living in Fear," *New York Times*, November 19, 2011. http://www.nytimes.com/2011/11/20/opinion/sunday/after-egypts-revolution-christians-are-living-in-fear.html.

20. Richard Spencer, "Egypt's Coptic Chris tians Fleeing Country After Islamist Takeover," *Telegraph*, January 13, 2013. http://www.telegraph.co.uk/news/worldnews/africaandindianocean/egypt/9798777/Egypts-Coptic-Christians-fleeing-country-after-Islamist-takeover.html.

21. Nina Shea, Paul Marshall, and Lela Gilbert, *Saudi Arabia's Curriculum of Intolerance, with Excerpts from Saudi Ministry of Education Textbooks for Islamic Studies* (Washington, D.C.: Hudson Institute Center for Religious Freedom and the Institute for Gulf Affairs, 2008), pp. 7, 43. http://www.hudson.org/content/researchattachments/attachment/656/saudi_textbooks_final.pdf.

22. "UK Jihad Fighter in Downing Street Flag Threat," *Scotsman*, July 5, 2014. http://www.scotsman.com/mobile/news/uk/uk-jihad-fighter-in-downing-street-flag-threat-1-3467362.

23. Mark Townsend, "British Muslims' Right to Fight in Syria Backed by an Ex-Adviser on Radicalization," *Guardian*, June 28, 2014. http://www.theguardian.

com/uk-news/2014/jun/28/british-jidahis-syria-defended.

24. Nadim Roberts, "The Life of a Jihadi Wife: Why One Canadian Woman Joined ISIS's Islamic State," CBC, July 7, 2014. http://www.cbc.ca/news/world/the-life-of-a-jihadi-wife-why-one-canadian-woman-joined-isis-s-islamic-state-1.2696385.

25. Press Association, "British Jihadist Warns of 'Black Flag of Islam' over Downing Street," *Guardian*, July 4, 2014. http://www.theguardian.com/uk-news/2014/jul/04/british-jihadi-black-flag-islam-downing-street.

26. 같은 글.

27. Jessica Stern, "Mind over Martyr: How to Deradicalize Islamic Extremists," *Foreign Affairs*, January/February 2010.

28. Elizabeth Dickinson, "Rise of IS Elicits Soul Searching in Arab Gulf, a Source of Funds and Fighters," *Christian Science Monitor*, October 13, 2014. http://www.csmonitor.com/World/Middle-East/2014/1013/Rise-of-IS-elicits-soul-searching-in-Arab-Gulf-a-source-of-funds-and-fighters.

29. Staff, "British Jihadists Urge Their 'Brothers' to Join War," *Times of Israel*, June 21, 2014. http://www.timesofisrael.com/british-citizens-urge-their-brothers-to-join-jihad/.

30. Helen Davidson, "ISIS Instructs Followers to Kill Australians and Other 'Disbelievers,'" *Guardian*, September 23, 2014. http://www.theguardian.com/world/2014/sep/23/islamic-state-followers-urged-to–launch-attacks-against-australians.

31. David Cook, *Understanding Jihad* and *Martyrdom in Islam* (Cambridge: Cambridge University Press, 2007).

8장: 관용의 황혼기

1. Adam Wolfson, *Persecution or Toleration: An Explication of the Locke-Proast Quarrel, 1689–1704* (Lanham, MD: Lexington Books, 2010).

2. John Locke, *The Second Treatise of Government and a Letter Concerning Toleration* (Mineola, NY: Dover Publications, 2002).

3. Patrick Kingsley, "80 Sexual Assaults in One Day—the Other Story of Tahrir Square," *Guardian*, July 5, 2013. http://www.theguardian.com/world/2013/jul/05/egypt-women-rape-sexual-assault-tahrir-square.

4. UNICEF, *Female Genital Mutilation/Cutting: A Statistical Overview and Exploration of the Dynamics of Change*, 2013. http://www.unicef.org/publications/index_69875.html.

5. Ali Khan and Hisham Ramadan, *Contemporary Ijtihad: Limits and Controversies* (Edinburgh: Edinburgh University Press, 2011), p. 59.

6. Maribel Fierro, "Heresy and Innovation," in *The Princeton Encyclopedia of Islamic Political Thought* (Prince ton: Prince ton University Press, 2013), pp. 218–219.

7. Einah, "An Open Letter to Ben Affleck," *Pakistan Today*, October 25, 2014. http://www.pakistantoday.com.pk/2014/10/25/comment/an-open-letter-to-ben-affleck/.

8. Michael Warner, "Origins of the Congress for Cultural Freedom," *Studies in Intelligence* 38, no. 5 (1995). Peter Coleman, *The Liberal Conspiracy: The Congress for Cultural Freedom and the Struggle for the Mind of Postwar Europe* (New York: Free Press, 1989) 참조.

9. Hilton Kramer, "What Was the Congress for Cultural Freedom?" *New Criterion*, 1990. http://www.newcriterion.com/articles.cfm/What-was-the-Congress-for-Cultural-Freedom-5597.

10. Angel Rabasa, Cheryl Bernard, Lowell Schwartz, and Peter Sickle, *Building Moderate Muslim Networks* (Arlington: RAND Corporation, 2007), pp. 17–18. http://www.rand.org/pubs/monographs /MG574.html.

11. Frances Saunders, *The Cultural Cold War: The CIA and the World of Arts and Letters* (New York: Free Press, 1999), p. 89.

12. Barton Gellman and Greg Miller, "'Black Budget' Summary Details U.S. Spy Network's Successes, Failures and Objectives," *Washington Post*, August 29, 2013. http://www.washingtonpost.com /world/national-security/black-budget-summary-details-us-spy-networks-successes-failures-and-objectives/2013/08/29/7e57bb78-10ab-11e3-8cdd-bcdc09410972_story.html.

13. Joseph Stiglitz and Linda Bilmes, *The Three Trillion Dollar War: The True Cost of the Iraq Conflict* (New York: W. W. Norton, 2008) and Joseph Stiglitz, "The Price of 9/11," *Project Syndicate*, 2011. http://www.project-syndicate.org/commentary/the-price-of-9-11.

결론: 이슬람 개혁에 관하여

1. Quoted in Thomas Friedman, "How ISIS Drives Muslims from Islam," *New York Times*, December 6, 2014.
2. Malala Yousafzai, "Malala Yousafzai: 'Our Books and Our Pens Are the Most Powerful Weapons,' Address to the United Nations," *Guardian*, July 12, 2013. http://www.theguardian.com/commentisfree/2013/jul/12/malala-yousafzai-united-nations-education-speech-text.
3. Yousef Al-Otaiba, "The Moderate Middle East Must Act," *Wall Street Journal*, September 9, 2014. http://www.wsj.com/articles/yousef-al-otaiba-the-moderate-middle-east-must-act-1410304537.
4. 같은 글.
5. Meir Hatina가 편찬한 *Guardians of Faith in Modern Times: Ulama in the Middle East* 중에서 Muhammad Abu Samra, "Liberal Critics, 'Ulama' and the Debate on Islam in the Contemporary World" (Leiden: Brill, 2008), pp. 265–291 참조.
6. Geneive Abdo, *No God but God: Egypt and the Triumph of Islam* (Oxford: Oxford University Press, 2000), p. 68.
7. 같은 책.
8. S. S. Hasan, *Christians versus Muslims in Modern Egypt: The Century-Long Struggle for Coptic Equality* (Oxford: Oxford University Press, 2003), pp. 176–177.
9. Geneive Abdo, *No God but God*.
10. Zeyno Baran이 편찬한 *The Other Muslims: Moderate and Secular* 중에서 Yunis Qandil, "Euro-Islamists and the Struggle for Dominance within Islam" (New York: Palgrave Macmillan, 2010), pp. 33–55 및 Hedieh Mirahmadi, "Navigating Islam in America" pp. 17–32 참조.
11. Katherine C. Gorka and Patrick Sookhdeo가 편찬한 *Fighting the Ideological War: Winning Strategies from Communism to Islamism* 중에서 "The Enemies of the Muslims According to the Global Islamic Resistance" 및 "Islamism and Totalitarianism: The Challenge of Comparison" (McLean: Isaac Publishing, 2012), p. 75 참조.
12. Patricia Crone의 *God's Rule*, p. 303에서 인용.
13. Geert Jan van Gelder and Gregor Schoeler가 번역한 Abul 'Ala' Al-Ma'arri[11th century], *The Epistle of Forgiveness: A Vision of Heaven and Hell* (New York: New York University Press, 2013) 참조.
14. France 24, "Jihadists Behead Statue of Syrian Poet Abul Ala al-Maari," February

14, 2013. http://observers.france24.com/content/20130214-jihadists-behead-statue-syrian-poet-abul-ala-al-maari).

15. Reynold Nicholson, *Studies in Islamic Poetry* (Cambridge: Cambridge University Press, 1969).

덧붙이는 글: 반체제 무슬림과 이슬람 개혁가

1. Ida Lichter, *Muslim Women Reformers: Inspiring Voices Against Oppression* (Amherst: Prometheus Books, 2009) 및 Zeyno Baran이 편찬한 *The Other Muslims: Moderate and Secular* (New York: Palgrave Macmillan, 2010) 참조.

2. Zeyno Baran이 편찬한 *The Other Muslims: Moderate and Secular* 중에서 Zuhdi Jasser, "Americanism vs. Islamism," pp. 175–191 참조.

3. Akbar Ahmed, *Journey into America: The Challenge of Islam* (Washington, DC: Brookings Institution Press, 2010), pp. 238–240.

4. Saleem Ahmed, *Islam: A Religion of Peace?* (Honolulu: Moving Pen Publishers, 2009).

5. Zeyno Baran이 편찬한 *The Other Muslims: Moderate and Secular* 참조.

6. Zeyno Baran이 편찬한 *The Other Muslims: Moderate and Secular* 중에서 Yunis Qandil, "Euro-Islamists and the Struggle for Dominance within Islam," pp. 33–55 참조.

7. Ida Lichter, Muslim Women Reformers, pp. 346–348.

8. 같은 책.

9. 같은 책.

10. Samia Labidi, *Karim, mon frère: Ex-intégriste et terroriste*[Karim, my brother: Former fundamentalist and terrorist] (Paris: Flammarion, 1997).

11. Ida Lichter, *Muslim Women Reformers*, pp. 346–348.

12. Zeyno Baran이 편찬한 *The Other Muslims: Moderate and Secular* 중에서 Samia Labidi, "Faces of Janus: The Arab-Muslim Community in France and the Battle for Its Future," pp. 107–122 참조.

13. "German-Turkish Author Seyran Ateş: 'Islam Needs a Sexual Revolution,'" *Der Spiegel*, October 13, 2009. http://www.spiegel.de/international/europe/german-turkish-author-seyran-Ateş-islam-needs-a-sexual-revolution-a-654704.html.

14. 같은 글.

15. Poggioli, 2008.

16. Abou El-Magd, "Egyptian Blogger Gets 4 Years in Prison," *Washington Post*, February 22, 2007. http://www.washingtonpost.com/wp-dyn/content/article/2007/02/22/AR2007022200269_pf.html.

17. MEMRI, "Egyptian Blogger Abdelkareem Suleiman Arrested for Criticizing Al-Azhar Sheikhs," December 7, 2006. http://www.memri.org/report/en/0/0/0/0/0/0/1967.htm.

18. Isabel Kershner, "Palestinian Blogger Angers West Bank Muslims," *New York Times*, November 16, 2010. http://www.nytimes.com/2010/11/16/world/europe/16blogger.html?_r=0.

19. Diaa Hadid, Associated Press, December 6, 2010. http://www.thestar.com/news/world/2010/12/06 /palestinian_atheist_jailed_for_weeks_apologizes.html.

20. Kershner, "Palestinian Blogger Angers West Bank Muslims."

21. Hadid, Associated Press, December 6, 2010.

22. Luavut Zahid, "Brandeis University: You've Made a Real Booboo," *Pakistan Today*, April 14, 2014. http://www.pakistantoday.com.pk/2014/04/19/comment/brandeis-university-youve-made-a-real-booboo/.

23. Taslima Nasrin, "They Wanted to Kill Me," *Middle East Quarterly*, 2000. http://www.meforum.org/73/taslima-nasrin-they-wanted-to-kill-me.

24. Zeyno Baran이 편찬한 *The Other Muslims: Moderate and Secular* 중에서 Hedieh Mirahmadi, "Navigating Islam in America," pp. 17–32 및 Yunis Qandil, "Euro-Islamists and the Struggle for Dominance within Islam," pp. 33–55 참조.

25. Hanne Obbink, "Muslims Are Not Allowed to Look Away Any Longer," *Trouw*, December 30, 2014. http://www.trouw.nl/tr/nl/4492/Nederland/article/detail/3819986/2014/12/30/Moslims-mogen-niet-langer-wegkijken.dhtml.

26. 같은 글.

27. 2007년 5월 11일 Al-Arabiya TV가 al-Ansari와 진행한 인터뷰. http://www.memri.org/clip_transcript/en/1450.htm.

28. MEMRI, "Qatari Liberal and Former Dean of Islamic Law at the University of Qatar: Arab Liberals, Secularists Are Facing Jihad," March 17, 2010. http://www.memri.org/report/en/0/0/ 0/0/0/0/4041.htm.

29. Yotam Feldner, "Liberal Iraqi Shi'ite Scholar Sayyed Ahmad Al-Qabbanji Calls for Reason in Islamic Discourse and Jurisprudence," MEMRI 937, 2013. http://www.memri.org/report/en /0/0/0/0/0/0/7015.htm.

30. 같은 글.

31. 같은 글.

32. 같은 글.

33. 같은 글.

34. Ayad Jamal al-Din, "A Civil State in Which All Citizens Are Equal in the Eyes of the Law," Middle East Media Research Institute and Al-Iraqiya TV, October 17, 2014. http://www.memritv.org /clip/en/4556.htm.

35. Nimrod Raphaeli, "Sayyed Ayad Jamal al-Din—Liberal Shi'ite Cleric and Foe of Iran," MEMRI, 2010. http://www.memri.org/report/en/0/0/0/0/0/0/3920.htm.

36. 2010년 3월 30일 Al-Arabiya TV가 al-Buleihi와 진행한 인터뷰. http://www.memritv. org /clip_transcript/en/2414.htm.

37. 2010년 5월 4일 Al-Jazeera 방송사가 al-Musawi와 진행한 인터뷰. http://www.memri. org /clip_transcript/en/2471.htm.

Heretic

Why Islam Needs A Reformation Now

By Ayaan Hirsi Ali

나는 왜 이슬람 개혁을 말하는가

ⓒ 아얀 히르시 알리

초판 1쇄 펴낸날 2016년 6월 15일

지은이 아얀 히르시 알리
옮긴이 이정민
펴낸이 최만영
책임편집 김민정
교정교열 허지혜
디자인 최성수, 심아경
마케팅 박영준, 신희용
영업관리 김효순
제작 김용학, 김성수

펴낸곳 주식회사 한솔수북
출판등록 제2013-000276호
주소 03996 서울시 마포구 월드컵로 96 영훈빌딩 5층
전화 02-2001-5819(편집) 02-2001-5828(영업)
팩스 02-2060-0108
전자우편 chaekdam@gmail.com
책담 블로그 http://chaekdam.tistory.com
책담 페이스북 https://www.facebook.com/chaekdam

ISBN 979-11-7028-072-9 03300

 책담 다른 내일을 만드는 상상